U0134947

全彩增訂版 活出股市生命力

高勝算股票期貨趨勢操作法

賴宣名(羅威)

用心感受股市的起伏
它會狂奔也會休息
它會讓你狂歡
也會讓你掉淚
它是有生命、有活力的

讀者推薦序

跟隨羅威 始學得真功夫

跟隨羅威老師研習金融操盤術已屆兩年，期間透過密集上課、模擬操作、盤中線上教學、看盤下單，每天至少花費10個小時以上的密集實務練習，迄今總算能略窺堂奧，而由於操盤功力大幅提升，業已讓每日的看盤、操盤成為最喜愛和最快樂的工作。

本人學習金融操作以來，曾拜過數十位名師，但是一直無法學到一套真正有用可行的操盤技術，如今有幸投入羅威老師的門下，並在老師的無私傳授之下，終於學到真正有用可行的功夫。此次的學習成果，堪稱我一生中最具有附加價值的收穫，在此衷心感謝。

拜讀羅威老師的文章至今已3年多，每次都能產生相當大的共鳴，而進入羅威的個人網站後，更是如入寶山。記得初次見到羅威老師是在2005年6月聚財網所主辦的「趨勢、轉折操作的探討」講座；接下來持續一年的密集課程，羅威老師每週兩次從台中到台北來上課，風雨無阻，令人感謝又感動。他的每一個論述

都極具實用性和正確性，深入淺出、幽默逗趣的表達能力和親和力更是一流，「入口即化」最能貼切形容他的教學效果——最能震撼我的就是「知無不言，傾囊相授」了。

這次羅威老師將部分的操作系統編輯成冊，分享給讀者，實乃無私的奉獻，感謝並祝福老師身體健康、萬事如意。

操盤秘笈班學生　何建森

讀者推薦序

跟對老師　少走冤枉路

「多頭時拉回時找買點作多，空頭時反彈時找空點作空，掌握這兩個機會就可以榮華富貴了。」這幾句話是羅威老師的座右銘，也道出他在市場歷練多年的心得。

羅威老師是我進入市場的第一位老師，從DVD、演講到參加課程，這一場場的學習中，我最大的心得就是定心、定法、依法，因為市場就是不斷試煉每個人的心，所以定下自己的心、定下自己的法，有紀律的嚴格執行，相信您就能拿到這個市場的入場券了。

一條18日均線就可以讓您賺錢，您一定不相信，但這卻是不爭的事實，因為有人就是這樣賺錢的；起初我也不信，直到我也開始賺錢才相信。當然除了這一條線外，還要有其它的搭配，例如資金控管、停損機制，並非鼓勵大家將全部的錢投入，也可以只用閒錢投資，享受投資的樂趣。相信「均線控盤＋資金控管＋停損機制＋設好買賣點＝操盤機制」，閒錢也可以幫您賺更多的錢。

如何定下機制，需要的是時間與經驗的累積，才能找到適合自己的操盤機制，只是找對老師，相對的能讓您減少摸索的時間，正所謂「師傅引進門，修行在個人」；找好老師指導您後，剩下的就是自己的心態問題了，相信只要有心必能有所收穫，成功背後總是有辛苦的過程，但當開花結果時，也是您應得的獲利。

　　最後感謝聚財網讓我有機會認識羅威老師，原本只能從文章、DVD裡一窺本尊，直到參加課程與老師面對面後，發現老師平易近人，除了上課時無私的傳授技術外，還不時跟大家分享他的操作經驗，希望大家能在市場裡走得順遂，少走一些冤枉路，另外還會幽默的談笑自己人生，是個開朗、健談的老師，學生有問題時也很樂意、耐心的回答。這本《活出股市生命力》能夠編輯成冊，花費不少時間和心血，只要您認真的閱讀，一定會有很大的收穫。

　　祝老師身體健康，也祝本書的讀者都能操作順利、賺大錢。

實戰班學生　八九不離十

讀者推薦序

化繁為簡　啟發操盤觀念

　　股市操作是超高難度的挑戰：

1. 愚笨者不能碰。
2. 自認聰明者不能碰。
3. 懶得動腦者不能碰。
4. 情緒平衡不佳者不能碰。
5. 抗壓性不夠強者不能碰。
6. 妄想一夜致富者更不能碰。

　　股市永遠存在著誘惑，若不時時敬畏戒慎，將難逃損失財富的劫數，並付出極慘痛的代價！操盤手每天猶如身處戰場，必須面對許多敵人，但真正的敵人卻是自己，而其在金融領域的最終命運，將取決於他的人生修養和境界。

　　孟子曰：「天將降大任於斯人也，必先苦其心志，勞其筋骨，餓其體膚，空乏其身，行拂亂其所為，所以動心忍性，增益其所不能。」凡要成就大事者，都需要通過層層的關卡與磨練，天賦過人的羅威老師，那段差點傾家蕩產、靠珍珠奶茶維生的日子，實在令人為之鼻酸。921天災並沒有徹底摧毀羅威的意志和夢想，他沉潛了一段時日，竭盡全力再精煉操盤技術，努力再努力、奮鬥再奮鬥，終於破繭而出，蛹外是明亮的陽光，遼闊的世

界，他展翅戒慎地迎向未知邊境，穿過柳暗花明，自由飛舞在湛藍的天空！

羅威老師閱歷廣博，趨勢轉折操作技術研究之透徹，令人嘆為觀止！且其具備驚人的天賦，擅長把艱深、複雜多變的學問，化繁為簡！經過20年的修練，羅威老師的成功不是一個偶然，而是一個必然。

在這條路上，他是個亦師亦友的精神導師！相信您可以從《活出股市生命力》中得到不少觀念的啟發，這是值得新手老手閱讀的一本書，您一定會喜歡！

「人若賺得全世界，卻賠上自己的魂生命，有什麼益處？人還能拿什麼換自己的魂生命？」（《馬太福音·16章·26節》）

耶穌對他們說：「我就是生命的糧，到我這裡來的，必永遠不餓；信入我的，必永遠不渴。」（《約翰福音·6章·35節》）

祝福　平安喜樂

DVD班學生　小雲兒

讀者推薦序

一本值得珍藏的股市工具書

　　《活出股市生命力》這一本好書，是我在網路上搜尋別人所列的股市經典書籍時所發現的；大多數好書的書目都以外國翻譯書居多，而會獲得多人推薦的台灣作者所寫的書，應該具有相當的可看性，因此就買了一本回來看。

　　我利用下班後的空檔慢慢把這本書看完，看完後真有種相見恨晚的感覺！這些年來我看過的股市技術分析書籍不下百本，雖說技術分析入門容易，不過因為門派眾多，以致於我在看完不下百本相關書籍之後，有種走火入魔的感覺。

　　其實基本的觀念我都知道，但由於內力不足，我常常在停損，操作下來多是小賠，無法抓住大行情；而且我還發現，指標以及各門各派的分析方法在同一時間內竟然會互斥——有時可能成交價跌破了月線，可是KD指標卻叫你買進——讓我覺得很奇怪，到底遵循哪一個訊號才是對的？

　　讀完《活出股市生命力》之後，我終於把技術分析最重要的骨架建立起來了——原來一條均線就可以操作；均線可以用來定

趨勢，只要再加個指標就可以抓轉折。只要掌握住這最重要的骨架，就可以建構自己的交易系統（交易系統必須由這兩個根本元素去架構，而不是胡亂的東拼西湊）。過去我把一切想得太複雜了，必須要把我所學過的各門各派的分析方法，不斷在實戰中修正，不斷的去蕪存菁，不斷的丟棄，來建構屬於自己個性的操作系統。

《活出股市生命力》分為三大部分，而我覺得最精彩的是實戰篇，裡面記錄著台股民國94年9月到民國95年6月的盤勢分析稿，而這段時間剛好「由空轉多」，再經過一段時間的「盤整」，然後繼續原來的方向「噴出」；而在最後燦爛的煙火之後，終究是要「大跌」，剛好是一個完整的多空循環，很適合當成教材來學習如何抓到由空轉多的行情，以及如何在多頭轉為空頭時全身而退。

《活出股市生命力》這本書值得您一而再、再而三細細品讀書中字句，每讀完一次，都有豁然開朗的感覺，是一本值得珍藏的股市工具書。

songsong

讀者推薦序

最平實的語言，最真切的道理

走進這個股市叢林已經有一段時間了，為了讓自己不斷精進，三不五時就往書局報到，看看是不是又有新的寶藏可以挖掘！而每當我看見羅威老師的書時，總是會心一笑，因為自己能夠成長躍進，正是因羅威老師的著作提點，才能對股市有深刻的體會！

現今大家仍在追求成功率最高的方法——最好是穩賺不賠，能一眼看穿股市的跳動，更棒的是還能預知往後的發展——只要複製成功的方法，就能輕鬆賺大錢！但是這個方法永遠也沒有，因為我們看到的只是山峰的一面，無法看到另外一面！

孫子有云：「知彼知己，百戰不殆；不知彼而知己，一勝一負；不知彼、不知己，每戰必殆。」羅威老師常提到要自己做功課，唯有自己實際深入了解，才能讓這些文字成為自己的東西！先了解自己，熟悉自己的心性，法則便會隨之漸漸浮現，再經過時間的洗鍊，就能得心應手！我們往往只看見線型的「樣子」，而忽略它真正的「裡子」，這是許多書中看不見的東西，但卻存

在於羅威老師的書中，殷切期盼大家能了解！

　　我們往往追求精準複雜的技術指標，卻忘記真理是最簡單自然的東西！兩條均線加上一個指標就能快樂的讓你過生活，這是事實而非空談。武俠小說的高手並非憑藉絢麗的武功招式，而是精純深厚的內功，功力越深越是反璞歸真！逐步了解老師書中所傳達的精神後，你就會發現，簡單樸實的均線原來蘊涵強大的威力！

　　值得推薦的好書，就該大力宣揚，《活出股市生命力》沒有繁雜的圖型，也沒有難解的數學公式，只有最平實的語言、最真切的道理，卻是字字珠璣！衷心推薦給您，希望您也能跟我一樣，喜歡濃濃的知識書香！

cedric2099　楊文杰

自序（舊版）

為二十年的股市生涯留下紀錄

在聚財網這幾年，參與了《股市聚財》和《股市致勝策略》兩本由多位聚財網作者共同著作的書籍；過去雖然也曾經為《錢潮》週刊寫過專欄，但是卻未出版過真真正正屬於自己的一本書，因此當我接到聚財網的出書邀約之時，我想也該是為這20年股市生涯留下一些紀錄的時候了。

下筆之時，我面臨一個問題：我該寫些什麼？坊間有關股市操作的書已經太多了，而技術分析的內容不外乎K線、均線、成交量，和一大堆的指標（威廉、KD、RSI、MACD、DM…I…等等），雖然從事股票技術教學已經多年，談這些題目我都可以手到擒來，但是這已經有太多的人出書談過了。那麼，我該寫些什麼呢？這實在是很困擾的問題。

今年清明節回二水老家掃墓祭祖，看到家父把他過去發表在報章雜誌上，有關鄉土敘述的文章集結成冊，出版了一本新書《活出生命力》，突然靈機一動，我也可以把過去4年發表在聚財網的五百多篇的文章集結成一本書呀！由於這是記錄我最近這

幾年股市生活的書，同時也為了感謝父親，所以我把本書定名為「活出股市生命力」。

　　我這20年的股市操作之路走得很辛苦，經過兩次萬點多空循環、三次斷頭，才稍稍了解股市的脈動、漲跌的原理和操作的原則，希望看本書的您能透過不斷的閱讀和學習，不必和我一樣經過多少辛酸淚後才解其中味；透過良好的資金控管，不必經過太大的危機就能夠透視漲跌的道理、買賣的奧義，進而走上平順之路。

　　這一路走來，我最要感謝的是我的爸爸、媽媽，他們總是在我最危急的時候，含著淚陪著我並伸出援手；感謝我的妻子，在我最顛沛的日子仍給我鼓勵；感謝我的多位老師、家族同修和網友，沒有你們一路相挺，羅威走不出自己的路。

　　特別謝謝聚財網提供優質的討論園地和協助本書的出版；另外也要謝謝陸兆佑、莊昆益以及于孝筠三位網友，百忙中費神的校正稿件；還要謝謝何建森兄、八九不離十、小雲兒三位同修為本書寫序文。

同時，對於有心繼續延伸學習的朋友，也歡迎到「聚財網」羅威的專欄，有關本書的任何問題，羅威都樂於解答。

　　本書雖然經過嚴謹的編輯和校正，但因時間倉促，難免有所疏漏，還望讀者海涵斧正，以便將來有機會再版時改正。

自序（新版）

平凡、平實的操作觀念與技巧

　　《活出股市生命力》自從2006年出版以來，已經連續刷了七刷，獲得眾多讀友的好評，很多讀者來信稱讚這本書讓他受益匪淺，看完後他的操作觀念和技巧有很大的提升！而評語最多的應該是──這是一本平凡、平實的好書。本書以說故事的方式讓人輕鬆閱讀，是一本能讓完全沒有技術分析基礎的股市新人看得下去，並且願意多看幾遍的書；即使你已經有了基本的技術分析基礎，書中的一些觀念和技巧仍能打通你很多思考上的關節。

　　我當時寫這本書時只有一個想法，就是為二十年的股市生涯留下紀錄。當然也希望我的經驗和操作上的一些心得，能夠幫助股市的初學者減少摸索的痛苦及縮短學習的時間。用心寫一本書後，這幾年收到眾多讀者稱讚和感謝信函，應該是讓我最欣慰的事，而藉著信件的往返，或者一對一喝咖啡聊天的方式，解決更多讀者觀念和操作上的疑問，進一步和大家成為好朋友，更是我感覺最幸福的事。

　　2010年5月收到聚財資訊陳執行長的通知，為了因應書籍市

場的趨勢，希望《活出股市生命力》能夠改為彩色版！我說：「既然要改為彩色版，不如藉著這個改版的機會，把本書發行之後，讀者所碰到的問題以及編排上的一些缺失，一次做個修正，同時增加一些內容，來個『增訂版』吧！」

　　沒想到話一說完，就聽到電話傳來陳執行長的聲音：「對啦！對啦！我就是這個意思啦！」一時之間，好像有掉入這位年輕老闆圈套的感覺！不過也只能以歡喜心接受重新翻修這本書的工作囉！

　　增訂版中，除了書中所附的圖檔全都翻新為彩色版之外，〈觀念篇〉及〈技術篇〉也增添了部分內容，而改變較大的應該是〈實戰篇〉的K線圖，我特別在這些K線圖上加註了一些關鍵符號，相信能提升讀者閱讀的便利性。〈技術篇〉重新編排的部分也不少，例如股價是會波動的、簡單的波浪理論、轉浪的方式和一根K線停損法皆有更清楚的解說，全書也因此增加了不少篇幅。

　　書本頁數增加了，重量也隨之增加，當然內容也比以前更豐

富。我相信，無論你初入股市的初學者，甚至是有些技術基礎的投資人，這本書的內容應該都會對你有所幫助，哪怕只是一個觀念、一個技巧，或者只是一張圖的解說，說不定就能刺激到你的心靈，讓你有「看到那一道光」的感覺。而已經閱讀過黑白版《活出股市生命力》的讀者，請你以重看一遍的心情再一次閱讀這本書，多看一遍一定會有不同的領悟。

　　本書我沒有請名人寫序，都是由同修自願當推薦人，感謝songsong和楊文杰兩位讀者為本增訂版新增了兩篇推薦文。雖然本書已經盡力蒐集讀者發問的相關問題，並且做了充分的補正，但是因為編輯時間匆促，疏漏之處依然難免，還請各位股市先進大力斧正，不勝感激。

　　最後衷心祝福本書的讀者操作順利、心想事成。

賴宣名(羅威)

2010年雙十節於桃仔園

前言

　　股票買賣的道理其實和做生意一樣，都是將本求利，低價進貨，然後高價賣出，中間賺一點價差，股票的波動中因為有很多人參與買賣，所以有高低起伏，我們如何在這大大小小的波動中，低買高賣或者高賣低補讓價差落袋，就和做生意的學問一樣。

　　對大多數的投資人來說，股市已經是生活的一部分了，在股市的波動中，不應該只是金錢的輸贏，如果你用心去感受，每一檔高低起伏的股票，都是一件件很漂亮、很迷人的藝術品，只要看透漲跌，就能讓股票操作在動靜之間，享受其活力所帶來的樂趣。我希望讀者能夠在字裡行間體會出股市的起伏波動，因為它會狂奔也會休息，它會讓你狂歡，也會讓你掉淚，它也是有生命、有活力的。

　　本書共分成三個主要部分：〈觀念篇〉、〈技術篇〉、〈實戰篇〉。

　　〈觀念篇〉是從聚財網上羅威「旁門左道真功夫」專欄中的五百多篇分析稿中，截取編輯而成，我並沒有刻意對這些文章加

以分類，這些雜感、雜談也都是一些老生常談。股市的分析和操作的技術很容易學，但是經驗很難傳承，這些老生常談中有著很多的智慧火花，希望您能以看散文或者看故事的心情，去體會那一點點的光。

股市操作不外乎趨勢和轉折，〈技術篇〉說明了量價均線及多頭浪、空頭浪，這兩項是我用來分析、判斷趨勢的主要工具，不僅可以用來看大盤，也能用來看個股。

為了讓大家在閱讀〈實戰篇〉之前能夠跟得上我的步伐，這兩個關於技術的篇章，我希望各位多了解，這樣我們才有共同的語言，您才能在〈實戰篇〉中和我同步看出漲跌的門道。而限於篇幅，個人的強項（指標轉折操作法）只留著以後有機會再說了。

〈實戰篇〉收錄了民國94年9月到民國95年6月發表的文章。這10個月中，股市由空轉多，再由多轉空，剛好是一個多空的循環，我忠實的記錄了這段時間中，對於每一階段大盤起伏的看法和做法還有心法。除了因為出版需要而改正錯字、潤飾詞

句和加了些小標題之外，我儘量保持原味，而原文中有不足的部分，會在文末加以解說。當然從這些稿件中您會發現，我也會有看錯、停損的時候，很多時間我也都在休息——這些對錯我都忠實的紀錄。

最後我想說的是，這並不是一本股市技術分析的教科書，也不是一本您讀了之後就會金光強強滾、飛天鑽地的書，它只是羅威最近幾年股市生活的片段紀錄，所以我建議您用輕鬆的心情來閱讀它！當然我也希望您會喜歡它、隨時閱讀它，並且把它介紹給您的親朋好友。

祝大家操作順利，日日有進帳，年年發大財。

一、觀念篇

01 早知道就不玩了 …………………………… 30

02 就是那個光！就是那個光！ …………… 32

03 股市漲跌的原理 …………………………… 34

04 股市漲跌全在籌碼的供需平衡 ………… 38

05 不賣最高價；不買最低價 ……………… 39

06 股市停看聽 ………………………………… 41

07 可以靠股票操作當職業嗎？ …………… 43

08 要多久才能成為專業投資人？ ………… 45

09 股票適合長期投資嗎？ ………………… 48

10 「鎖股」操作與「鎖法」操作 ………… 53

11 選股第一課　只挑五檔股票 …………… 55

12 指數成分股 ………………………………… 57

13 布局淺談 …………………………………… 59

14 要作原野上的豹　也要作天空中的鷹 …… 62

15 股票VS. 期貨 ……………………………… 63

16 給期貨新鮮人的建議 …………………… 69

17 期貨風險的防範 …………………………… 71

18 你知道你在做什麼嗎？ ………………… 75

19 屠龍刀和倚天劍 …………………………… 78

20 日量價線判斷多空 ……………………… 79

21 做股市的龐德 ……………………………… 81

22 沒有一檔股票能直接漲上天的 ………… 84

23 要懂得休息 ………………………………… 86

24 貪與怕 ……………………………………… 88

25 給迷惘中的朋友 …………………………… 89

目錄

26 消息可信嗎？ …………………………… 93

27 操作的邏輯概念 ………………………… 94

28 高興就好 ………………………………… 96

29 鈍刀駛利手 ……………………………… 98

30 註冊繳稅　錢從那裡來 ………………… 100

31 下跌才是練功時 ………………………… 103

32 神勇的張飛 ……………………………… 104

33 獲利的關鍵在跟隨你熟悉的趨勢 ……… 106

34 有執行才有成果 ………………………… 108

35 試驗試驗再試驗 ………………………… 109

36 跟單 ……………………………………… 110

37 買點到底在哪裡？ ……………………… 112

38 定心、定法、依法 ……………………… 114

39 我對機械式交易的看法 ………………… 116

40 找到一個適合你的市場 ………………… 118

41 耐心等待最佳時機 ……………………… 120

42 長短有別 ………………………………… 122

43 保持愉快的心情 ………………………… 124

44 一招半式闖江湖 ………………………… 127

45 專心你的守備區 ………………………… 128

46 台股還會再度上萬點嗎？ ……………… 131

47 戰爭陰影下的策略 ……………………… 137

48 作個光明正大的大盜 …………………… 139

49 你輸在那裡？ …………………………… 141

50 技術進階三部曲 ………………………… 144

51 套牢好還是停損好 ……………………… 146

52 談談掛停損單的必要性 …………… 148

53 停利的方式 ………………………… 156

54 波浪的力量來自何處 ……………… 158

55 讓賺錢成為一種習慣 ……………… 160

56 如何看待空頭中的強勢股 ………… 163

57 技術分析秘訣 ……………………… 168

58 行情可以被預測嗎？ ……………… 170

59 做股票要有大戶的思維？ ………… 172

60 糟糕～我做錯了！ ………………… 174

61 期待折扣的心理 …………………… 176

62 耐心等待總有花開富貴時 ………… 178

63 當低價股狂飆的時候 ……………… 181

64 對模擬單的看法 …………………… 183

65 知己知彼，百戰不殆 ……………… 185

66 正價差、逆價差 …………………… 187

67 十分之一定律 ……………………… 189

68 和尚挖井 …………………………… 193

69 分析與操作 ………………………… 195

70 水仙操 ……………………………… 199

二、技術篇(一)：多頭浪、空頭浪

01 前言：股價波動操作的基本哲學 ……… 208

02 一根K線停損法 …………………… 211

03 發現股票買賣的大秘密 …………… 221

04 秘訣失靈，吐回戰果 ……………… 223

05 初步認識波浪理論 ………………… 225

06 觀念一改，笨到笑出來 …………………… 227

07 波動操作法 ……………………………… 232

08 波浪理論和波動操作法的差異 ………… 234

09 波動操作法的實戰應用 ………………… 235

10 大浪包小浪，小浪藏浪花 ……………… 239

11 多頭浪如何轉成空頭浪？ ……………… 241

12 類股轉向，帶動大盤跟隨 ……………… 244

13 空頭浪如何轉變成多頭浪？ …………… 251

14 K線的轉折訊號 ………………………… 255

15 先要會看浪才能乘風踏浪，逍遙自在 … 256

16 畫圈圈找轉折 …………………………… 259

17 透視波動，踏浪而來 …………………… 262

18 高點之後的黑K是重點 ………………… 263

19 低點之後的紅K是啟動訊號 …………… 264

20 本篇結語 ………………………………… 267

三、技術篇（二）：關於均線

01 均線的計算方式 ………………………… 273

02 簡單的均線花了三個月才學到 ………… 274

03 得知均線算法 樂得睡不著 …………… 275

04 用均線判斷趨勢 ………………………… 279

05 量價雙線多空判別法 …………………… 281

06 量價齊揚帶你上天堂 …………………… 285

07 量價齊跌讓你住套房 …………………… 286

08 股市方向由大戶聰明的資金決定 ……… 289

09 中期方向輕鬆看 ………………………… 290

10 掌握量價做波段操作 …………………… 292

11 八成是神仙 ……………………………… 293

12 觀察扣抵，預知均線走向 ……………… 294

13 扣抵價的應用 …………………………… 296

14 扣抵區間與扣抵區間的應用 …………… 300

15 均線的方向是可以預判的 ……………… 301

16 均線的壓力和支撐作用 ………………… 302

17 均線的力道 ……………………………… 305

18 馬車論 …………………………………… 309

19 均線最簡單的用法 ……………………… 311

20 葛蘭碧八大法則 ………………………… 314

21 均線上的多頭浪和空頭浪 ……………… 321

22 粗探均線的乖離轉折 …………………… 324

23 結語 ……………………………………… 331

24 為趨勢的技術看法做總結 ……………… 332

四、實戰篇（一）：多頭之部

01 有幾分把握做幾分事 …………………… 347

02 還在睡覺的，該起床囉！ ……………… 349

03 贏家的致勝公式 ………………………… 352

04 連漲三天，散戶不請自來 ……………… 355

05 進入壓力區，多單小心應對 …………… 357

06 K線圖中的語言 ………………………… 361

07 精進技術的方法 ………………………… 364

08 摩斯密碼 ………………………………… 366

09 空手的滋味 ……………………………… 368

10 顛峰之路 ……………………………………… 369

11 多空兩個關鍵點 ……………………………… 373

12 小六子練功夫 ………………………………… 375

13 喬治，你在幹什麼？ ………………………… 377

14 你擁抱的是天使還是魔鬼？ ………………… 381

15 飆股 …………………………………………… 383

16 談談條件選股與鎖股 ………………………… 386

17 迎新送舊，新年好 …………………………… 389

18 獵殺熱錢 ……………………………………… 392

19 晨起有茶飢有飯，行看流水坐看雲 ………… 396

五、實戰篇（二）：盤整之部

01 休息是為了走更長的路 ……………………… 404

02 封關的思考 …………………………………… 406

03 開往春天的股市 ……………………………… 408

04 站在巨人的肩膀上 …………………………… 412

05 巨龍巨龍你張亮眼 …………………………… 416

06 春天後母臉 …………………………………… 418

07 不怕漲不怕跌，就怕沒方向 ………………… 421

08 螃蟹行情 ……………………………………… 423

09 行情的翻譯 …………………………………… 427

10 盤整篇結語 …………………………………… 429

六、實戰篇（三）：噴出之部

01 缺口語言 ……………………………………… 434

02 如何累積投資金融商品的能力 ……………… 438

03 一條龍 …………………………………… 442

04 你還在等嗎？ ………………………… 445

05 要怎樣才能夠抱得住呢？ …………… 449

06 台股突破6年來新高點了 …………… 452

07 阿爸的話——股票八跤 ……………… 457

08 阿嬤的話——大家都想贏，誰來輸？ … 460

09 歷史的借鏡 …………………………… 465

七、實戰篇(四)：大跌之部

01 你想做的是什麼樣的盤？ …………… 471

02 如果不是為了賺錢，學技術做什麼？ … 475

03 跌了快700點 ………………………… 479

04 抽刀斷水水更流，舉杯消愁愁更愁 …… 482

05 歷史會重演！ ………………………… 484

06 本篇結語 ……………………………… 488

八、校後記

苦口婆心　千叮嚀萬交待 ………………… 494

渾厚內力　飛花落葉皆武器 ………………… 496

增修讓內容更豐富、更清楚 ……………… 498

一、觀念篇

01 早知道就不玩了

參與股市的遊戲要經歷很多磨難，可以用「前途是光明的，道路是曲折的」來形容。許多新進的投資人興沖沖跑進了股市，希望學別人一樣多賺點生活費，又希望或許運氣好能大富大貴，但是幾年後卻發現自己好像做了一個冗長且乏味的夢，入寶山卻空手而回，這種感覺實在令人鬱悶難當！

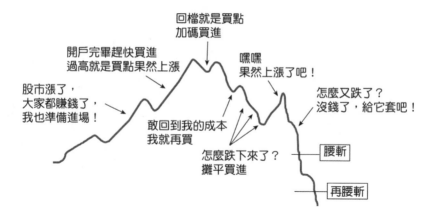

這張圖應該是新手散戶進入股市的股市經典心情，散戶之所以會進入股市，絕大部分是因為周邊的親朋好友有人在股市賺到錢，或者聽到報章雜誌報導投資人成功賺到大錢的故事，因消息渲染而心動進場，新手會賺到錢是因為進入股市之時正是多頭方興未艾的時候，進場之後就算下跌也很快會漲上來，這時點買股票通常可以嘗到甜頭。

　　但盤勢來個中級回檔後，可就不是那回事了，這些人開始虧損。而且會開始加碼攤平然後期待反彈，最後碰到空頭走勢就被套牢，然後看到股價大跌回天乏術後，只好死心當股東等解套，或者傷心的離場了。

　　股市如此多嬌，引無數英雄競折腰。股市並不是好玩的地方，除了會漲它也會跌，而且跌勢一旦開始就會十分凶猛，如果以二八法則來說，一個大的波動大概會淘汰80%的人。股市就是這樣，讓一波波的投資人傷心出場，然後又吸引一波波的新人和不甘心的人進場。

　　經過一波又一波，無數次的淘汰賽，還能留在股市裡的，如果不是已經練就了一套操作法則可以輕鬆賺錢的人，就是賭性堅強還不服輸，仍在努力奮鬥的人。正在看書的你，是屬於哪一種呢？

　　大部分投資人股市操作失敗的主要原因有三點：一是對市場仍缺乏全面的瞭解，沒有建立正確的觀念；二是交易經驗和技巧還不夠成熟，缺乏更多的磨練；三是資金管理有問題。資金管理才是成敗的最大原因，但仍有很多人不知道問題出在這裡，只會怨天尤人。

　　股市投資（或投機）是一條只有前進沒有後退的單行道，如

果你未曾開始，那你就還來得及踩緊煞車，換別的投資管道；如果你已經來不及停下了，那就放手一搏吧。用盡所有的能力學習，用盡所學找出最好的方案，闖出屬於自己的天空，追求屬於自己的快樂人生。

為了避免你將來會有「早知道就不玩了」的懊惱，進入股市前，要先建立健全的觀念和技巧，本書第一篇「觀念篇」截取自我在聚財網發表有關觀念的部分文章，都是一些老生常談的問題，所以希望你不必太嚴肅，請用看散文小說的心情來閱讀它，也許你會發現「原來股市是要這樣玩的」。

02 就是那個光！就是那個光！

有個廣告，廣告詞只有一句：「就是那個光！就是那個光！」好像是賣口香糖的廣告吧？我忘記了，倒是對那句台詞印象深刻。

說個故事：一家公司的經理從外面回來，叫他的秘書來辦公室裡一下，說有東西要給她看。

秘書到了辦公室，發現不但窗簾都關了起來，而且燈光也暗

暗的，她忽然覺得有不祥的預感，於是就把燈打開，但是經理又把燈關掉；她打開窗簾想讓光線進來，經理又阻止她，說等一下再打開，秘書只好呆呆的站在那裡。

經理慢慢的靠近她，她愈來愈害怕，依稀感覺經理的手在動，她心想：完了、認了⋯⋯。她開始發抖，最後經理的手停在她的臉頰附近⋯⋯

經理說：「妳看看，我新買的夜光錶很不錯吧！」

→ 金融操作是自我探索的歷程

「衣帶漸寬終不悔，為伊消得人憔悴」。金融操作是一場發現的旅程，同時也是一場自我探索的歷程，在探索金融操作奧義的過程中，雖然會發生很多問題，但隨後也會有更精彩的解答出現。

從「身在此山中，雲深不知處」到「眾裡尋他千百度，驀然回首，那人卻在燈火闌珊處」，一片清明豁然開朗，但想要得到見到就是那個光的快感，或許突然的靈光一閃就解決了，也或許經歷一生的追尋，想破頭也永遠無法完成拼圖，得不到答案。

我的朋友，希望你不要怕，請你輕鬆看完以下的文章，希望你也和那位秘書一樣，張開眼睛之後，可以有看到那個光的感

覺。

且慢！在你彷彿見到那個光，好像吸到了全世界最新鮮自由
的空氣之前，還是要提醒你，在交易次數還不夠多，還沒有真正
歷經各種詭異的走勢，與親身體驗到做對和做錯當時的心理狀況
之前，都不可以因為掌握到一次大行情就自大自滿。重點不在於
你一次賺到多少，而是將來退出股市時，你能夠帶走多少？能拿
出來花用的才是你的。

有一句話說：「華爾街是讓人學會謙虛美德最好的地方」不
管你功夫有多好，大盤永遠是我們最好的導師。股市需要不斷的
學習，而學習的路很漫長，哪怕你已經能呼風喚雨，都要永遠保
持對市場的謙遜態度，這才是成功交易者的心法。

03 股市漲跌的原理

股票為何會漲？因為它正在漲；

股票為何會跌？因為它正在跌。

股市到底為什麼會有漲跌？這是一個很耐人尋味的問題，我
們看過很多理論、指標以及技巧，無論對股市的研究如何深入，

我們所知道的永遠都只是其中一部分的內容。

股市知識的廣泛，從十個人就有幾百種操作方法就可見一斑。華爾街有個古老的笑話：「股票會漲，是因為買盤比賣盤多而且積極。」雖是笑話，卻也是真理。

想想看，一家公司三個月前的基本面和現在並沒有什麼改變，為何股價會有那樣大的起伏？股價的漲跌只不過是供給和需求間的關係而已，金錢與股票之間尋求到的供需平衡點就是股價。

簡單的說，股市漲跌的根本原因是「有大資金的參與」，股市投資要與莊共舞，一定要知道一個重要的觀念：紅K線是用銀子畫出來的，黑K線是用股票打下來的。

錢，是往上推的力量；股票，是往下壓的力量。技術分析裡有很多理論、指標……等，有的人自以為學了一身的功夫便可以天下無敵；自以為設計了一種指標，只要照著這個指標操作，就可大喊：「這世界是我的。」股市漲跌雖然有一定的規律，但是推動股市漲跌的力量並不是這些理論和方法。我可以告訴你：股市會漲跌有很多原因，技術理論或方法只是描述股市漲跌罷了。

那麼，學技術分析有沒有用呢？對散戶來說是yes，但對莊家來說是no！

雖然「主控權是在莊家手中」，但配合技術線型，勝算才會大！散戶必須根據技術線型去發現莊家的訊號，但對那些手上擁有百億資金的莊家來說，他們會覺得技術分析很好笑。記得有位大戶曾在號子裡說：「什麼線型什麼指標，只要我買、買、買，連買三天，線型立刻改變；賣、賣、賣，連賣三天，指標立刻變壞。」事實上也真的是如此。

→ 技術分析不堪用了嗎？

但是技術性的東西真的那麼不堪用嗎？也不盡然，如果技術是無用的，那麼為何二百年前的理論會留傳下來，而且仍有很多人繼續研究樂此不疲？華爾街有很多有名的操盤手還是用這些技術分析和理論賺到很多錢啊。

股市漲跌的根本原因是「有大資金的參與」，大資金進場吸貨，拉抬回檔再起動，不斷創新高到最後做頭出貨，這些動作在量、價、K線、型態及指標上一定會有軌跡可循。莊家做盤散戶跟單，若沒有散戶的參與，莊家也不會自己玩。

因此我們知道，股價上漲的動力是資金，而不是線型好就會漲。若沒有大資金持續性的投入，就算線型再好，根本也漲不動；即便你的指標再厲害，沒有大資金的介入一樣會栽筋斗。

不管你用哪一種技術分析、不管你所學有多精，你都必須在心裡認清整個股價漲跌的根本原因：紅K線是用銀子畫出來的，黑K線是用股票打下來的，絕對不是因為技術線型漂亮而上漲的；也絕對不是因為指標糟糕才下跌的，這些線型、指標都是莊家做給我們看的。

→ 主力看籌碼 贏家看買賣點

新手看價，老手看量，主力看籌碼。主力莊家在選定股票標的前，必須對各種數據做一個判斷，這要有高瞻遠矚的功夫才辦得到。一個真正厲害的主力，在布局一檔大行情的時候，經常需要五到八個月的時間，先把行情打壞做出超級難看的線型，以利他慢慢的吸收低價的籌碼，這時散戶看壞不願買進，甚至會反手放空。等到籌碼吸夠了時機也成熟了，才開始發動漲勢。

這種股票的多頭走勢可能長達半年、一年，甚至是兩三年的大多頭走勢，身為散戶的我們沒有這樣的拉抬能力，所以只能在股價的動靜間找出蛛絲馬跡，用技術上的買進、賣出訊號默默的跟隨。新手看價，老手看量，主力看籌碼，其實還要加一個——**贏家看買賣點**。

04 股市漲跌全在籌碼的供需平衡

價格為什麼會上漲？那是因為在多頭的上升趨勢或者空頭反彈的走勢中，多頭樂觀預期價格將進一步走高，因此不在意多付一點錢。願意高價買進，當然就會期待可以用更高價賣出，這是人類貪婪的心理表現。那麼漲勢將在何時停頓呢？等到足夠數量的多頭失去追價的熱忱，漲勢自然會停頓。

股價為什麼會跌？它正在空頭趨勢或者多頭回檔波動中，下跌一點也不奇怪！就是因為有人願以較低的價格賣出，下方的接手弱，因此就跌了。這是一種供需平衡的關係，一直要到買賣供需之間取得平衡才會止住跌勢。

K線圖上的每一根K線不管紅的還是黑的，都代表著多空雙方的對決！當多頭氣盛時，他們努力推高價格；當空頭氣盛時，他們努力的壓低價格，而這幕後的主導者就是莊家。

莊家之所以能成為莊家，除了錢多股票多之外，莊家懂得群眾心理，更懂得如何利用群眾心理，否則技術分析大家都會，他憑什麼把我們的錢變成他的錢？有位主力大戶說得好：「你們玩線型，我玩的是籌碼和群眾追漲殺跌的心理。」

→ 大盤K線　莊家難操控

個股（尤其是小型股）的K線可以任憑主力莊家隨心所欲的用銀子畫出來，莊家畫好線型就等你入甕。因此個股技術操作的指標的買賣點，有時反而是主力反向操作的工具。

但大盤是全部股票的集合體，除非大多數的主力操作方向一致，否則單一主力很難玩得起來，想要畫大盤的K線，可不是三五十億資金就能畫得出來的，這是為什麼同一個指標的準確率，大盤相對於個股高很多的原因。

大資金如果想要操作個股，也只有在大勢好的時候才能達到事半功倍的效果；而在空頭中逆勢上漲通常是吃力不討好的，這是我們投資股票時，一定要配合大盤方向的原因。**有大盤漲升做背景，股票買起來相對安穩，但當大盤走跌勢的時候，買股票會大漲的成功機率就相對變低了。**

05　不賣最高價；不買最低價

常聽人說：「做股票有什麼難的？逢低買進、逢高賣出，不就是了？」是的，逢低買進、逢高賣出，差價不就自然落袋了嗎？

　　低買高賣利潤落袋，這句話本身並沒有錯，可是事實上真的能做到的有幾個人呢？最大的問題是何謂高？何謂低？

　　低買，明日有更低，買到你手軟。高賣，明天再漲，賣得你踩腳。莫怪有人戲稱，行情就在眼前如此跳來跳去，就是搞不贏它，真奇怪！股價的跳動比泥鰍還滑，賣了，你看的時候它一直漲，等你買了它卻一直跌給你看。

　　當然偶爾你也會碰到難得的喜悅，買到最低、賣在最高，不過一年中你可能碰不到幾次這樣的幸運。華爾街有位相當有名的操盤人，別人問他其中的技巧，他回答：「**我從來沒有買過最低價，也從來沒有賣過最高價。**」平淡的一句話，你就可知道當中的大道理。

　　每次看電視，分析師總在說高出低進，看著他們在K線圖上指來指去，最低點都是他們買的；最高點都是他們賣的，把股價的高低點玩弄在手裡，看起來真的很厲害，讓人好生佩服！但是，真的可以做到這樣出神入化的地步嗎？

　　我想每個看得懂K線圖的人，都會使用已經發生的紀錄解盤，簡單指出高低點，並搭配一套完美說詞說明高低點如何買賣。因此，我常常看電視的股市分析節目，看到直搖頭。

　　股市有慣性，漲或跌是有可能可以預測的，但沒有人可以完

全知道未來會發生什麼事，更別說是最高價和最低價，只要能夠猜對股市後面一小段或一大段漲跌的方向，就已經很不得了了；最高價和最低價是主力的特權，那個地方不是散戶隨便可以搶得到的。

　　最高價和最低價，這種最後的一毛錢永遠是最貴的。我們在差不多的價位時，就可以買股票了，在差不多的價位的時候也就可以賣股票了，股市裡當個差不多先生也很不錯。

06 股市停看聽

　　開車經過平交道，你會看到前方有個警示牌寫著「停、看、聽」；從巷子裡出來，你也會自動的減速，看看有無來車……駕駛人開車上路，對於這些平常的交通規則，都會有自然反應，這是「路感」；看到漂亮的女孩你會多看一眼，是「美感」；穿著挑逗性的衣著，是「性感」；換成股市的術語，對盤勢的漲跌有所感覺，就叫做「盤感」吧！

　　當情勢看好時，大家一直往上看，愈看愈高，穿過天花板飛向外太空，卻未注意關卡已到；下跌了幾天，就一路往下看深不

見底，愈喊愈低，卻沒注意指標已在低檔，再跌有限。股市如開車，想在股市生存，就必須隨時「停、看、聽」。

知道如何等待，才是股市成功的秘訣。「未贏先想輸」是我們祖先留下的高度智慧，勝者會先考慮風險而不是利潤，看得懂時才進場，看不懂時就觀望。觀望也是一種操作策略，怕的是觀望到最後忍不住勇敢跳進去，卻在最高點接到莊家丟出來的籌碼。

在高檔關卡附近或者有回檔徵兆之時，買股票不是被電到就是被套，不管大套還是小套，股價一跌，就只有等解套了。有很多人買股票是在等解套，一旦解套了，又會進去買別的股票，結果又一樣被套牢，又要等解套，一年中操作都是在不斷的套牢，和不斷的等解套中渡過，實在非常辛苦！用這樣方式做股票，一點樂趣也沒有！

初學者之所以不害怕，是因為他們看到的都是美好的一面，不瞭解股市的凶險；老手之所以不害怕，是憑著經驗與自制，在風險可以控制之下才進行交易。初學者必須面臨很多教訓，老手是已經經過很多教訓，並在教訓之中得到經驗。老實說，股市的技術很容易學，但經驗真的很難傳承，雖然閱讀可以讓你得到別人的經驗，但是不論如何，都必須實際下單操作才會印象深刻。

　　高檔時沒賣，股價一跌又把獲利還回去，如此入寶山空手回或只得銅鐵的比比皆是，我們每個人都在這樣的漲跌循環中，不斷的得到教訓、累積經驗，從而學會如何停、聽、看。

07 可以靠股票操作當職業嗎？

　　經常有好友問我：「想走金融操作這個行業，不知可否？」我馬上回答：「難道沒有第二條路了嗎？」

　　我相信這也是目前很多朋友的困擾，不管是面臨退休或者二度就業，想要以股票操作作為職業的朋友很多，但我都會告訴他們，根據我多年來的體認：股票操作雖然門檻很低也不用考證照，卻是我認為所有工作中最困難的活動。

　　股票操作不過是一個買進和一個賣出而已，因為這樣，讓很多人以為他們可以在股票市場輕鬆賺錢。剛開始交易的時候，或許因此賺了一些錢，但卻不要以為股市沒有很深的學問，認為只要花兩三個月學習就可以手到擒來！

　　我很難相信有哪一種專業，可以只用兩三個月的時間學習到技巧？以前修理機車的師父、理髮廳的理髮師都要經過兩三年又

四個月的學徒生涯才能出師，更何況是股市交易，哪有可能簡單到短期內就可以學會。

雖然有很多證照只要你苦讀兩三個月就可以拿到，但是在股市裡，擁有這些證照就能夠操作順利嗎？恐怕未必！

在我努力學習操作股票之前，我就想過：的確，除非台灣政府倒了，否則這行業是不可能被淘汰的，只要你不自己畢業出場，就還有機會，所以這個行業是可以投入的。當初我是以退休後可作為事業第二春的心情，勤練股票操作技巧，但是在經歷過兩次萬點大輪迴後，才了解到股市的險惡及稍稍懂得操作奧秘。

→ 沒毅力　莫走金融操作路

股市是一個讓人充滿夢想的地方，有夢最美，但也要逐夢踏實才行。交易投資是很個人的事，著重在獨立的思考與判斷，這需要時間去歷練、體驗，不可能也沒辦法一步登天。只要能逐步累積關於這個夢想的知識和技能，自然就能抓準時機賺大錢。

我看過很多投資朋友，雖然對股市充滿了理想，但是卻不想下苦工研究股市的學問和技能，僅僅憑著曾經在股市裡賺到錢，就自認可以辭去工作當個專職的操作者，這種「吃無三把青菜就想要上西天」（台語），這點羅威期期以為不可。

如果你想以金融操作為職業，當一個獨立交易人，那麼你必須在五年內賺到大錢，而這些錢除了能夠養活你和你的家人之外，還能有剩下的閒錢足供你操作，此外，操作必須年年穩定獲利，以支付你下年度的生活費。不然，以一個年輕人來說，一旦沒有了收入，生活就會變得很辛苦。

股市不會支付你薪水，想要靠金融操作來過生活，你必須要有紮實的功夫、正確的心態、足夠的金錢和耐心，金融操作這條路很辛苦，沒有毅力的人是無法完成。要嘛就不要進來，一旦進來了就沒有退路，只能一直往前走。朋友們，自己去決定你是否可以！

你是否真的想走這條路？請認真思考一下……

08 要多久才能成為專業投資人？

要成為所謂專業投資人到底要多久時間？我只能這樣說，金融操作沒有預訂課程也沒標準教材，而且只有通過市場的實習課，才能決定你能否成為專業投資人。市場會收你很貴的學費，也可能會讓你一無所有，可是並不能保證讓你學到等值的專業知識及正確的操作觀念。

　　所以你必須先學習股市的知識，找對管道進修，花小錢買書閱讀以縮短學習時程，用最快速方式建立正確的操作觀念。但是並不是學了這些知識就可以飛天鑽地，一路飛黃騰達的，如果有那樣好，那天底下的富翁就滿街都是了。

　　有很多人認為，成功得靠學習技術指標，他們以為那種聖杯般的指標，就是通往股市金庫的鑰匙，只要找到那個秘訣就可以成功。我可以很確定的告訴各位，世界上絕對沒有那個秘訣或咒語，就算找到了，你敢不敢依照它的指示操作都有問題，因為技術分析很容易學，操作EQ才是學問，最重要是你的心態，而這就很難傳承了，可能只能靠頓悟吧。

　　這領域不是靠IQ的聰明，而是靠EQ的掌控：不急、不貪、不驚、不懼，要有超人的意志。金融操作的規則不但是最簡單的，而且門檻也是最低的，只要有錢、會買、會賣就可以加入了。

　　但決定如何買、如何賣，卻是所有事業中最難的項目，因為操作本身最難的不是方法，而是難在心法難練。好比打籃球，運球、投籃、拍兩三下球，你也不會有什麼問題吧，可是這樣就能夠上場比賽打NBA了嗎？

→ 成功者的背後都有刻骨銘心的傷痕

交易者必須成為自己的領導者才能夠存活，要成為自己的領導者，你必須花很多時間，努力學習相關的知識！或許大家會覺得哪有這麼麻煩的事，也或許你會說：我沒上過課還不是做股票做了好幾年。

我不是澆大家冷水，只是給想投入這個行業的朋友們一些建議：心裡先了解有這些問題的存在，以及評估自己是否可以勝任，並不是想就可以做，更不是有心就一定可以成功！你要付出比別人更多，才有希望比別人更接近那前10%的贏家之林！

股市每天都在進行淘汰賽，而避免被淘汰的好漢坡又是那樣難爬，起落之間金錢的輸贏會一而再、再而三的考驗你人性的恐懼與貪婪的底限；稍有不慎，便屍骨無存。

到目前為止，沒有一個系統可以讓每個人都獲利，世界上也沒有100%成功的方法。在股市裡，當你賺錢的時候，不僅有白花花的銀兩，又有高度的成就感，可謂人間極樂；但是當你敗陣的時候，輸的不只是你的全部家當，甚至尊嚴、信心全都賠了進去。很多人就這樣一次畢業，再也站不回人生的舞台了。

成功人士的身上往往都烙著不為人知、刻骨銘心的傷痕，就

算是主力大戶，因為操作失敗而跑路，生活落魄的也不知凡幾。
如果股市有所謂的長勝軍，那當年的四大天王今天也應該仍然活
躍在股市才對！

　　或許你很羨慕那些成功人士的光鮮亮麗，但你怎知他們會不
會感嘆無法回復原來的平凡自在呢？以我來說吧，這二十年來，
經歷過大起大落，也著實有「一頁滄桑史，說與誰人知」的感慨
啊。

09 股票適合長期投資嗎？

　　我的操作模式著重在資金控管和資金有效的利用，屬於中短
波段的操作，目的在賺取中短線波動的價差。由於我有不錯的選
股策略，所以在運用上資金會往最有效率的方向移動，也就是一
檔股票做滿一個波段或者一個短波段，我就會出場。除非未來又
出現了我設定的買進條件，否則這檔股票就可能被我遺忘，因此
買進後，長抱持有並不是我追求的操作方式。

　　長線操作對我來說是不可能的任務，為何我會說這種話呢？
因為那種能夠抱三五年的長線股票可遇而不可求，在真實的操作
上很難碰到。要不然給你挑二十檔買進長抱三～五年，看看有幾

檔可以大漲！由於股票會隨著大盤而上下波動，萬一挑到地雷股且還下市，那麼三五年後的總績效是不是正數可能都有問題！這也因應了「理財，理財，你不理財，財也不會理你」。

→ 長期的輸贏比還是1：1

我使用電腦的統計功能，統計出若在2005年5月（加權指數6011點）買進股票到2010年4月底（加權指數8004點），所有上市股票中（上櫃沒有統計進去），能夠賺到100%以上的股票有130檔；獲利50%到100%內的股票有117檔。但是同時期，買進後持股五年出現虧損的股票有302檔，跌幅超過50%（腰斬）的有65檔，其中有10檔跌幅超過80%，還有幾檔地雷股被打到全額交割股，其它直接下市的就不在統計之列。

　　以上面代號2455全新的月K線圖來說，2005年5月買進到
2010年4月收盤為止，漲幅共1111.2%。看起來確實驚人！

　　投資股票誰不喜歡能輕輕鬆鬆大獲利？但是會長線上漲的股
票，除非你的運氣特別好，要不然實在很難碰到。這涉及到景氣
循環的問題，當景氣好的時候，類股會走一大段大多頭，但有一
句台灣俗語你一定要記得：「台灣沒有三年的好光景」，當景氣
循環結束，有哪一檔股票還能長久停留在高檔呢？

→ 長線持有；短線拔檔

　　我主張中短波動的操作，也就是有一段做一段，非久抱長
抱。我們再來看看上面2455全新的K線圖，2007年有一個大回

檔，從81元跌回10元，又從10元漲到90元，如果能夠避開2007年的大回檔，以10元（或高一點20元之間）買進持有，這樣的獲利應該會更高吧！

當然，買賣操作很少人使用月K線，下面是該股的週K線圖，如果還是覺得週期太大，那就請自己找日K圖來看囉。

接著我們來看下面這檔代號3019的亞光，同時期下跌162元，跌幅達75.1%。

老實說，股票投資長線抱到大漲或大跌的機會是很公平的，機會各是一半，我也鼓勵大家挑好的股票長線投資，不過前提是要學會短線拔檔。這些股票大漲，但在中間大回檔時也不出脫，明明已看到頭部也不賣出，結果讓利潤強力縮水，這對一個以技術面操作的人來說，真是一大諷刺。

我手上還有十幾檔的零股，有的已經十幾年了，當時也是滿懷希望才去除權的，但是檢視一下，大部分的價位都比當初買進的差，甚至有些已經下市了，如同光、國勝、力霸；有些則是被打入全額交割股，然後下市如誠洲、太電！

所以我體認到「股票沒有長期投資這回事」，我從來沒有打算要長期持有股票三五年，只想做波段價差，能拿多少就拿多

少，對我來說，這種三五年的超長線抱股，要賺到低買高賣的價差，或者是賺取配股配息幾乎是不可能的任務。

當然這種觀點，對喜歡長線投資的投資人來說是很難接受的，我只能說，各有各的投資觀，找你喜歡的就好了。每一個人參與交易的背景都不同，不是嗎？換個角度想，如果每個人都做長期投資，沒有短線那股市交易反而就不會熱絡了。

下一篇我們來談談，如何把一檔股票從頭吃到尾的方法。

10 「鎖股」操作與「鎖法」操作

上面說到我不會一檔股票「抱」好幾年，但是我卻可以「鎖定」一檔股票來回操作好幾年，想辦法把一檔股票從頭到尾吃到底，這方法就是鎖股操作。

什麼是「鎖股」呢？就是將資金的一部分或大部分鎖定在某一檔股票上，買點來了就買進，賣點來了賣出（甚至反空）……，操作個三五年，甚至一輩子都可以；但不是從頭抱到底。

民國84年，一位教我股票的徐老師，就是用固定的方法買賣，鎖定台塑這檔股票操作。到了今天台塑還存在，在不斷的來

回操作中，好幾次成本早已是零了，不但資金愈做愈多，股票也愈做愈多，且手中的基本持股都有參與除權領股息和股利，靠著台塑，他每年都有豐厚的利潤。

→ 學主力只做一檔股票

雖然他已經快八十歲了，但由於對台塑的股性相當熟悉，所以加碼、減碼、作多、作空的操作手法，其犀利的程度絕對不輸市場上的高手。他的理論是：**主力一次只做一檔股票，我們散戶為什麼不學主力，只操作一檔股票？反而要操作很多檔股票呢？**

上面說的「鎖股」是指鎖定一檔股票長久操作，但我比較喜歡用的方法是「鎖法」操作，意思是先用基本面作為篩選條件，選出股票當作觀察股，再利用一定的技術條件來做買賣。當然每一次操作的股票都不會一樣，但是操作的模式都相同：當這些股票有出現買進條件時就進場，做一小波段或者一個中波段就出場，然後換股操作。這就是我比較喜歡的操作方式。

什麼方法比較好呢？這是沒有定論的。鎖股操作在一檔股票裡面來回操作，對股性比較熟悉是其優點，但是當該股大牛皮的時候，資金同樣被鎖住是缺點；鎖法操作則必須面對不同的股票，不熟悉股性是缺點，但是專門在技術面有可能出現較大波動

的時候介入，其靈巧性和高效率又是它的優點。

你呢？會用什麼方式做股票呢？**只要不是用耳朵和嘴巴做股票，用什麼方法都行，但是別忘了，一定要「用心」**。股票不難，定心、定法、依法，如此而已。

11 選股第一課　只挑五檔股票

投資股票的目的無外乎想賺錢，但有了目標還要有方法，而且你要全力以赴。號子不必天天去，股票不必天天買，不過功課一定要天天做。

如果你想成為贏家的話，你必須全神投入，不要用耳朵做股票，要用心去做股票。所謂「靠山山會倒，靠人人會老，靠自己最好」，市場長長久久，想在股市揚帆乘風破浪一切要靠自己。

如果你想做短線投機，下面兩個功課是必須認真練習，不可偷懶。

1. 每天找出漲幅前三十名的股票，在 K 線圖上看看，為什麼它會漲？上漲前的徵兆是什麼？漲停後面幾天它的走勢是什麼？哪些類股上漲家數最多，是電子、金融、食品、營建、

塑膠還是OTC？資金集中在哪些類股，是電子、金融還是塑膠？

從這些資訊裡，你可以發現，哪一類股可能將成為主流、哪一種技術型態會使股價大漲，然後在可能的主流群中去找你喜歡的股票。

2. 每天試著抓出五檔你認為最有可能上漲的股票，或者找五檔你認為最有可能下跌的股票，做成紀錄，看看你的功力如何。三日內果真上漲打「○」，否則打「×」，從中檢視選股成果，並思考如何精進你的選股能力。

→ 漲幅排行　飆馬黑馬都上榜

會選擇從漲幅排名去找，是因為登上漲幅排名前面的股票一定是當日的強勢股。經常排在漲幅排名前面的股票，一定是現階段中最強的股票，這是選擇強勢股最快、最佳的方法。

每天會有很多符合標準的股票，但是你只能選五檔，為什麼呢？因為這樣你才能淘汰那些比較差的，精挑細選最好的股票來操作。我看過很多人看到喜歡的就買，過一段時間後才發現原來自己開了雜貨店，分散投資好像很不錯，雞蛋不要放在同一個籃子好像也對，不過多數的操作贏家告訴我們，集中資金操作少數的幾檔股票會比分散投資來得好。

　　只能選五檔，最多只有五檔，試看看！相信經過一段時間的訓練後，你選出的股票將會是支支強棒，而且你的投資組合，將會是最佳的賺錢隊伍。

12 指數成分股

　　指數成分股雖然股數不多，但是因為權值都很大，加總起來佔加權的比重高達七成以上，所以如果要說大盤的漲跌繫於這些指數成分股的漲跌，也不為過。對於買賣期貨的投資人來說，也不可忽視「台灣50」和「摩台指」兩個指數成分股的走勢。

　　投資大師彼得林區與華倫巴菲特都有一句話：「這家公司基本面沒有變，就不要因為股票漲高了而拋棄它；這家公司基本面改變，就不要因為股價很低而去買進它！」這句話非常清楚，對於不熟悉基本面的一般散戶來說，要先設定好選擇公司的標準，若這些自選股沒有設定好，就不要進入股市。

　　想要研究基本面其實你不用費心去挑，有一種輕鬆的方式：
台股裡面有兩種指數成份股，分別是台灣50指數成分股和摩根指
數成分股，都是由具有公信力單位挑選出來的成分股，雖然重疊
性很高，但是這些指數成分股囊括了所有產業的績優生，基本面
上最少都有一定的水準，你大可以放心的在裡面挑股票。

台灣50成分股

1101	台　泥	2301	光寶科	2354	鴻　準	2881	富邦金	3045	台灣大
1102	亞　泥	2303	聯　電	2357	華　碩	2882	國泰金	3231	緯　創
1216	統　一	2308	台達電	2382	廣　達	2883	開發金	3474	華亞科
1301	台　塑	2311	日月光	2409	友　達	2885	元大金	3481	奇美電
1303	南　亞	2317	鴻　海	2412	中華電	2886	兆豐金	4904	遠　傳
1326	台　化	2324	仁　寶	2448	晶　電	2888	新光金	4938	和　碩
1402	遠東新	2325	矽　品	2454	聯發科	2890	永豐金	5854	合　庫
1722	台　肥	2330	台積電	2498	宏達電	2891	中信金	6505	台塑化
2002	中　鋼	2347	聯　強	2801	彰　銀	2892	第一金	8046	南　電
2105	正　新	2353	宏　碁	2880	華南金	2912	統一超	9904	寶　成

資料日期：中華民國99年10月30日

**請注意，這些台灣五十成分股經常會有小小的變動，如有變
動請自行修改。**

　　當這些成分股因為都屬於業績好的龍頭股，當股價跌到值得
投資的價位時，自然都會有來自外資或法人大戶的堅強買盤大力
逢低承接，然後過一段時間，只要時機來臨都會有不錯的漲幅。

　　只要從底部一漲，大盤很快就會脫離底部，而要讓指數脫離
底部，最先動用的當然是這些權值股了。此時如果你要買股票，

就從這50檔裡面去挑，用飛鏢亂射都可以賺到錢。另外台灣50成分股還有一個好處，就是平盤下也可以融券放空，因為量夠大，好進也好出，不怕買不到也不怕賣不掉。如果懶得選股又不想操作期貨，直接買賣「台灣50」也是一個不錯的選擇。

13 布局淺談

記得有一次聚會，有位大戶說了一個笑話，至今印象仍相當深刻，他說：「我做當沖從來沒有賠過錢的」。

當時我很訝異，居然碰到如此高手！後來他解釋原因是：**「因為如果賠錢了就留倉當作布局。」**此話一出，當場笑倒一群人。

其實，他真正的意思是：我在逢低布局，我都還沒買夠，你怎麼可以拉上去！當然要當沖把你打下來，順便獲取短線的利潤。所以當天接到的籌碼有「意外」拉抬的價差就先賣出獲利，一方面製造賣壓，一方面也順便賺點利息錢和看盤費，這也難怪他的當沖都是賺錢的了！

所以當他在布局的時候，滿手都是賠錢的籌碼，他也談到：

「我買股票都是『買黑不買紅』，在跌的時候買，平盤以上就不買；賣股票是『賣紅不賣黑』，都是在平盤上有上漲了才賣，平盤以下就不賣。」

對於以順勢追高或殺低操作的人，你可以仔細思考這兩句話。

→ 下跌才有低價籌碼可吸收

大戶的思考方式大概都是從基本面出發，他們會選定一群符合他選股條件的股票，等股票超跌到基本面以下「物超所值」後，再逢低布局慢慢買。因為唯有在下跌大跌的時候，才有足夠的低價籌碼可以吸收，所以愈是大跌愈是大力承接，而既低價又有投資價值的股票籌碼也會被吸收得愈快。

當然，也唯有在大漲的時候，才有足夠的追價買盤可以消化大部位的籌碼，掛出多少張就馬上被搶走是最爽快的事！

我想了好久，總算弄通了一些（不是全部）大戶的股票買賣方式，什麼時候該買、賣？上面那兩段話請你好好思考，想通了，你才有資格逢低布局。

有人以為布局是大資金大戶的權利，個人認為布局和資金的大小並沒有關係，重要的是你要把資金成數控管好，要熬得住時

間的煎熬，要知道你在幹什麼？這樣才能夠狠下心來，牢牢的抱住股票。

我自認我無法做到逢低布局長線持有的程度，這是因為操作個性使然，我的操作方式就無法忍受下跌的損失，只要一出現虧損，差不多就是大刀一砍，一了百了。所以羅威的操作哲學是中波段順勢操作，大部分都是過關轉強才追價，從來不會想要去布局，主要是為了讓有限的資金能夠靈活且有效率的運用，賺取較大的利潤。

柯斯托蘭尼說：「沒錢的時候要投機，有錢的時候要投資。」散戶的資金很有限每一分錢都要用在刀口上，買了就是要漲，寧願休息等機會也不要把資金套在布局中動彈不得。也許將來資金稍大時候，也會撥出一部分閒置資金，學著在低檔買些定存股布局吧！

我想這是個人操作的哲學觀，沒有對錯，端看適不適合你的環境和個性而已。

不過有一個東西可以慢慢布局，就是你的觀念和技術，行情不好的時候，多讀幾本書多進修充實自己的腦袋，花不了多少錢又會有很好的效果。我總在行情不好的時候找幾本書來看，因為把心思花在書本上，反而不會手癢亂作單，利用這種時間多看看書實在是很棒的事。

14 要作原野上的豹　也要作天空中的鷹

　　做股票不但要會買，還要會賣，台灣的股市短線盛行，上漲的時間很快又很短，且股價一旦反轉，速度、幅度都很驚人，進入股市就要隨時準備接受震撼教育。

　　多頭格局找會漲的中小型股作多，容易賺到大漲的錢。但是空頭格局怎麼辦呢？尤其是當大盤走空之時，怎麼辦呢？對一般只會作多的散戶，我的建議是：清空股票退出、休息、觀望。

　　但休息、觀望會使獲利停頓，因此對於積極操作的人，我的第二個建議是：放空。多頭時順勢作多，空頭時也要會順勢作空，如此多空來回，兩面賺。

很多人怕放空，一是怕被軋，二是不忍心，三是很恐怖！

放空被軋，與買了股票下跌，同樣是虧損，但心情不一樣。

不忍心，則是菩薩心腸，但是在股市這一個殺戮叢林卻不值得鼓勵。

很恐怖，是指即使股價下跌也不會是零，但一但被軋空，上漲空間卻無限？

　　對於這說法，我實在難以反駁，因為那是心態和認知的問題。但在空頭格局中，你有看過哪檔股票漲上天了？我告訴你，

空頭格局有地心引力，連大樹都會彎腰，何況股票。莊家的資金也不是無限的，萬般拉抬總要出，問題是你要設法分辨出這檔股票是不是真的走空了？

放空就像作多，相同的原則只是反過來做而已，順著原則做，你會發現，其實在空頭格局中放空一點也不恐怖，而且作空賺得更快。

有人把作多當成陸軍，作空寫為空軍，而從陸地和天空的動物中，我比較喜歡用獵豹和飛鷹比擬。看見獵豹在草原上奔跑的姿勢有多美，其實在天空中翱翔的飛鷹也是很優雅的，試著調適你的心情，要會做草原上的豹，也要會做天空中的鷹。

15 股票VS.期貨

認真說起來，羅威雖然曾經做過道瓊、NASDAQ、歐元、摩根、日經……直到現在的台股期貨，但是也一直在「指數期貨」這個商品打滾，不敢到農產品或者貴金屬商品那邊闖天下。認真說起來，對於期貨也只不過是半桶水而已，才這樣的經歷卻大言不慚的講起期貨，還講得滿大聲的，這不是半桶水是什麼？

　　至於股票更不用說了，羅威雖然在民國77年就投入股市，且經歷過兩個萬點行情，就算不是老鳥，股市操作的經歷也比很多人長很多，但儘管如此，羅威對股票這神秘的世界仍然所知有限。

　　除了我比較熟悉的幾檔老牌權值股之外，現在有很多股票連名字我都沒聽過，更不知道這幾家公司是幹什麼的，更遑論老闆是誰了和業績如何了；有時候用條件選出來的股票，看名字都覺得怪怪的，恐怕比半桶水還糟，但是儘管如此，我還是可以憑著技術線型來去自如。

　　金融市場的學問浩瀚無邊，我懂的只有十七、八，不懂的有七、八十。在金融市場裡，我們沒有必要全部都懂，任憑弱水三千，我們只取一瓢飲，只要懂得一個市場、一樣工具，就足夠你取一瓢飲了。

　　所以羅威憑藉著這套簡單的工具：技術分析和技術操作，居然硬闖股期兩市二十年，雖然沒有搬回金山銀山，但也還依然活著沒有被市場擊倒，說到這裡，就不得不佩服自己的毅力和信心。假如有一天我真的撈到金山銀山，可能就是我辛苦了二十年的結果吧！

→ 股票和期貨操作沒什麼不同

股票和期貨操作上有什麼不同呢？羅威肯定的告訴你：沒有什麼不同。

真的是沒什麼不同，一家上市公司在我的眼裡，只不過是一個代號和一個買賣點而已；指數期貨也只不過是一檔股本超大，交易量超多的股票而已。除了期貨的槓桿倍數比較大，交易制度上有些不一樣之外，在買賣進出上真的沒什麼不一樣的。

任何金融商品都可以畫成K線圖，有K線圖就一定有均線，也會有各種指標……好了，這就夠了！我們可以從這些量價的資訊和指標的訊號中找到買賣點。

嗯……買賣點，這就是最重要的了！什麼時候可以買、什麼時候應該賣？交易的目的不就是想在價位的波動中賺取價差嗎？了解這個　價差而交易的精神之後，對於任何商品都可以迎刃而解。

→ 期指的操作比股票簡單

　　嚴格說起來，期指的操作反而比股票簡單，為什麼呢？羅威試著以自己的觀點解釋：

1. **投機要找最熟悉的商品**

   我看大盤漲跌看了二十年了，但從沒一檔股票天天看，時間超過十個月的，斷斷續續的看也沒有超過兩年。所有的股票中，我最熟悉的就是加權指數這一檔，那不做最熟悉的行嗎？

   市場的現貨和期貨如同主人和狗，現貨是主人，期貨是狗，主人帶著狗狗去散步，通常狗會在主人身旁，忽而前忽而後雖然有正價差和逆價差，但不至於離開太遠。如果你把指數期貨和現貨的圖印出來對照一下，簡直就是雙胞胎嘛！

2. **期指淨值最透明**

   期貨起伏有現貨加權指數的點數可以參考，股票呢？要參考什麼？淨值、EPS、基本面、……？少來了，我們看到的是過去的本益比，大股東看到的是未來的本益比；我們看到的是現在公司有大訂單，而大老闆早在半年前就接到這些大訂單，還知道未來半年還有多少訂單呢！**我們用的是過去的本益比，該如何與大老闆的未來本益比對抗呢？**

   淨值、EPS、基本面？這些和股價是有點相關，但不是絕對。股價漲跌基本上是籌碼的收集和發散，也就是說只要有

大資金持續進場它就會漲；大資金開始退出就會跌。要不然你自己把那些EPS、基本面、營收等資訊轉化成線圖，然後告訴我這些資訊和股價起伏能不能完全同步而行？

3. 可同步操作

根據上面兩項敘述，期貨隨著現貨波動的關係，所以期貨操作只要看清大盤的方向就夠了，大盤往上期貨必定跟著漲，大盤往下期貨也會往下，方向最容易掌控。股票呢？你能不能找到一檔完全和大盤同步的股票？不可能吧！你一定碰過賺指數賠差價的鬱卒，一定也曾經看大盤要跌而去放空個股，結果卻慘遭軋空的無奈。

股票除了要看對大盤方向，還要選對股才行，指數就沒有這個麻煩——看漲，買就對了；看跌，空就對了。試問，有什麼比這個還簡單的？

4. 規避非系統性風險

金融市場存在著兩種風險：系統性風險和非系統性風險。大環境變化（政治、經濟、政策……）是屬於系統性風險，會影響到整體股票的走勢。公司經營環境的變化（基本面、產銷面……）屬於非系統性風險，會影響個股出現大跌甚至下市。操作個股需要同時注意系統和非系統風險，而期貨可以不必考慮非系統性風險，這點就夠你輕鬆了。

因為非系統性的風險只有公司內少數人了解，你根本無法知

道，而政治、經濟政策的變化，我們很容易從各大媒體取得資訊和消息，甚至在醞釀的時候你就可以聽到風聲了，當然天災（921大地震）、事變（911美國雙子星事件、319總統大選兩顆子彈事件）除外。

這種系統性風險出現，全面大跌是全部股票都無法避免的。有一點我必須提醒大家，碰到系統性風險時，期貨多單可能斷頭，但如果股票買現股，就不會有斷頭危機。這是期貨操作上很大的風險。

5. **可以充分避險**

自從期貨選擇權上路後，期貨的操作就多了避險的管道：留倉可以買相對口數的選擇權來做避險。留多單的時候就買些PUT（一口期貨多單買四口價外的PUT）；空單留倉的時候就買些CALL，避險做好了，自然可以安心睡覺（不過這種方式主要是用來做系統風險的避險，不適合做正常漲跌的避險）。

但是股票呢？你要如何避險呢？

16 給期貨新鮮人的建議

期貨操作雖然有上面那些優點，但你千萬不要聽我這樣一說就放棄股票而投入期貨喔，在這裡我想對初入期貨市場的投資人提供幾項建議：

◆◆ 不要因為股票輸急了，就想要到高槓桿倍數的期貨市場贏回來。

那是一項不可能的任務，你愈急著想要翻本反而會輸更多，甚至萬劫不復！另外，玩股票都輸了，表示可能是你的方法不好或者心態不對，如果功夫不夠千萬不要玩期貨，以台灣話說——「穩死的」。

◆◆ 不要老是想買最低點，賣最高點。

能夠安全的順勢上車和平安的順勢下車最重要，抓到方向進場，比計較那幾點更有意義。不要老是想大波段的獲利，大波段的利潤是可遇不可求的，能夠把握順勢和轉折，有一段做一段就很不錯了，沒有行情也不可勉強。

◆◆ 做對方向要讓利潤自動擴大，做錯方向要能快快停損。

期貨是高槓桿的遊戲，重在停損的執行，萬一被催繳保證金，最好立刻清倉離場，因為會收到margin call通知，代

表你的方向已經錯了一大段了，此時清倉離開市場冷靜一下，是一個比較好的方式。

❖ 要有一套自己的進出依據，而不是用聽明牌的方式進出場。

跟別人的單或聽人的分析做進出，往往容易吃大虧，所謂「贏要知道贏在哪裡，輸也要知道輸在哪裡」這樣才有檢討的機會和進步的空間。

❖ 注意資金控管

資金是你操作的本錢，最少用三到四口的錢操作一口期貨，若留倉則要記得要買保險。充裕的資金方能讓你安心且從容的操作，切記，就算很有把握的行情都不可以全倉投入，以免意外發生時，沒有多餘的資金做適當的應變。

❖ 看得懂、看得準的時候下單，看不懂的時候觀望。

沒有必要一年到頭都持單，「旁觀者清」，有時候觀望更能讓你清楚看出未來的方向，懂多少做多少，勉強下單容易虧損，別忘了觀望也是一種操作。

❖ 不要做太短

「滾石不生苔，短線不聚財」，短線操作或當沖，偶爾為之還可以接受，有時候一天進出好幾趟看來很刺激，但是長期下來你會發現手續費高得驚人，只要一個不小心，利

潤立刻被咬回去，短線操作的結果，只不過是花錢替號子打工而已。

另外，頻繁的短線操作反而會讓你失去耐性，漏失掉大段的行情，此外，期貨新鮮人首先要面對的，絕對是老早就在市場上的頂尖高手，新手一進場就要和高手比高下，勝負可想而知。

❖❖ 保持愉快的心情

神清氣爽手氣自然會順，心情不好則容易影響判斷。操作當天如果你有開口大罵過，或者被人家大罵過，這樣會影響到你的運氣，這個時候最好避免下單，以免受氣又虧錢。

17 期貨風險的防範

判斷方向是交易成敗的關鍵，換句話說，要清楚這個市場是多頭市場還是空頭市場。只有把握了市場的方向，順勢操作，賺錢的可能性才大。但是除了交易技術之外，還有更重要的「資金控管」一定要好好的和大家說明。

　　常聽期貨操作的老手說，最少要用四倍的保證金才做一口。也就是40萬保證金做一口。台指期原始保證金才10萬元，為什麼要用40萬來做一口呢？

　　簡單的算法是：假設現在加權指數是6000點，台指期貨一點200元，用6000點的市值去算等於120萬元（6,000×200＝1,200,000），建議新手用融資的心態去做台指，我們以融資四成計算（1,200,000×0.4＝480,000），因此需要48萬才能買120萬的股票，所以40萬做一口台指期貨，已經是以比融資還要高的槓桿操作了。

　　很少有人一開始做台指期就賺錢的，因此你必須要為你的資金做必要的停損，即使你沒有多少交易經驗，能有紀律的執行停損也可以控制住風險。假如你習慣在虧損20點以內就停損，而賺錢時盡可能賺取比20點更多的點數，如果對錯比率各50%算，最終結果你還是賺錢。

　　絕對不可在市場硬拼或硬拗，儘管這次給你拗對了，但是吃到甜頭養成習慣後，硬拗只會讓你輸更多，甚至一次就輸光光。

　　上面是操作上停損的舉例，還有另一種是「總資金比例」的停損：假如你用40萬，操作一口期貨結果輸掉5萬，那麼建議你立刻出場！因為你的方法不對、心態不對，或者盤勢不對，此時應先空手觀望、檢討，務必找到原因後再進場。

→ 大風險隨時存在

除了1988年924證所稅事件連續19天跌停的大崩盤外，近年來，台股最大的風險曾經發生過連跌三根跌停板（20%）無法停損的紀錄，例如兩國論和921、319槍擊案，但兩國論不是跳空跌停，所以只要願意停損都跑得掉。

1999年921大地震後連跳三個跌停板，不過那時候台股跌幅縮小一半，由7%變成3.5%，所以還好。但是摩台指就慘了，開盤就跌了51大點，在這樣的跌幅之下，有留倉摩台指期貨多單的人可就糟了。

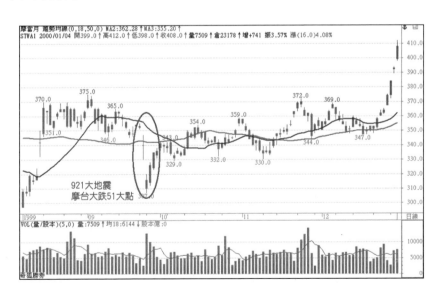

　　因為我在921大地震的摩台指期貨中吃過大虧，花了很長的
時間才重新站起來，所以現在如果我期貨有留倉，為其準備的保
險金必須要能夠承受大跌，就算跌了30%，也不會被斷頭的保險
金才敢留倉一口，要這樣我才能夠安心睡覺。

　　2004年3月19日阿扁因為槍擊案的兩顆子彈事件當選總統，
引發國親兩黨提出「重新投票」和「當選無效」的抗爭，也引發
兩天共14%（900點）的跌幅。

　　學會資金控管，在期貨投資中有很重要意義，在上面所舉例
的大跌風險中，如果有充足的保證金，就不怕一次斷頭說再見，
也能夠在事件過後的大反彈中，有扳回來的希望。

資金管理沒做好，一旦被斷頭，錢沒有了就無法再度進場，擁有再好的功夫都沒有用，後面有再大的行情都與你無關。

「資金控管」這四個字，大家都認為是老生常談，而且是不值得一談。我只能提醒你，要學會寫這四個字的學費是相當高昂的，我不知道你的金融操作中，要花多少學費來學習和了解它的重要性。羅威　對不是危言聳聽，只要你不小心碰上一次，代價可能是你很難付得起的，千萬不可掉以輕心哦！

18 你知道你在做什麼嗎？

某些方面而言，買賣股票就像是做生意，想要在低價的時候買進，高價的時候賣出，然後在中間賺取一些價差而已。

做生意就得講究時機，因為生意就是冒險和謹慎之間的戰爭。時機對了，買進的價位就算差一些，也可以賺到相當的利潤；時機錯了，就算你的買點再精明，仍然有可能虧本。

我很喜歡和年輕朋友聊天，也很喜歡和有經驗的前輩請益，這幾年中我深深的體會到，**股市老手和新手最大的差別在於：老手知道自己在做什麼，新手則否！**

　　我有幾位朋友在投資股市中賺很多錢，他們很少盯著盤看，一年做的買賣次數也不多，簡單的說，他們操作的方式只有兩個字──「耐心」。他們等待買點很有耐心，持股也很有耐心，等待賣點也很有耐心。為何會很有耐心呢？答案也很簡單：**因為他們知道自己在做什麼，知道自己等待的是什麼。**

　　反觀新手呢？今天買進恨不得明天就大漲，有時候問他們為何會買這檔股票，也說不出個所以然來，問他為何會賣掉，理由也不是很充分。有時候明明買到了很低的價位，但總是賣得太快，或者抱不住，稍稍一個回檔就嚇得丟掉手上的籌碼。想想看，你現在或者過去是否都有過這樣的操作呢？

→ 知道目的　才知該做何事

　　要知道自己在做什麼，是什麼意思呢？我舉個很淺顯的例子：假如你要出門，總要有個想要去的地方，你才會出門吧；當你上車發動引擎，總會有個想要去的目的地吧？如果你還沒有到達目的地，中途碰上紅燈或者塞車時，你會等待還是中途下車呢？

　　在生活和工作中，明確自己的目標和方向是非常必要的。只有在知道自己的目標是什麼，到底想要做什麼之後，你才能夠

達到自己的目的。比如說從台中坐火車要去台北，你的目標是台北，你就不會在苗栗、新竹、中歷、桃園等站下車。

股市猶如開車一般，你要有目標才會做交易，做了交易之後，除非停損，否則應該是不到達目標　不中止。如此一來，你的操作才會變得現實，而不會見異思遷。

但是有太多的人，總是為了交易而交易，心中沒有主見、沒有目標，每天看漲追漲、看跌殺跌。許多人之所以在股市交易中一事無成，最根本的原因就是，他們根本不知道自己到底在做什麼，也不知道自己要做什麼。

如果你知道自己要做什麼，那麼你自然會學著耐心等待買點、等待賣點；等待好的買點、等待好的賣點；等待絕佳買點、等待絕佳賣點。

你呢，你知道你在股中等待的是什麼嗎？你有沒有準備好接下來要怎麼做呢？

19 屠龍刀和倚天劍

「元朝末年，武林中盛傳，誰能同時擁有屠龍刀和倚天劍，就將得知隱藏其中的巨大玄密，由此引發了武林中對於屠龍刀和倚天劍的爭奪……」劇情最後是張無忌施計，使屠龍刀和倚天劍同時出現，兩件天下無敵的利器，在相互碰撞中雙雙折斷，露出了裡面的秘密：屠龍刀中藏有《武穆遺書》、倚天劍中藏有《九陰真經》，張無忌因此頓悟「武林至尊，寶刀屠龍，號令天下，莫敢不從，倚天既出，誰與爭鋒」的真正含義。

以上是倚天屠龍記的劇情。股市裡面也常常有人用倚天劍和屠龍刀比喻短線和長線，其實倚天劍和屠龍刀各有千秋很難說個好壞，看你的個性適合哪一把刀，只要耍起來順手就可以了。關公的關刀可以過五關斬六將，劉備的雙劍舞起來也可以衝鋒陷陣，但是兩個人若交換武器上戰場，恐怕會弄個遍體是傷也說不定。

同樣的，股市中有人喜歡長線，有人喜歡短線；有人喜歡逢低布局，有人只願意見強才買進；有人喜歡在垃圾裡挑黃金，也有人喜歡黃金中找垃圾。各有各的依據，各有各的擅長，哪一個比較好？我認為：只要能順手都很好。

因為如果大家都只會長線布局，那有誰會去點火、有誰去抬

輸？如果大家都只做短線進出，那籌碼要由誰去吸納、由誰去穩定呢？

故「股市無多空、無高低、無長短、無好壞，只有買賣點」，**你的買點是什麼、賣點是什麼？買點出現，現金換股票；賣點出現，股票換現金。金融操作如此而已。**

你在計較點數的好壞，計較有沒有猜對高低點，計較股票的未來，計較這支股票的好壞；在爭執什麼方法好、什麼方法不好……，贏家只用自己的方法檢視有沒有買賣點，值不值得買，要用多少比例的資金去買。

20 日量價線判斷多空

從我真正了解均線到懂得使用均線，少說也有十五年了，葛蘭碧均線法則裡面有長線的屠龍刀也有短線的倚天劍，我的操作哲學是以18日均量和18日均價為基礎，那是我分辨多空格局的方式。18日均線可以說是我的倚天劍（屠龍刀是50MA），**這把劍看的是方向，而不是進出買賣點；均線只是資金成數的調配和風險控管的依據而已。**

長均線可以指出波段的方向，可以保護短線的進出，長均線很穩但很鈍，不過如果配上適當的配套措施，就不會是鈍鈍的了。這些配套措施是什麼呢？比如：格局、扣抵、乖離、轉折價、成交量、型態、短線指標、關鍵K線、關鍵點位……等等。

→ 先有主軸　再有配套

我的方式是先有18日量價多空格局的機制，再把其它能夠配合的方法加進來，它們是一體的，並不會互相矛盾。要如搭配就視自己的需要，自行為自己量身訂做。

市場永遠是值得敬畏的，羅威深深覺得股市的學問不但博大而且精深，即使窮畢生之精力去了解研究，懂得的也不過十七、八，不懂的有七八、十。操作方法可能能在短時間內經過書本或別人的指點而得到，但是如何耍起來順手而且能夠獲利，這些是需要時間和經驗的累積，真的需要一些智慧和努力，任何人也教不來的。

倚天劍和屠龍刀都是寶刀，希望大家都能夠找到合於自己操作的方法，要在股市上致勝，一定要有自己的方法，而這個方法是來自於學習和實踐、是實實在在存在內心的方法。除此之外還得發揮自己的才智，克服貪與懼的心理，在賺取利潤的時候，盡

可能在相對安全的情況下賺得最多，而不是要把最低價和最高價全部佔有。

21 做股市的龐德

選擇股票就像是007情報員，必須保持敏銳的觀察力，從接觸到的市場、交易所的公開資訊觀測站、外資、三大法人和十大交易人的未平倉資訊、政治和經濟的變化以及K線圖上的訊息……等等，在眾多資訊裡，找出投資或投機的可能性，並且迅速的擬定適當的投資策略。

情報該如何獲得？最基本的資訊來源就是交易所的公開資訊觀測站，也可以從公開的媒體上獲得，其中包括了報紙、雜誌、書刊、電視、電台、網路等，更進一步的，可以從公司刊物或文書資料中，尋找新線索的蛛絲馬跡。上面這些資訊大多是免費或者相當便宜就可得到的，身為一位股市投資人，面對廣如瀚海的情報，就要發揮獨到的蒐集能力，找出對自己有用的資訊。

→ 賺錢都是有代價的

　　這些工作需要長期的關注，而非一時。往往投資人看到報章媒體刊出的某則資訊就進行買賣，結果被騙了還不自知。我有位朋友對資訊的收集很有一手，說給大家參考：

1. 做幾本產業類別的剪貼簿，有關這些產業的消息全部分類貼在剪貼簿上。

2. 長期收集大約30檔個股的資訊，有關這些公司的資訊全部分別貼在剪貼簿上。

3. 在資訊旁邊加註心得，並附上當時走勢圖。

　　經過這樣的辛苦收集，現在對這幾家公司可以說是瞭如指掌，股票買賣焉有不勝之理。

　　要在股市賺錢是必須付出代價的，而這個代價就是時間。裡摘錄一段民國九五年七月的新聞給大家參考：

　　　　九四年十月，前民進黨前主席施明德和一群友人聚會，席間不乏國內頂尖經濟學者，大家討論到，「許多智慧和知識，應該轉化成金錢」，但是經濟學者常常只懂理論，在現實生活中，卻不敢投資。於是大家起鬨，想要借重施明德這位「政治家」，對國內政局、國際情勢的掌握，進行一場試驗性質的投資。

　　被學者形容為「水仙花」性格、愛惜羽毛的施明德，特別選擇台股指數期貨為投資標的，因為指數期貨毫無內線交易可言，必須仰賴敏銳的觀察力和判斷力。於是，幾位學者集資數十萬元，交給接下這項「非常任務」的施明德，他為了賭一口氣，證明政治家的投資能力，下了相當苦工。

　　從那時候開始，六十五歲的施明德，每天半夜爬起來，緊盯世界主要股票市場的變化、詳讀各種財報，更仔細分析兩岸局勢，掌握國內外原物料和原油價格，觀察國際戰爭。甚至施明德出國時，都要拎著手提電腦，準備隨時上網查看最新資訊。

　　沒多久，投資獲利果然上翻一倍，一位經濟學者聽聞施明德大有斬獲的投資戰果時，直呼這是「瞎貓碰到死老鼠」，不太相信。後來這位學者決定和施明德玩個「昂貴的遊戲」，自己拿出20萬元開戶，交給施明德操作。經過兩個多月，施明德交給這位經濟學者一張紙，上面是他帳戶裡的紀錄，兩個半月的時間，由原本的20萬變成44萬5千元，投資報酬率高達122%。

　　這位經濟學者直呼「主席英明，大展神威，我心悅誠服」。開心地拿回20萬元後，還擺了一桌酒席，犒賞施明德，其餘的獲利全數捐給「施明德基金會」，這位學者笑說，這些可是施明德的血汗錢。

這則新聞給了我們兩個很重要的啟示：

1. 學問不光研究而已，還要實際去操作才行，空有理論是無法賺錢的，經過實作「學問才能轉化成金錢」。

2. 用功的人才有糖吃，不用功根本不可能成功。

22 沒有一檔股票能直接漲上天的

股市有一個真理：沒有一檔股票能直接漲上天的。股價推升的動力在資金，莊家介入炒作最後的目的不是要滿手股票，也不是要介入公司經營，而是要換回現金獲取利潤。拉抬股票不是問題，錢一直丟進去股票就會上漲，要怎樣賣出手中成堆的股票才是問題。

所以拉升一段股價脫離成本後，就會回檔一下，看看有沒有人願意跟進，如果下檔的買氣夠，自然可以放心的再往上做一段；如果沒有足夠的人願意跟進，買氣不足那莊家也要想辦法出貨，所以回檔是有其必要性的。

事實上，莊家做莊需要一個非常詳細的計劃。早在做莊之前就應該把完整的計劃做好，包括應該達到多高的價位，在什麼位

置時需要整理洗盤，要如何應對突發情況，回調的幅度有多大，重要的技術指標在每一個關鍵位置時會達到多少……等等，在各個階段，可能每天收市後都要開會研究。

當大盤趨勢明朗時，最重要的是個股的目標價位和對盤面的控制，在任何時候，解套盤和獲利盤都需要有一個固定的比率，一定的跟風是莊家所需要的。主力必須控制大資金，長時間的連續性動作，讓長線投資者和短線投資者在相對高檔形成時能夠充分的換手，提高市場的平均成本，跟風盤的一舉一動，直接關係到成敗。換句話說，這樣做的目的是為了將來賣出時有人接手。

我們股票的操作最重要的大原則就是順勢，短線有短線的勢、長線有長線的勢，當長線和短線有衝突的時候，你要如何拿捏主要操作週期的多空循環？要如何做有效的資金運用和控管？這些都是你的重要課題。

股市是一個殺戮叢林，闖入這個股票叢林，你要隨身帶著一張地圖，才會知道現在身處何處。沒有方向感容易在這叢林中迷途，成為待宰的羔羊，這裡到處是兇猛的肉食動物，等待你成為他們果腹的食物。

23 要懂得休息

唯有在高檔賣出，才能獲利；唯有在低檔時有錢買進，才是贏家。賣出後就好整以暇的等待低接買點吧！忘了是誰說：「股市最後的贏家，是那些會休息的人。」看好後買進，買進後就休息等待賣點，賣出後又休息，再等待買點；「休息」也是一種很優雅的操作哦！

江山是等出來的不是打出來的，老投資人常告誡我們順勢而為，「看不準時觀望，看不懂時休息，當你看得懂、又看得準的時候才進場」。有的人深怕營業員太閒，沒業績，每天都參與交易，然而短進短出的結果，只是瘦了荷包裡的銀子，增加自己受傷的機會而已。

操作方法、操作技術以及操作策略，每一個人都必須努力的耕耘，這是事前必要的準備，屬於韜光養晦的階段。而想要真正的獲得成功，則必須隱忍不發的等待適當時機。

在金融操作裡面，起風的時候乘著風勢奮力躍起，這種自然的跟隨，是水到渠成的無為哲學。等到風險利潤有利的位置出現才可以出手，試單不成就要迅速恢復不動如山，繼續勉強出頭只會折損實力，真的到了可以大開大闔的時機反而無力可施。江山不是打出來的，而是等出來的，如果等不到大環境，江山就永遠不是你的。

→ 抓不到節奏就無法與盤共舞

尤其是在盤整的時候，每天勤快的做好幾回，卻做到荷包瘦的人比比皆是，因為不只時間有限，操作的資金和我們的功夫也有限。**選擇喜歡的行情或型態才進場操作，似乎是比看到眼前有什麼就直接去硬幹要好一些**，高手沒有不會操作的盤，但高手會選擇「值得」操作的盤出手；「不值得」操作就不會勉強出手。

多頭時作多，空頭時作空，箱型整理時可以少量高出低進，短線應對，但當大盤無量無價的情況下，我的建議是休息，這是股市的節奏，抓到節奏才會舞姿曼妙，悟透節奏才能與盤共舞。若堅持追求完美的操作，想做盡所有的行情、大小波動，只能說──簡直是自找麻煩。

休息其實也是一種操作。大盤無量時波動必定很小，所謂水淺無大魚，沒有成交量的盤必定非常沈悶，與其在此時費神進出，不如出去旅遊走一走。離電視牆愈近的人愈容易貪心；離電視牆愈近的人愈容易害怕；離電視牆愈近的人愈容易手癢。

每年年底或暑假，大戶人家會結伴出國旅遊，慰勞一年的辛苦。你為何不也暫時離開，忘掉行情，接近山林逍遙一番？

休息是為了走更長遠的路，操作不順的時候不妨放鬆一下自己，讀幾本好書、拜訪朋友、陪陪家人、看看風景，說不定你可以在休息中發現新的觀念，或對自己的操作有一番新的看法。

24 貪與怕

貪與怕是操作上的兩大敵人，對看盤族來說，是藏在心裡的無形殺手，往往投資人被自己「謀殺」了還不自知。

希望買低點、希望賣高點，手中若有多單就怕它跌。尤其當跌到成本之下時，因害怕資金縮水，恐懼之心更是油然而生；上漲就滿心歡喜，巴不得再多漲一點，反倒忘了戒慎小心。人類的本性如此，怪不得天也怨不得人。

而莊家正好利用這種人性的弱點上下其手：上漲時，故意漲得讓你忍不住貪心追價，好把股票賣給你；下殺時，殺得讓你心生懼意只好忍痛殺低，他就可以一把撈起。簡單的說，莊家工於心計，我們輸的不是技術，而是心理。

金融競技場原本就是人性的試煉場，成功與失敗的關鍵最後都在於人的習氣，而不是在於先天的稟氣與得到多少的知識。就像是減重，知道正確減重方法的人滿街都是，但是最後真的減肥成功的有幾個人；就像是戒菸，知道抽菸對身體一無是處，但卻依然沒尊嚴的躲在角落抽菸，戒不掉就是戒不掉。

這就是「知道」與「執行」的差別。你在投入股票市場一段時間之後，逐漸熟悉遊戲規則，並且累積經驗，這是第一步「知道」的過程。接下來你會驀然發現，其實所有發生的重大問題，

都是出在「人性」與「個性」上面，千萬不要輕視這個行為，因為行為會形成習慣；習慣會形成性格；性格會決定命運。

其實股價（尤其是指數）的波動，有其自然的節奏，它會依循供需法則，往阻力最小的路線前進，我們只是依照過去統計的機率模式，找出它可能的路線，做我們的買賣決策。

想要不貪不懼只有一個方法，就是放空自己的想法，完全依法進出，買點來了就買，賣點來了就賣，心無罣礙。做你該做的，拿你該拿的，知足常樂自然就不會貪、不會懼了。

25 給迷惘中的朋友

羅威老師你好：

這波選舉行情我受傷很重，輸光了所有而且還負債，我該怎麼辦？看到你開課，好像看到黎明的曙光，很想參加……你可以告訴我嗎？如果我學會了這些方法，有沒有東山再起的希望？

這是一封寄給我的信件，我把它節錄一段，也許這個問題很多人也曾碰到，或者你（或你的朋友）現在也和這位朋友一樣，深陷泥沼之中。每回看到網路上有類似的發文，我都會感觸良

多，股市真的是很無情，一不小心就會讓人失去信心，站不回人
生的舞台。

對於這樣的問題我的回覆是這樣的：每個人都抱著對股市的憧
憬而來，但要在股市裡面存活，不光靠技術和操作而已。不管是老
手還是新手，總會經歷到運氣很背的時候，就算是讓很多人獲利的
大多頭行情，也還是會有很多人輸光所有，這本來就是股市殘忍的
一面。

台灣話說「一支草一點露」，股市的路很難走，就算有好的
背景、再多的金錢、長年累積的經驗、精湛的操盤技術，都不能
保證能在股市中100%獲利。輸家與贏家的真正分水嶺在於資金
控管和面對虧損與獲利時的態度，你應該先自我檢討一下，是什
麼原因導致你輸光？是真的技不如人還是心態不穩？或者有其它
原因？

→ 先解決負債讓心情穩定

當你輸光還背負著負債的時候，羅威能給你的建議是：不要急
著想進場翻本，你應該趕快解決的是你的債務。

921大地震的時候，我的房屋半倒、摩根期貨斷頭且變成負
債……我的情況比你更慘。我苦思該如何處理這龐大的債務，最後

跟太太坦白說明目前的情況到底有多糟，並回家尋求父母弟妹的協助，當然挨罵是一定會的，但把心裡的話講開了，心裡反而沒有那樣沉痛。

當時親人、朋友都好意資助我，盼望看到我東山再起，然而每天都有債權人找上門，根本定不下心，心境太亂操作也亂成一團，雖然很認真，但最後仍以虧損收場。

當虧損達到30%，我依約退回他們的資金，退出操作專心解決債務問題。我得到的教訓是：心態第一，策略第二，技術只能屈居第三，心情不定根本不可能定心做好任何操作，先把負債解決才是要務。

我耗掉了將近四年的時間去解決那些迫切的債務，當問題解決差不多心情也比較穩定之後，我才再度進場。看一看，八十八年921時股市在7500點，而現在股價指數在7000點，這四年間指數的變動並不大，不是嗎？所以股市永遠存在，也永遠有機會，真的不要在你心情很差的時候，想要勉強介入。

我的課程會不會讓你反敗為勝？我想可以這樣說：「有可能，但不保證！」為什麼呢？因為股市想贏有很多客觀的條件，並不是有了高勝率的方法就能飛天鑽地，有方法只是贏家必備的條件之一而已。

1. 要有行情。

2. 要有資金。

3. 要有好的心態。

4. 要有好的方法。

5. 要有好的運氣。

6. ……

還有很多唷！這樣看起來，你認為有好的方法佔整個勝率的多少百分比呢？

所以最重要的是心情要好及使用閒錢操作，其次才是方法。徒法不足以自行，執行方法的人是你，所以能否反敗為勝的關鍵還是在你自己，換句話說，勝敗取決於你的心態，並不單單是技術方法就能成功的；這點希望你能了解。

→ 履敗履學履戰

受了傷還有鬥志願意花時間學習的人，總是令人刮目相看！一枝草一點露，小草吸收露水才能茁壯，過去羅威屢敗、屢學、屢戰，終於能夠屢起，才能夠有今天的氣定神閒，希望下一個成功的人就是你。等你心態穩定了，歡迎你來找我，我們喝杯咖啡聊聊，我會依照你的個性建議你該用什麼方式操作，放心吧！

「君子報仇三年不晚」，行情永遠存在，三五年後股市還是照樣開門的。

碰到困難，先把困境和家人坦白吧，你的家人才是最值得你相信的人，祝你早日解決困難。

26 消息可信嗎？

聽消息用耳朵做股票的人，很少能分辨消息的真偽，這些消息是第一手消息，還是已經過了五手、十手的消息？參考性如何可想而知！

再說消息的本身，對走勢來說並不是十分重要，重要的是市場對這消息反應的傾向，也就是說市場把利多的消息，看成是真正的利多來反應，還是當成利多出盡？市場把利空的消息，看成利空來反應，還是當成利空出盡？這就要看消息出現的時候，股價在哪個相對的位置上，有可能會出現不同的解讀。

莊家工於心計，也善於利用耳語或新聞媒體發布消息，你也要小心口蜜腹劍、人心隔肚皮，有了消息你就會有預期心理，在操作上反而是一大障礙。我有位朋友，有不少主力進出的消息管

道，聽消息做買賣也賺了不少錢，但也因為聽消息而傾家蕩產，最後下場悽慘。

　　柯斯托藍尼的書中，有句話是這樣說的：「精明的股市專家在昨天做了冷靜而詳細的分析，他知道自己『**該要做什麼**』，但到了交易所，現場感受到大家的情緒後，他會對自己說：我知道自己『**該怎麼做！**』要做什麼和要怎麼做是有很大差別的。」

　　這並不是說我反對聽消息或短線操作，聽消息不是不可以，問題是你會不會過濾、會不會分辨消息的真假，聽消息做股票的人，剛開始或許會有點甜頭，但最後也都死於消息。真正能長久在股票上賺得到大錢的人，泰半是靠著對基本面的研究長期操作，或用技術面做波段操作，而不是聽消息操作。如果你是用「耳朵」做股票，不如自己多下點功夫，用「心」做股票。

27 操作的邏輯概念

　　操作與分析的基本素養中最重要的兩句話，就是：「利潤的創造在於行情的掌握；風險的規避在於概率的分析。」贏家只做一件事：承認市場是對的，然後跟著市場站在對的一邊。

　　股票操作上，歷史會不斷的重演：上漲、回檔、做頭、下跌、反彈、打底，雖然幅度和時間會有一些差異，但總不至於太離譜。如果你能體會「利潤的創造，在於行情的掌握；風險的規避，在於概率的分析」這兩句話的涵意，那麼不論走勢如何變化，它帶給你的困擾會少一點，驚喜會變得多一些。也就是說你的勝率會提高。

　　不論基本分析，還是技術分析，只要關係到分析，就離不開邏輯；離不開邏輯的，就少不了概率，凡有概率的事物必然有統計，所以追根究柢，操作與分析的技術就是統計的邏輯，任何分析和操作的方法都是這樣得來的。

　　以均線來說，均線向上後，開始漲的概率很高；均線向下後，開始跌的概率很高。以起漲的K線來說，它出現後就會展現力道，開始漲的概率很高；以起跌的K線來說，它出現後就會展現力道，開始下跌的概率很高。

　　因為機率很高，所以拿來使用就是掌握行情，均線和K線不但很容易使用，而且是很小的風險之規避方式，雖然未必每次都能成功，但它常常是驚喜的製造者。

28 高興就好

服預官役的時候,有一位天兵在放了三天假,回來在莒光作文簿寫著:「上禮拜六,我放假回家,我好高興。回到家裡看到老婆,我好高興。後來,又看到我的小孩叫爸爸,我好高興。」我批改閱畢,不知道要寫什麼評語,只好寫:「高興就好!」

心隨境轉,人生不就是這樣嗎?「高興就好」;
盤隨勢轉,操作不就是這樣嗎?「高興就好」。

→ 技術分析是為了抓趨勢和轉折

股市走勢有兩樣很重要的東西,一個是趨勢,另一個是轉折。舉凡技術分析,大都是想抓到趨勢和轉折,因此可分為趨勢派和轉折派。

均線屬於趨勢指標,不但沉穩簡單不必分析,且對於判斷趨勢方向有一定的準確度,因此有很多投資者樂於使用,或者以各種不同參數的均線,例如3MA、6MA、10MA、18MA……,甚至長到用季線、半年線來控盤。至於用哪一條均線控盤最好,我認為沒有答案,隨各人喜好,高興就好。

不過因為均線平滑的關係,對高低點的轉折敏銳度較差往往

會失去轉折的先機，觀念篇後的下一章節技術篇就提供了一系列的文章。畫圈圈，找浪頭起漲K線和浪尾起跌K線就是其中的一種，當然還有很多方式，如各種擺盪指標也有相同的功能。

在交易的世界裡，炫麗的招式有很多，交易的世界天天都有新發明的絕招，但只要沒有100%的勝率，就不是交易獲勝的關鍵。在外在的武功上，先依照每一個人的先天體質挑選適合的種類練武，這是一種自我了解，也是成功的入門；但真正的關鍵在於內功，包含了交易的修養、心理、紀律以及結合個性的資金管理等等。

各種中短線的搏擊技巧也都是如此，永遠是在K線圖、各種指標中找概率。把發生概率高的拿來分析，把分析中較為穩定的方式拿來使用，這就是你的操作策略。

每一個人的傾向不同，長線短線的策略也不同，所以每一個人的操作方式也都不同。一切符合你的風格，符合你的操作循環，自然就好，高興就好。

29 鈍刀駛利手

技術分析操作模式需要很複雜嗎？愈艱深的理論和指標就愈有用嗎？講個故事或許你會有另一番見解。

小時候我常和父親到田裡除草，父子倆一人拿著一把鋤頭，從同一個地方開始，父親鋤頭唰唰唰一聲聲地響，不一會兒就把我拋得老遠，我認為是他的鋤頭比較利，於是要求換鋤頭，但換了鋤頭之後，結果我一樣落後很多。

看著父親快速的動作，我狐疑的問父親：「爸！同樣除草，為什麼你動作那麼快？」

父親笑著回答：「鋤頭只是工具，要鋤得快，當然鋤頭是否鋒利很重要，但是最重要的是要靠內力，老爸拿鋤頭已經三十年了，內力自然充沛，這叫做『鈍刀駛利手』（台語），了解嗎？」

鈍刀駛利手意思是，不是很利的刀，在內力雄厚的人手裡，一樣是很厲害的工具。武俠片中不是也有「落葉飛鏢」的形容詞嗎？只要內力夠渾厚，落葉都可當飛鏢來傷人啊！

→ 透澈了解就能增進內力

技術指標（K線、均線、指標），是我們技術操作人員進出的依據，但它只是一項工具，在不同的人手上有不同的效用。會用的人可以說它是佛，但如果你不會用，它也是魔，到底是佛還是魔，問題差別在所謂的「內力」而已。

各種買賣進出的方法，都是形於外的招式，要用得好需要經驗的累積，也就是內力。招式有如一把鋤頭般，可以很容易取得，本書提出的兩樣趨勢看法，多頭浪和空頭浪，以及均線判多空的四種格局，相信你很容易看得懂。但要真正做到恰如其分，則需要時間加努力。

就像我的父親用起手中的鋤頭早已練就鈍刀駛利手一般，那是三十年的內力，不是內力不足的我，換一把鋤頭可以解決的。

我們看喬丹打球，得分之高，動作之敏捷，令人嘆為觀止。可是當你知道他每天都自我要求投球一千顆以上的時候，你就不會對他的表現感到意外了。試問，同樣一顆球，如果在你手上，**你有沒有如喬丹那樣的毅力，每天要求自己練一千顆球？**

股市和期貨市場裡面高手如雲，而且很多都是世界頂尖的高手，他們夾著龐大的資金和有效的技術工具，橫掃各個市場。要上場比賽前如果沒有足夠的工夫和經驗，以為拿到好工具就可以了，那終究會讓你失望的。

很多人汲汲營營於追求花俏的功夫，卻不會學喬丹一樣，將投球這樣簡單的動作重複練習，練到熟能生巧，甚至產生直覺反應，任何角度都能出手。

各位知道我在說什麼嗎？**在觀念還沒完全建立好之前，經驗教訓尚不夠之時，不要汲汲於技術理論和方法**。唯有正確的觀念＋簡單的技術＋足夠的經驗，才是你在市場生存的利器。其中觀念比什麼都重要，瞭解嗎？

30 註冊繳稅　錢從那裡來

莊家開賭場不怕沒有人來賭，而是看來賭的人有沒有錢？如果大家都沒錢，莊家也會意興闌珊帶不起勁。春節有紅包可領，所以節前和節後容易有紅包行情，但繳稅、學生註冊都需要不少錢，這時候大家的手頭都會緊一點，既然大家都沒錢了，莊家還會大力作價嗎？股市還會有大行情嗎？

我國股市有固定的三大抽金效應：一是繳稅，另兩個是學生註冊。繳納所得稅的五月和學生註冊的2月、8月，這三個時間點的股市行情總是不太好，這與資金需求有關，且固定發作，提供大家參考。

　　據新聞報導：政府為了幫助學生所推出的就學貸款，今年（民國95年8月）一年已經突破三十五萬人，創下新高紀錄，累積貸款餘額高達一千多億元。以這樣的金額推估，全國學生註冊所需的費用是一筆相當龐大的數字，對有子女就學的股友，真的是一個不小的負擔。

→ 繳稅月分　股市收黑機率大

　　每年寒暑假結束前，是全國數以百萬計的高中職以上學生必須註冊的日子，固定有龐大的資金需求，股友賣幾張股票因應也是人之常情。所以在這兩個　學費的時間點，股市常常會做個回檔反應一下，開學後再漲回來。

　　除了學生註冊之外，另一個對股市抽金的是繳稅，繳稅會抽掉多少資金呢？我估算不出來，但國家每年的稅收高達一兆以上，這影響力是相當可觀的，觀察歷年的繳稅月份，股市收黑的機率還真不小。民國90年以前報稅是3月底，民國91年以後報稅改為5月底，所以5月我都會盡量避開，減少作多的頻率。

　　說起這個「稅」，還真的餘悸猶存，民國77年中秋節前夕，財政部郭婉容部長提出開徵證所稅，股市連續跌19根跌停板，如下圖：

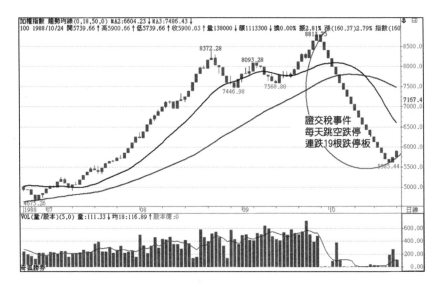

八十五年一月五日財政部林全部長有意復徵證券交易所得稅，復徵言論一提起，股市也是跳空跌停反應，這兩次我都損失慘重。

九十五年稅制改革，實施「最低稅賦」，針對高所得的人課最低稅賦，雖然沒有跳空跌停，卻也造成五月的急殺千餘點。當時世界各國的股市都在跌，稅制改革並不是唯一的下跌殺手，但總是脫離不了關係吧。

31 下跌才是練功時

操作最重要的是要有趨勢的觀念，操作不是一個「點」而是一個「線」，甚至是一個「面」。做對了趨勢可以不必太在乎進場點差了幾檔，怕的是看對了你沒上車，看錯了也沒勇氣跳下車，心態的自我要求和訓練，才是能否在市場上長期生存的關鍵。

我剛到聚財網寫稿的時候，股市剛好從6484做頭下跌，而且一路跌，有朋友告訴我，你去聚財網去的真不是時候，去了就跌。我只是笑笑。我倒覺得我來的正是時候，因為一個大行情要來了，學好一些基本功夫，至少能讓你規避一些風險，保留一些實力。

股市有二八法則：20%的人是贏家，80%的人是輸家，20%的人賺走80%的人的銀子。大跌之時，你盡量保有資金，以待將來還有再戰的實力，趁低檔時撈起低價的籌碼，那就是贏家。

我在號子大廳見過不少投資人，奇怪的是，漲時大家都會問會漲到哪，跌時也會問要跌到哪？我只能說，如果我是神仙我一定會告訴你，可惜我不是，點數只是猜猜看，猜對了是偶然，猜錯了是正常。正確的時間、點數要讓盤面告訴你，我們散戶只是跟隨者罷了，我們並不是造浪的莊家啊！對否？

低接是莊家的權利，只有莊家知道哪裡可以低接，也只有莊家可以接得住下跌中的利劍，因為唯有擁有大資金的莊家有能力在低接之後再把行情拉起。身為散戶的責任就是等待獵物的出現——當莊家準備起浪時，適時介入追進，這可以說是散戶應盡的義務。

32 神勇的張飛

話說三國時代，曹操領十萬大軍攻打劉備，張飛奉命領三千軍出迎。

軍對恃於長江兩岸，因距離遠，只能打手勢溝通。
曹操伸出右手比了個一，
張飛也伸出右手比了個三；
曹操繼而伸出十指晃了兩晃，
張飛就雙手拍拍大腿，
曹操就退兵了。
回去之後，曹操的部將就問曹：「敵兵勢弱，丞相因何退兵？」
曹操曰：「吾語張飛曰：『吾欲一統山河。』張飛卻答：

『欲三分天下。』吾又語之曰：『吾有十萬大軍。』張飛卻答：『放馬過來。』張飛素來有勇無謀，此次竟敢以寡擊眾，必有諸葛亮埋伏設計。吾因而退兵。」

眾將然若。

另一邊，劉備也問張飛：「曹操因何退兵？」

張飛說：「我也不知道呢。曹操問我：『一天能做幾次？』我就跟他說：『三次。』然後他又問我：『十次怎麼樣？』我就跟他說：『這樣就腿軟了。』」

這是誤解對方語言的結果，當然歷史上並沒有這段記載，純屬笑話，笑笑就好。

對金融操作來說，張飛的故事對你多少有些警惕吧？

大盤是會說話的，它會用各種方法告訴你它要幹什麼，包括量、價、K線、型態、均線、指標……等，你可以透過這些語言來了解股市說的話，並按照它的指示做動作。當然，聽對了、做對了會得到獎賞；聽錯了、做錯了會被打屁股！因此當你認為聽對的時候，也要有萬一被打屁股的準備，直到確認真的對了才可以高興的去領賞。

33 獲利的關鍵在跟隨你熟悉的趨勢

如同音樂，大家去卡拉OK聚會，你不可能會唱每一首歌，你也不知道下回DJ會放哪一首音樂，如果放出來的音樂你會唱，當然可以跟著唱，如果放出來的音樂你不會，不妨打著拍子與眾人同樂，有時當觀眾也是不錯的。

金融操作，你不必每一個大小波段都要參與，只要選擇你會的、熟悉的就可以了。在相同的市場內，短中長的趨勢可能相互配合，也可能相互矛盾，要依照自己的交易動機去選擇自己所要的時間架構操作。對於漏掉一段行情，雖覺得可惜，但絕不必扼腕，**唱會唱的歌、跳會跳的舞、做看得懂的波段、沖會沖的浪，不懂的、不會的就不勉強**，行情天天有，這回不會做等下回就是了。

有一回看牙醫，這位醫師患者很多、很忙，醫師感慨地說：忙到都要拿錢請朋友或親戚帶老婆孩子出去玩。因為兩人同是股友，也就有了相同的話題。

他說：「以後我大概只會講兩句話。」
我疑惑的問：「哪兩句？」
醫師說：「『阿……阿……. 嘴張開……』就這兩句。」
哈，差點沒笑掉我的假牙。

　　我告訴醫師：「以後我可能也只會講兩句話。」

　　醫師滿有興趣的問我：「哪兩句？」

　　我說：「以後我可能只會講：『買進，賣出。』。」

　　笑得醫師差點跌倒。

　　金融市場是人性的戰場，更貼切一點來說，其實是違反人性的考驗場所。因此，在你進入這個市場之前，首先要確定兩件事：

　　第一、知道自己的人生哲學是什麼？你對事物的態度與看法會形成個人獨特的性格，而不同的性格在交易手法上會衍生出巨大的差異。

　　第二、知道你要操作的市場或是個股的性格，了解股性才能夠結合個性擬定策略。

34 有執行才有成果

在市場上獲利的直接方式，是找到辨認趨勢的方法和轉折出現訊號的方法。對大多數的人來說那也是唯一的成功之道，也是我們努力的方向。

其實股市是很單純的，一樣的戲碼不斷重演，那麼就反璞歸真，不要想得太複雜。很多人學了不少操作技術和分析技巧，但操作卻是一團糟，最後甚至連出手都不敢了，因為顧慮太多了，非得要等到這個配合，那個也配合才行。等到都配合了，行情也漲高了不敢買了，就這樣眼看著行情在眼前消逝。

對於一個操盤手來說，最重要的不在分析行情，而是在扣板機，當轉折訊號出現，買點快到了，趕緊將子彈上膛舉槍試瞄，唯一等待的就是扣板機的訊號。如童軍歌〈夜襲〉中所言：「只等那訊號一響，只等那訊號一亮，我們就展開閃電攻擊，打一個轟轟烈烈的勝仗⋯⋯。」行情看準了也要會扣板機才算數，就像演奏家需要的並不是理論，而是純熟的演奏技巧一般。看到目標敢不敢動手？執行力才是輸贏的關鍵。

股市征戰必須要有殺手的心態，有效的方法可以很簡單也不必多，最困難的是心態的訓練：操作貴在觀念、心態、執行；方法貴在於精不於多。若一個人無法匡正觀念、穩住心態，徹底

執行，那麼學再多方法也沒用，每天活在「明明看對就是不敢出手」的懊悔中，實在也是很懊惱的事。

點到了，大膽進場，這是執行；有執行才有成果。

做錯了，嚴格停損，這也是執行；有執行才能保命；

做對了，就安靜坐好，別亂動，自然有人替你抬轎，

甚至於確定趨勢抓對了，大膽加碼何妨？

行情等到了，扣下板機執行買賣是操盤人最重要的動作，只是大部分的人在做對的時候，心態上有如小老鼠偷吃油──吃了一口趕快跑，猛回首卻看到還有一大塊肉掉了沒吃到。

35 試驗試驗再試驗

愛迪生發明燈泡失敗三千次，自己卻雀躍萬分，有人說他真是笨，失敗了還那樣高興？愛迪生莞爾回答：**「這世界目前只有我了解，有三千種材料不能製成燈泡，當然可喜！」**

同樣是市場買來的青菜、魚、肉，但在用心的廚師手裡做出來的菜，味道就是不一樣。你看著精美的食譜、電視上的廚師展現手藝，他們是如何從第一步切菜開始到做菜完成的？你照著做

做看，那菜真的很可口嗎？問題不在材料和配料，而是「火候」的控制。

操作會失敗一定有原因，成功的操作者絕對不是一開始就一帆風順，總要吞過很多酸甜苦辣，才能體會進出股市的調味方法，你可曾用心了解你學過的方法、用心調配過你要用的方法？對於你曾經失敗過的方式，是否像愛迪生一樣，知道哪些材料不能使用並記取經驗，找到可以成功製作燈泡的方法？

想怎麼收穫就得先怎麼栽，與其每天到市場抬頭計較菜價行情，倒不如回去田裡彎腰來得實在。老天固然有好生之德，但也僅止於對天助自助者，股市學習的路是相當漫長的，要快速了解只有靠自己進修、努力了，就算每天三餐，也是非得要你自己吃了才行，別人幫你吃，你還是一樣餓肚子。

36 跟單

說到跟單，也有很多很有趣的事，最常見的是營業員有意無意的透露公司裡大客戶的帳號給你，你可以隨時偷看到這位大戶的進出情形，然後神不知鬼不覺的跟單。有的時候有哪位客戶神準的一段時間，下單量雖不大也會有營業員身邊的人偷偷的跟

單。也有一種反指標，當一個人正走衰運的時候，他買進的標的，旁邊的人都嚇得趕快出掉。

以前還不太會技術操作的時候，很喜歡和三五好友共同出資參加投顧，不但共用一個B.B.call，還會和別人交換資訊。跟著投顧老師的口令進出，剛開始的時候滿乖的，老師一call買就立刻買，深怕買不到；一call賣就立刻賣，毫不猶豫！不過沒賺到錢，還套了一缸子！很多投顧好像認為會員的資金是無限大的，只會叫買不會叫賣，現在想起來實在好氣又好笑。

後來學會看K線圖，也學了一些基本的技術法則，call來的股票就會稍微看一下，合意了再進場，苗頭不對就不等call賣出了沒，立刻出場。所以聽明牌可以，聽買賣點也無妨，重要的是自己一定要有辦法過濾，該不該跟？可不可以跟？跟進了將來要如何出場？自己的心中要有一把尺，這是跟單應有的認知。

每一個人的操作循環都不同，手法也不同，因此跟單也要有被當豬宰和當殺手的心理準備。

單，是長還是短？這要看趨勢、抓轉折。對於順勢操作的人來說，順了勢就做長。如果只是試圖抓轉折，做錯了就要立刻走人，因為是短單；做對了就要順勢而上，直到下一個轉折出現為止。

也許，最近這幾年技術精進不少，勝率也提高很多，有一回盤中營業員打電話給我，問我要不要賣？我問他為什麼要賣，營業員說：「我們跟單的都賣了，你還不賣？」我一臉錯愕！你們什麼時候開始跟單的？我都不知道！

單子被跟，是好還是壞呢？如果不知道應該沒事，但知道有人跟著你買賣，心裡難免會有壓力，這就要小心了，通常碰到這樣的情況我都會換號子，因為我不想背負太大的壓力。

37 買點到底在哪裡？

我在等買點的到來，問題是買點在哪裡？

買點在哪裡？真的是大哉問。我們說，股市無高低、無多空、無長短、無好壞、無長短，只有買賣點；我們也說，金融操作無他，買低賣高而已。

但是，股市裡面不管你是用基本分析還是技術分析，每一種學問都有太多的買賣點，那麼什麼是好的買點呢？我想就幾方面來說明：

1. 就效率來說：買進後能夠立刻上漲的點，就是好的買點。

2. 就布局來說：可以逢低承接，慢慢買進大量而且低價部位的區域，就是好的買點。

3. 就風險來說：現在的價位（或預估可買進的價位）離明確停損點很近的點，就是好的買點。

4. 就目標價來說：現在的價位離目標點愈遠，將來可能的利潤愈大，就是好的買點。

當然還有很多好的買點，有待大家提供更好的解答。

太太打電話來查勤：「你在哪裡？」（很溫柔的聲音）

我：「我在你心裡。」（更溫柔的回答）

太太：「死鬼……」（輕輕的說）

＊＊＊＊＊＊＊＊＊＊＊＊＊＊＊＊＊＊＊＊＊＊＊＊

我打電話給買點：「你在哪裡？」（懷疑、疑問）

買點：「我一直都在你心裡啊！」（它很肯定的說）

38 定心、定法、依法

股市征戰除了技術之外，更重要的是心理，也就是所謂的定心、定法、依法。沒有方法，自然不知要如何定心如何依法，這種人股市的買賣可能是聽耳語、可能是看報紙雜誌推薦或者投顧所提供的資訊，賺錢靠的是運氣，當運氣用完的時候，沒有功夫的人當然是輸家。

也有很多人靠著看書自修和聽演講、上課，學了很多技術分析，滿腹經綸、滿身功夫，解說盤勢頭頭是道，但是操作起來卻只是平平而已，甚至是虧損。

為何會這樣呢？照理說能夠存在股市百年的技術應該都有一定的勝率才對，照著做應該都可以賺錢不是嗎？可是這些人因為學太多懂太多，一下子波浪一下子KD，一會兒用MACD一會兒又用DMI……，方法太多，改來改去，有方法但沒有定心沒有按照紀律的依法操作，這樣也是贏不了大錢。

另外，有很多人分析得頭頭是道，方向都對，盤勢脈動中的一點點小變化也都很清楚，但問他做了沒有、買了沒有，卻是兩手空空。因為方法太多想得太多，看東看西顧此顧彼，分析雖然對了，結果反而不知道該如何切入，這樣有方法跟沒方法不是一樣嗎？

也有人甲股票用A法操作，乙股票用B法操作，丙股票用C法操作……，同時擁有很多股票，同時使用不同方式操作，看得我頭昏眼花。我常想，你只有一個人，一個思考，同時用這麼多的方法操作，不會把自己搞亂了嗎？操作有必要弄得這麼複雜嗎？

分析可以複雜化，但操作卻要簡單化，把做買賣的依據和進出的規則擬定出來，完全依照規範做買賣動作，放棄我執，心中無多空、無長短、無賺賠，只有買賣點。專注在行情波動中有無出現買賣訊號，唯有先定法加上能定心的依法操作，才能成為大贏家。

我在做分析的時候，可能會使用很多的方法、考慮很多因素，但是當我看盤的時候，操作的依據卻是很簡單的。用很簡單的方法決定買賣，比如本書〈技術篇〉提到的均線和K線的波動就是我看趨勢的方法，頂多再加上一個指標輔助，盤中就當個機器人依照訊號做買賣。

告訴各位一個秘密，冥冥中股市自有安排，如果你都照著你所定的方法去做，幸運之神將會一直站在你這一邊。

39 我對機械式交易的看法

大部分的人都把定心、定法、依法的機械式交易方式解釋為程式交易，這種說法好像對又好像不對，怎麼說呢？

我們常說「出現買點就買，出現賣點就賣」，就簡單的轉折K線來說吧，你如何定義這個買點和賣點？單一均線的操作法：站上均線就作多，跌破均線就作空，這就是最簡單的機械式原則了。

但是，均線有可能往上、往下或走平，往上或下都沒有問題，只要你用上面的法則：站上均線就作多，跌破均線就作空，肯定可以讓你賺到一個波段。但問題來了，均線走平的時候呢？均線走平是沒有方向性的，這時候你用此法則，肯定也會被巴來巴去，輸了幾次之後你就沒有信心，也不再依法了。

那麼，機械式的操盤法，有沒有辦法規避盤整期呢？答案是：可以！只要加入幾個可以判斷盤整的指標和經驗就行了。那程式交易有沒有辦法規避盤整期呢？大部分是沒辦法的，有很多程式交易者在盤整期裡吃到虧，有了心理障礙，因而無法再堅持依照訊號下單，又會去尋找最佳參數或者換一套交易程式，然而換來換去的結果，到最後只有失敗了。

這不是機械式操作不好，也不是程式交易方式不好，而是大家把機械這兩個字看成「簡單」的同義字了，想簡單的賺錢換來的卻是賺錢不簡單的結果。

機械化的紀律就是要你不要想太多、看太多、聽太多，一切遵照盤面給你的訊號做動作，這樣才能夠定法、定心，達到出現買點就買，出現賣點就賣的贏家心法，也唯有如此才能成為股市常勝軍。

股市裡面有三個方向：向上、向下、橫盤。

有兩個很重要的觀念：一是趨勢、二是轉折。

有一個絕對要遵守的法則：紀律！

你的方法中有沒有判斷方向的方式呢？

你的方法中有沒有明確的買賣方式呢？

重要的是──你有沒有機械化的紀律呢？

請你自己給自己答案吧！

40 找到一個適合你的市場

人類的投資行為是一個很複雜的組合,每個人有每個人的知識領域和個性,所以對市場的看法和喜好都不是一樣的,比如說,在電子業服務的人看的就是電子市場,電子類股裡面又可以分為上游、中游、下游,甚至可以再細分到更細的類別。

有的人喜歡基金的投資、有的人喜歡自己操作;有的人聽內線消息、有的人自己選股;有的人注重基本面、有的人注重技術面;有人偏好成長穩健的、有人偏好投機性濃厚的……實在是很難形容得完。

OK!最後我想請問你:你的市場在哪裡?哪裡是適合你的市場?

羅威做股票做了很長一段時間,這段期間也有不斷的接觸其它的商品和市場,接觸最多的就是期貨交易,包括NASDAQ、道瓊期貨、歐元期貨,也做過幾次農產品期貨,後來轉到摩台指,到了89年以後才回到台指期貨。

繞這一大圈,一方面是好奇,想要去體驗看看其它市場;另一方面,最重要的原因是想找到一個符合自己操作個性的市場。

→ 把大盤看作──檔股票

我當初做摩台指期貨和台指期貨的理由其實很簡單，股票可能無法透視到公司內部，碰到地雷股我們只能自認倒楣，但是指數期貨是跟著加權走，有現貨指數可以參考，所以除非中華民國倒了，否則不必擔心碰上地雷股的問題，我只要注意系統風險就可以了。

而且我們每天關心股市的第一件事，就是問今天漲幾點？或者跌幾點？也就是大盤漲跌的方向！那麼為什麼不做與大盤同步的指數期貨呢？把大盤看成是一檔股票不就好了。

國外的期貨不管是人工盤或者盤後的電子交易，大部分都可以掛停損單，摩台指也有這種停損單的機制，所以一開始我以摩台指為主。進場後一旦脫離成本，我通常都會簡單的找一個支撐點或壓力點，並將停損單掛進去，這樣子可以照常上班不會影響到工作。

重要的是在這七、八年的操作中，我發現指數漲跌的奧義，也發現他和我所用的方法很契合，所以我一直樂在其中。現在我已經退休，早上有充裕的時間可以在家看盤，所以就改做台指期貨了。

不過，退休後又發現了一件很有趣的事，就是有了年紀以後，對期貨操作反而沒有那樣熱衷，反而將重心漸漸的轉到股票去了，也許這就是人家說的「江湖愈老膽子愈小」吧。

以上是我找到合適自己的市場的過程，你呢？想想看吧，你的市場在哪裡？你找到了符合你需要的市場了嗎？

41 耐心等待最佳時機

股市賺錢的方法有千百種，股市的機關我們永遠學不完，但是如果你找到了屬於你的市場、令你安心的方法，接著就只剩下耐心的等待而已。等待什麼？當然就是等待最佳的出手時機囉。

精明的投機客會謹慎的選擇等待，把握最有利的勝算才出擊；紀律良好的投資客一旦捕捉到一條賺錢之路，就會牢牢抓住絕不鬆手。市場老手不輕易出手，懂得分辨出真正的訊號，漲跌不明顯時遊山玩水，訊號明確時不管多空都會下重注，並敢於多頭回檔時（或空頭反彈時），不斷加碼，趁勢追擊。

孫子說：「知己知彼，勝乃不殆；知天知地，勝乃可全」也許只要等到這個好機會，狠狠的掌握一大波段，搞不好就只贏這麼幾次也就榮華富貴了。

　　股市有上漲和下跌，但是大部分的時間都是在盤整，然而大多數的投資人都是在漲勢明顯出現之後才分辨出來這是漲勢，但那時已經是漲勢的末端了。相同的，大多數的投資人也都是在跌勢明顯出現之後才知道完了，但已在跌勢的末端了。所以大多數的人總是在做強弩之末的行情，努力的盡散戶的本分──追最高和殺最低。

　　老手和新手最大的差別，在於買賣點的認知和心態的修練。老手會沉住氣，耐心等待最好的時機，而一般投資人卻不斷的出手短線操作，替老手製造好時機。**老練的獵人會等到獵物進入射程後才瞄準，瞄準了才開槍，不輕易的浪費子彈；而一般人則正好相反。**

　　新手有很多經驗需要去學習，而老手是已經從學習過程中得到很多經驗；這種行情的判斷和時機的掌握，你可以透過書籍或者網路的資訊學習，也可以花錢或花時間上課，重要的是到最後一定要和大盤學習，在盤中實際下單進出。學到有心得之後，就只是耐心等待那個出手的時機而已。

42／ 長短有別

有位朋友問我這樣的問題：有兩個操作方式不同但是獲利相同的人，你要如何給予評價？

他說他有兩位朋友在股市裡面都有賺到錢，他不知道哪一個才是好的，這兩位朋友在一年時間內，資金都成長了一倍。其中甲的交易記錄裡，他的每筆交易都賺，沒有一筆交易是虧的，也就是說甲是一位常勝將軍。甲的交易紀錄整整有一百筆，他靠這一百筆交易記錄賺了100%。

而乙的交易記錄呢？只有十筆，而且乙虧損的次數多達八筆，但每次虧的錢都很少，另外兩筆賺的錢卻很多。有隻股票他賺了150%，還有隻股票竟賺了三倍多，賺的減去虧的，乙也賺了100%。

同樣賺了100%，如果問我想成為哪類人，我會毫不猶豫的說：後者。因為乙應該是一位會「善於等待」和懂得「做錯了就盡快停損，做對了就讓利潤擴大」的人，這樣的方式比較符合投資和投機應有的趨向。

19世紀股票大作手李佛摩，說過一句話我一直深深印在腦海裡：「照顧好手中虧損的部位，因為賺錢的部位會自己照顧自

己。」這句話是說，一見股票情況不對就要即刻停損，把停損的距離縮得愈短愈好；一旦有了利潤，就大膽讓利潤奔跑，讓小利潤跑成大利潤，或讓大利潤跑成巨額利潤。

看得出來，乙是一位心思夠沉穩的投資人，因為他能夠盡量的減少出手次數。在虧的時候能夠少虧，在賺的時候能夠多賺，甚至賺夠。

股票其實就是人性的表現，有人愛做短，並以此為樂；有人喜歡長線，認為這樣比較輕鬆。以上面兩位朋友而言，同樣的100%獲利，對於甲這位常勝將軍我很羨慕，但也只是羨慕而已。我只希望自己能像乙一樣，在適當的時間做該做的事，這就足夠了。

股票有趨勢，趨勢有長短。在盤整的短趨勢中，勢險節短，甲的投資方式也許比較有效，且乙需要常常停損；但相反的，在明顯的趨勢中，乙卻能夠穩穩的抱住不動，讓利潤擴大，明顯可以扳回損失反敗為勝。哪一種好呢？

有沒有辦法兼融甲乙兩個人的長處？盤整的時候用甲的方法呢，順勢的時候用乙的方法？答案是有辦法的，但是要真正的融會貫通並不是那樣容易喔，這要自己去體會！努力吧，我的朋友！

43 保持愉快的心情

保持愉快的心情！這是哪門子重要的操作哲學？且聽羅威娓娓道來。

羅威進入金融操作的時候，父親常常會問我：「吃得下飯否？睡得著覺否？笑得出來否？」當時我常常因為擔心股票的漲跌而吃不下飯、睡不著覺，更別說笑得開懷了。

打過麻將的人都知道，如果大家的技術水準都差不多，比的就是「氣」。麻將桌上誰的氣好誰就會贏，如果你剛剛和老婆吵架、和同事或上司爭執，或者有要事待辦……心事重重的時候，鐵定就是同桌賭客中待宰的肥羊，聽九個洞都會被聽單吊的人摸走，嘿嘿，「氣」就是這麼邪門，信不信由你。

股票市場也是一樣，有幾個時候你要離開一點，你的手要綁起來，最好不要看盤。

1. 心情不好的時候。

2. 心事太多的時候。

3. 睡眠不足的時候。

4. 宿醉不醒的時候。

5. ……

　　無法保持愉快的心情，就沒有清楚的頭腦。看錯盤、掛錯單只是小兒科而已，沒有按照方法買賣，亂買亂賣、一些邪門的事，都很容易在那個時候發生。尤其是夫妻檔吵架之後，不只自己的買賣亂來，還會幫對方亂來……，這都是常常見到的事。

　　心事重重的時候你還能專心看盤嗎？有沒有發生過因為有事要辦沒法看盤而草草處理掉手上股票，然後事後大大後悔的經驗？

　　睡眠不足不做單，尤其是當沖。記得有一回晚上，我放空道瓊，那天幾乎是空在最高點、補在最低點，道瓊大跌350點，我卻狠狠的賺了430點的利潤，收盤時已經清晨5點多了，回到家稍事休息了一下，就到號子等摩指開盤。因為美股大跌當然判斷台股也是跌勢居多，所以摩台開低就空（當然也跌了一些），但是看著看著竟然睡著了！

　　醒來一看，空單居然被軋了上去！回補時被軋了16大點，把道瓊的獲利都快吐光光了；這就是睡眠不足惹的禍。

→ 操盤與日常生活都要守紀律

宿醉不做單，應該不用說明吧，頭腦都不清醒了，如何做買賣？我看過很多書籍記載華爾街成功操盤手的自述或者訪問，我發現他們都有一個共同的特質：**不但操作紀律很嚴格，生活紀律也很嚴格**。只要明天要開盤，晚上絕不喝酒，且時間一到就準時上床睡覺，和家人相處也都是很歡樂愉快……。

我們常聽人說，做股票要有閒錢，我們可以加上一句：做股票也要有「閒情」——悠閒的心情。保持輕鬆愉快的心情，出門的時候，親親你的老婆（老公），和家人愉快的擺擺手；開車的時候，聽聽輕鬆的音樂，不要帶著重要的心事到號子……，你會發現早上的風特別涼、路上綠燈特別多，一切會變得很順遂。

如果你沒有很可靠的方式、沒有好的資金控管、沒有十足的信心，你還能吃得下飯、睡得著覺、笑得出來嗎？也許你不知道，做股票的人其實是很窮的，窮到除了錢之外什麼也沒有，早上看盤沒時間，收盤後看電視分析師解盤沒時間，晚上要上課、要做功課沒時間。

我想告訴大家，股票不是生活的全部，多分些時間給我們的父母和家人，讓家裡多一點溫馨；保持愉快的心情，操作會多一分順心。

44 一招半式闖江湖

分析行情是一種藝術，同一張K線圖可以說多也可以說空，而操作卻是一種機械化的動作，只有買進和賣出，而且馬上見到輸贏，必須一板一眼的操作，靠的是紀律和堅持，這兩者完全不同。股市分析包括兩大類，一類是預測技術，另一類是交易技術，投資人最容易陷入的盲點，就是錯把預測技術當作交易技術來用。

因此只要一漲，就會猜要漲到哪裡；只要一跌，就會猜會跌到哪裡，而市場上有很多分析人員也會迎合群眾的這種心理，告訴你預測的價位，但是要知道，既然是預測當然就是猜的，既然是猜的就會有錯誤，準度當然就值得懷疑！

股票操作的重點在於面對盤勢變化的應對功夫，不是分析和預測，所以呢，分析的東西聽聽就好、看看就算了，千萬不要放在心裡。如果放在心裡，操作就會礙手礙腳，變得很不自然。

長線有長線的規畫，短線有短線的做法，你可以天馬行空，可以根據各種理論去假設「如果怎樣……就會怎樣」……等等都無可厚非；但做法就只能有一種，不是買就是賣，沒有打折商量的空間：做對了抱下去，做錯了就該停損出場。管的不是未來的價位在哪兒，而是現在的當下你該如何進行交易？動作就這麼簡單而已。

　　一招半式可以闖江湖，問題是，這一招必須是你自己融會貫通之後的一招，這一招必須是你最有心得、最符合你的個性的一招，我想這是每一位市場上贏家的共同特性吧。分析無法賺錢，下單才可以獲利，你想，分析行情重要，還是把所學的東西融合成買賣點的操作技術重要？

　　前面說到定心、定法、依法，如果你已經有了確定買賣的方法，你相信它、相信自己，那麼只要照著方法做，一定可以賺到錢。盤中的振盪、價格的起伏，你都不會受到影響，用買點和賣點兩點來控盤，只要方法沒有出現買進訊號，你就不會買；只要方法沒有出現賣出訊號，你就不會賣。看盤變得很輕鬆，操作變得自然優雅。

45 專心你的守備區

　　在美國職棒大聯盟的球季中，每個球隊都要和其他二十九隊比賽一百六十二場，球季從4月到9月，歷經了春天、夏天，然後在秋季打完正規比賽。

　　不過，美國職棒不是九月打完就沒有比賽可看了，到了10月初，就有八支戰績最佳的球隊，角逐參加季後賽，經過二輪的賽

事後，便會出現最後二支球隊，代表不同的聯盟進行總冠軍的爭奪。

金融操作正如球賽進行，時時刻刻地在進行，能夠把握住緊要時刻，揮棒擊出致勝安打，才是成功的關鍵，也是你能否成為高手的觀察指標。

在股市各式各樣的狀況中，只要掌握住這些緊要時刻，就代表著存摺數字的增加，或減少。這些臨場反應只有常常練習，練到將它們內化到自己的習慣中，才有辦法做到每次都能合理應對。只要成功做到幾次，信心就會累積，在往後的實戰戰場中，促使自己不斷實現這種習慣，表現就能更加得心應手了。

以棒球守備位置來說吧，有投手、捕手、一二三壘手、游擊手、左中右外野手，一共九個人，各有不同的戰鬥需求，你只要注意自己的守備位置有沒有球會來，緊盯著打擊者擊出的球的方向。若到了你的守備區，就儘可能的接牢，傳到壘區封殺打者；如果球不在你的守備區，你除了看之外還能夠做什麼？難道外野手要跑到內野來搶著接球嗎？

這個觀念用在操作上面，道理相同。有人做長線，有人做短線；有人用K線，有人用均線，有人用指標；有人做期貨，有人做股票，大家各司其職，各守各的標的和買賣點。股票上有人用

鎖股操作，也有人用熱門操作，這也是各司其職。一個人的精力、注意力都有限，你可能樣樣都會，但不可能樣樣都做到，何況樣樣都還要做得好，那怎麼可能呢？

　　球場上兩隊攻防，有的選手在九局裡面，即便是在自己的防守區域，球也沒有碰到一下，但你不會看到他打瞌睡或者坐在地上曬太陽，他仍然是戰戰兢兢注視著球的方向，隨時準備迎接那可能到來的接球機會。股市也是如此，你要專注自己的守備位置，抓住那一剎那的買賣點，精準的出手掛單。

　　各位知道我想說什麼嗎？每個人都各自有專精的技能、專精的防守區（如自選股），因此，球滿天飛關你何事？注意看你的防守區就好。有一句很有道理：「**這是一場open book的比賽，你不必每一題都會寫，你只要選擇你會的，或者選擇可以找到答案的題目做答，就可以得到高分了。**」

　　各位！你認為如何呢？

46 台股還會再度上萬點嗎？

股市的起起伏伏有如現實的生活環境，時而順行、時而挫折，常常被繁瑣的塵俗所綁，令人幾至窒息，無所遁逃。

這一篇寫的是我對於超長線的看法，與技術分析無關，只是做一次歷史的回顧。對於未來的看法很不成熟，不過卻也有幾分可能，貼在這裡只是記錄曾經有過的想法，來日有機會再來印證。

翻開台股的兩次萬點行情，說穿了都是資金堆砌出來的。第一波萬點行情是由券商開放設立，掀起的全民資金運動，包括四大天王等主力，其草莽式的操作風格，使得當時的金融股狂飆，

重型銀行股的高點在1500元以上的比比皆是，以夾著高配股題材的國壽、三商銀、開發金做為代表。

→ 歷史經驗　上萬點未必是好事

但是資金到了民國79年2月中的12682後，資金便無法再度往上堆高指數，之後股市一瀉千里，一直跌到當年10月的沙漠風暴低點2485點，期間也不過8個月，就跌掉了一萬點。現在打開月K線圖，那一段看起來還真像一個斷崖。

第二波的萬點行情在民國86年的8月，這一波是因為開放外資的進入，由摩根成分股開始，基本分析抬頭。外資資金源源不絕的挹注，加上電子股換機潮連續幾年業績大好的利多，同時夾

著高配股題材，讓股價不斷的創下新高。

炒作有理拉抬無罪，台積、聯電、華碩、鴻海可做這一階段
的代表，對於第二次萬點行情功不可沒。陳水扁競選總統時，口
號是「阿扁當選股市上萬點」，股市也真的去摸了一下萬點，不
過指數只到達10328並沒有突破10393，之後就做大M頭下來了。

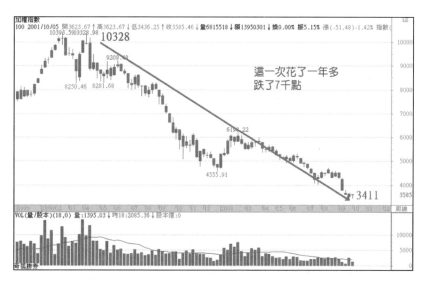

2008年出現金融海嘯，股價從9859高點到3955之後，反彈
到8395，現在又回到討論會不會上萬點的關卡，股市會再一次
上萬點嗎？這是一個值得深思的問題。以下是我個人的看法。

→ 股市上漲有幾個現象

從上面簡短的歷史裡面,我們可以發現,股市上漲時有幾個現象必定出現:

1. 景氣。

2. 資金。

3. 重型業績成長股。

這三者同等重要,其中最重要的是資金,第一次的萬點行情,拱上來的就是散戶存放在銀行、郵局的存款,阿公阿嬤老人家放在床底下的私房錢,主要的漲升對象是金融股。但是這些資金經過一次的萬點行情,就都被吸光了。

第二次的萬點行情,金融股非但沒有參與,反而讓出指數空間給電子股漲升。此次行情拱上來的資金是外資,而現在,會進來的外資也都進來了,台股對外資還有買進比例的限制,除非放寬限制,否則已接近飽和的外資還能夠增加多少呢?

企業爭先到大陸設廠,產業外移相當嚴重,跟著產業出走的是多大的資金?已經出走的資金和準備出走的資金有多少?恐怕都不是我們能估算出來的。這些資金會不會回籠?會在什麼時候回籠?是一個左右台股漲跌的很大變數。

　　民間的資金經過這些年的不景氣，增加了很多失業人口，很多人都是吃老本過活，根本沒有多餘的錢可以投入。信用卡、現金卡等等塑膠貨幣的風行，使得大部分的國民都在負債之中，這和十年前大家手頭上或多或少都有存款的情況相比，差別實在太大了。

→ 資金將扮演吃重的角色

　　由以上的狀況粗淺來看，散戶沒有資金，除非調高外資持股比例的上限，否則外資能夠再買的空間也有限。那麼股市要用什麼來堆砌一個大的漲升行情呢？除非有另外的資金來源，大量且不斷的注入股市，否則要有大行情實在很難。

　　對於股市的資金需求，大家都瞄準ECFA兩岸經濟合作架構協議，認為可以帶來大量的中資投入台股。中資是否會大量買進台股，個人認為協議還沒有正式簽署前，都是只聞樓梯響而已，現在可以注意這一個消息。

　　第二個比較重要的考量因素是——企業的獲利能力。所謂有夢最美，當年國壽每年都能夠大量配股，以一股配一股的方式，將股價推升至每股1950元的水準，台積、聯電、華碩和鴻海也是因為業績大好且能夠大量、穩定的配股，才能大漲。但是經過

大量配股後，股本倍數膨脹，收益無法跟上配股，股價自然就會滑落下來了。

再來，一個大波段的漲升一定是有大型權值的族群帶領，如第一波的金融股、第二波的電子股，那麼現在想要上萬點的第三波，還有什麼類股可以帶動呢？比較有希望的還是和兩岸有關的「中概股」，我們要特別注意目前的股票中有沒有下一個國壽、台積電這樣重型的領導股？足以帶動大盤漲升的群體類股？或許它們就是下一個萬點的領導股了！

→ 中概、金控值得關注

中概股是比較整齊和被大家看好的族群，可是這個族群所佔的指數卻不夠大，不足以帶動大盤的漲升，那麼還有哪些類股呢？股本龐大的金控是有可能出線的類股，所以羅威下一個簡單的預測，如果台股有第三次的萬點行情，中概和金控這兩個類股是大家必須關注的族群。

人生有夢，有夢最美，希望相隨。一點瘋狂加上無限創意，當然還要有一份不怕挫敗的堅持，所以奕棋也好，遊戲筆墨也罷，多少美好遠景，全在心思泊定後，翠紅相映，即便是佳影徒留夢境。

47 戰爭陰影下的策略

股票市場想要生存，必須能夠通過觀察和感覺來產生預測未來的想像力。人類擁有視、味、觸、嗅、聽五種感覺，均是可以實體感覺到，聲不過五，五聲之變，不可勝聽也；色不過五，五色之變，不可勝觀也；味不過五，五味之變，不可勝嘗也。五聲讓人眩、五色讓人迷。

靈感來自不斷的學習知識，積累經驗，從而達到領悟和預測股市走勢的能力。其實這是一種專業境界，做任何事情都一樣。

戰爭影響股市，我的第一次經歷是在1991年初，伊拉克揮兵入侵科威特，美國站在以聯合國為首的西方盟軍，以「沙漠風暴」維和伊拉克與科威特兩國戰爭，這場戰爭打得如火如荼。

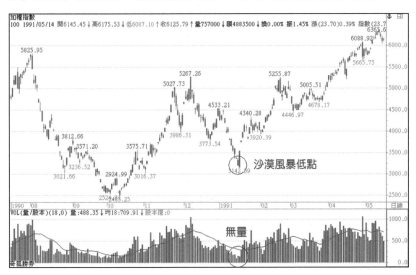

　　2003年3月美伊之戰，美國出兵的理由是，伊拉克對化學武器的研究已經到了美國必須出兵關切的地步！美軍千里迢迢兵臨城下焉有不戰之理？

　　行軍作戰不打沒有把握的仗，美國出兵如此，SARS也是如此，我們在股市作戰也是如此，有疑慮的時候觀望，有把握時再大舉進場，沒有必要在心裡浮躁之時，下去追高殺低弄得兩面傷。待大勢底定再選時機進場，這種冷眼旁觀等待最佳出手時機的忍耐功夫，就是投資人必須的修為吧！

　　經過兩次戰爭，我的看法是，不是發生在本土內的戰事，戰爭開打前雙方都會互相嗆聲叫陣，**只要開戰就是利空出盡，就是——漲**。此一看法到現在仍然不變，這種看法除了有前面沙漠風

暴的教訓可以參考外，最主要的著眼點是心理面，我們只要配合量價情況去印證即可，市場是會說話的，但是你懂得它在說什麼。

戰爭不是問題，利空之下容易浮現大買點，因為有很多聰明的資金正等著撿便宜貨呢，差別是我們散戶沒有龐大的資金，要如何巧妙的在剛剛好的時機點切入，這就要考驗你的技術能力了。

48 作個光明正大的大盜

宋國的一個窮人向齊國的一個富人請教致富的辦法，富人說：「我原來也很貧困，現在日子過得富裕，是因為我每天辛辛苦苦的偷呀、搶呀。第一年的生活就能維持，第二年已不愁吃穿，第三年我家就粟滿囤、穀滿倉了。」

窮人聽了，也不問清楚他怎樣偷呀搶的，就回到家鄉動起手來又偷又搶，每天晚上，他翻牆挖洞，大肆盜竊，家裡居然也富足起來。不料官府捉贓，將他判罪，連家裡原來的破舊什物也統統沒收，這個小偷刑滿釋放後，就跑到齊國向富人著實埋怨了一頓。

富人笑道：「唉！你把我的意思誤會了，我是搶天的季節、偷地的資源。種莊稼、建房屋、捉野獸、捕魚蝦，我從自然界把它們偷了、搶了，光明正大的呀！那些私人的財物，是人們用勞力取得的，只屬於他們自己，你去偷搶，當然犯罪了，你怨誰呢？」

金融操作算不算偷、算不算搶呢？是的，也可以說不是的，因為我們是依照技術面，解讀大盤的訊號，然後照著訊號的指引做該做的事，這是光明正大的。如果你能照著訊號做，做對了你就可以像那位富人一樣，第一年生活就能維持，第二年吃穿不愁，第三年家裡即粟滿囤、穀滿倉了。

每一個人都是想要獲利才來這個市場的，不是嗎？那麼，你想要獲利憑藉的方法是什麼？**如果無法審勢應時，沒有很好的多空和進出依據，沒有好的下單心態，如何在股市搶錢呢？**有人把股市當成提款機，但想用這部提款機提款，總也先要有張提款卡才行吧！

一般投資人很會買股票，但是對於如何賣股票就表現得很差，不賣的原因有兩種：

1. 不知道要賣。

2. 知道該賣，但虧錢了不願賣。

第一種人欠缺的是方法，要努力；第二種人欠缺的是敢於停

損割肉的勇氣，更要努力。金融操作沒有穩賺的，這牽涉到虧損的負擔，小賺不賣，小賠不賣，賠多了不願賣，這是投資人心理上的盲點。

49 你輸在那裡？

有時候，在我們的生命裡，會面臨許多的轉折與低潮，如果沒有朋友在旁鼓勵、扶持、提攜，也許就永遠掙脫不開、跨不過。可是圍繞在身邊的人，又有多少人是真正關心、了解你？真心無私的分擔你的榮耀與艱辛？有人願意罵我、點我，其實是我的幸運，字字忠言受用無窮，一生中能遇到幾個貴人願意點開你的盲點？

請先用筆誠實的回答下面二十個問題，再看其它部分（請將答案畫「○」，每題限時5秒鐘）。

是、否　　1. 你是否經常看準該買或該賣，卻因未付諸行動而事後後悔不已？

是、否　　2. 你是否掛單後，會因易受盤面影響而常常抽單或改價？就算只有少少的二三檔也很在意？

是、否　　3. 你是否勤於追求短線的價差，盤中勇於進出並樂此
　　　　　　不疲？

是、否　　4. 你是否經常犯同樣的錯誤，每次大輸的情況都一
　　　　　　樣，卻從沒有認真檢討？

是、否　　5. 你是否賠了不賣，要等反彈再說，最後不得不低檔
　　　　　　認賠，或乾脆讓它套牢？

是、否　　6. 你是否很少作空，甚至只會作多從未做過空單。

是、否　　7. 你是否經常換股操作，一檔股票持有時間很少超過
　　　　　　一個月？

是、否　　8. 你是否手上經常超過五檔股票？

是、否　　9. 你是否很關心股價變動，不看盤會很不放心，一天
　　　　　　5個小時都在盯盤？

是、否　　10. 你是否學過技術分析並喜歡同時運用很多指標或方
　　　　　　法操作？

是、否　　11. 你是否想要一夕致富，買股票會投入所有積蓄甚至
　　　　　　標會、借貸、融資？

是、否　12. 你是否因為價位太高而怕高價股，只敢買中低價
　　　　　　股？

是、否　13. 你是否常常有賺就跑，結果它把你洗掉後卻狂飆而
　　　　　　上？

是、否　14. 你是否線愈作愈短，單量愈下愈小，賠錢賠到手
　　　　　　軟？

是、否　15. 你是否常用攤平法逢低攤平以求降低成本？

是、否　16. 你是否會讓旁人看你臉色就知道你的賺賠？

是、否　17. 你是否只重視技術線型而不重視基本分析？

是、否　18. 你是否有一套自己的操作法則？並完全依照法則操
　　　　　　作？

是、否　19. 你是否經常一窩蜂的跟著別人進出，愛聽明牌？

是、否　20. 你是否贏了十次但一次就賠光甚至倒賠，也不在意
　　　　　　存款的增減？

　　請誠實答完上面問題後，請依下面標準分析自己的狀況：

A級：全部答案為「否」者，你必定是大贏家，請繼續保持下
　　　去。

B級：有一或二個答案為「是」者，尚能維持小賺的局面，稍加
　　　修正必能進步。

C級：有三或四個答案為「是」者，應已在虧損狀態，應注意。

D級：有五個以上答案為「是」者，不妙！你正處於黑暗的痛苦
　　　中，或是正準備退出股市。

50 技術進階三部曲

　　「物競天擇，優勝劣敗」這是自然界中不變的法則，對一個
新手而言，進入股市叢林要如何求生存？想要在波動的市場中
獲利，一定要有一些基本的工具，也就是所謂的技術。那麼在林
林總總的技術分析方式中，要由哪一個方向著手？要如何求進步
呢？

一、正確判斷大方向大格局是第一要務，量和價的均線方向，一
　　定要先搞懂。均線是股價進行的方向，善用均線分辨趨勢
　　多空方向，與判斷出是否為盤整箱型，這是進入市場必須
　　具備最基本的求生本能。沒有方向猶如輪船行進間沒有羅
　　盤，不但要到達目的地很難，而且還會迷航於大海。

二、再就配合指標和K線型態的看法與研究，可以讓你用多頭
　　浪、空頭浪和指標來補均線的不足，讓你除了運用乖離之
　　外，還可以用指標的轉折低進高出。先決定一個操作主
　　軸，然後把好的機制不斷的加入你的主要操作方法當中，
　　能夠把量、價、均線、指標、K線型態都配合得很好時，你
　　自然會進入高獲利狀態，自不待言。

三、當你能做到上面的情況之後，才可以精進短線的技巧，進入
　　極短線的當沖逆勢操作當中，獲取額外利潤。

　　這三部曲是操作的進階，不可顛倒，也就是先求穩，再求
準，最後求狠。此三步驟不是一兩天、一兩個月的用功就可達
到，股市的實習課程很長，定法不是簡單的事情，必須經過長時
間不斷的嚐試之後，才能深刻領會法的奧妙，也唯有經過不斷的
下單磨練，不斷的改進缺失之後，你的操作機制才會定版。

　　我常看很多人，都從當沖入門，由指標進入，結果都早早畢
業出場，成為行情的貢獻者。也有很多人學到一點點技巧就大力
進場，準備大幹一番！資金控管太差，結果也是敗下陣來，實在
很可惜。

　　學習和實習是急不得的，先習慣K線的紅黑波動，及量價均
線的方向，再漸入指標的配合。你才能**在趨勢之中抓到轉折，抓
轉折時又不違背趨勢，如此趨勢與轉折合一才是正道。**

51 套牢好還是停損好

在股市中贏錢要跑比較容易，輸錢要走就比較困難，這是多數投資人的最大弱點。有人是今朝有酒今朝醉，明日難來明日當，結果大部分的時間真的都在處理災難。有人是做對小賺就迅速離場，做錯虧損了卻抱著不動，最後日積月累，股票種類比基金的還多！

所以，碰到虧損就會產生兩種方式，一是讓它套牢不去管它，期待將來會解套，另外一種是立刻停損出場，等下次進場時機。這兩種方式到底哪一種好？

散戶的優勢就是速度快，破了價位，手上的幾張股票一通電話，或者滑鼠一點就溜掉了，而大戶手上籌碼多，就沒有辦法可以這樣幸運的在短時間內溜掉，做反彈的解套波是大戶的專利，**反彈是為了逃命。你逃掉了，就是大戶套牢；大戶逃掉了，就換你套牢。「逃」與「套」，你喜歡哪一種？**

身為散戶，我比較喜歡逃，不喜歡套牢，也就是虧錢就停損出場，因為這樣我才能夠保住資金，留著下一次進場的本錢。有資金就有希望，而且出場後因為沒有倉位，更能夠以平靜的心等待下回的進場點。

　　股市和賭場沒有兩樣，都是金錢輸贏的場所，只是股市的投資人和賭場的賭徒相比，投資人這名詞比較好聽罷了。我們必須為克服自己人性的弱點，準備一套賭場上的應對措施，就是下注前預設贏錢和輸錢的上限，絕不能因希望贏得更多的金錢，或想討回失去的金錢而超越這個上限！這樣，你才會心平氣和，才有機會從股市賭場上獲得勝利。

　　說來相當容易，但這卻是普通賭徒無法做到的。討回輸掉的金錢的誘惑往往令我們理智盡失。於是，設定一個輸錢的上限，目的是希望你在失敗的時候，留下一個容許自己反思錯誤的空間。不妨細想一下，上回你輸去大筆金錢的時候，是否是因為無法控制來自心中「想討回失去金錢」的誘惑呢？

　　所以，當虧損發生的時候，我第一個念頭就是──砍掉。砍掉停損出場後就不用擔心它繼續下跌了，一切變得很輕鬆，且因為輕鬆，所以可以好整以暇的等待下次的進場點。

52 談談掛停損單的必要性

無論是人生的過程也好，金融操作這件事情也好，都彷彿是在大海裡面浮沉。不確定感永遠環繞著我們，我們永遠不知道下一個不可預測的危險有多大。

沒錯，危險什麼時候出來是由上天決定，可是能夠閃過多少是由自己決定，這是絕對公平的。

換個角度想，擁抱不確定性，贏得你認為的人生大獎，這是最快樂的事情。在操作裡我一再的強調，停損如同買保險，一定要設，不管行情如何，你賺了多少，保險一定要買。在海海人生之中，不要讓一時的風浪摧毀了你。如同航空公司一定會強迫你買保險一樣，要坐飛機的你一定不會反對吧！

股市征戰，你必須有殺手的心態，方法可以很簡單，有效的方法也不必多，但最困難的是你的心態訓練。壁虎尚知斷尾可以求生，何況是人呢？操作中最重要的不是對或錯，而是當你對的時候你得到多少？當你錯的時候你又損失了多少？我常常說股市的生存之道就是，寧願做錯被洗出場一百次，也不要凹單一次而領到股市的畢業證書。

最初的停損總是最小的損失！股市和期貨中做錯方向，你不自斷一臂，將來有可能會加上再斷一腿，自己下不了手，最後只

好等證金公司來幫你斷頭。股市無情，卻有很多人老是要將感情帶進操作中來，最後真心換絕情，就是這般無奈。

李佛摩說：「市場只有一邊，不是多頭的一邊或空頭的一邊，而是『正確的一邊』。」李佛摩又說：「照顧好虧錢的股票，獲利的股票會自己照顧自己。」而成功操作者的正字標記是：他們嚴守市場的紀律，願意賠掉虧錢的股票，然後抱牢賺錢的倉位。雖然認賠是沒有面子，但他們卻因此保住了裡子！

有人很奇怪我手上的股票怎麼都是賺錢的，我告訴他：因為虧錢的股票早就砍掉了，所以剩下的當然都是賺錢的囉！擁抱賺錢的股票的感覺真的很棒，希望各位多多體會。

我們之所以來市場是要以合理的風險去賺大錢。依據這個原則，我們要關心的是獲利，而不是設法證明自己是對的，市場是錯的。你不認錯，硬拗的結果是由你手中的新台幣負擔，虧損擴大就是最好的懲罰。

期貨的倍數很大，一個不小心可能就讓你豬羊變色，由巨富變赤貧。舉例來說，1月3日（抱歉，我忘了是哪一年？）NASDAQ因FED突然調息的消息，期貨指數在10分鐘內，由2108暴漲482點，來到2590。如果你是空單又沒設停損，可能在這10分鐘內，你就會被清潔溜溜斷頭出場；沒有把單子掛在市場的，恐怕也會來不及反應。

同一天的歐元也因為此消息，盤中由9600的高點跌到9300點，落差達300點，每點是12.5美金，如果你是多單，情何以堪？

台股中很有名的兩國論事件，當時摩台指盤中落到三度跌停，跌了51大點（1點＝100美金），如果不設停損，如何應變？

因此，停利點可以不設，但停損的保險一定要買，我總是習慣性的進場後就掛入停損單。買保險、掛停損的用意不是看壞行情，而是預防萬一，因為我不想一次輸太多，所以我必須為我的資金買保險。掛好了停損價，上廁所尿尿也很輕鬆，不必用跑的，就算突然有事需要外出也不必匆忙平倉，漏掉大行情。

不必怕麻煩，怕人家笑，因為這是你的權利。萬一發生虧損的時候，只要你有掛停損，單子就會自動出場，一生中碰到一次就是你的保命仙丹；沒有掛停損，沒事就罷了，若虧損超過你帳戶的負荷，那就叫天天不應，叫地地不靈了。

➜ 放在心裡的停損是不智的

有的人喜歡把停損放在心裡，而不是直接掛到市場裡（有可能是因為你的交易商沒有提供停損單的機制），其實直接掛到市場會輕鬆很多。

　　放在心裡停損是不智的，因為人性最大的弱點是很容易和自己妥協，很容易「等一下」、「再看一下」。我在做股票和期貨的日子裡，學到一些很重要的智慧，其中之一就是錯了就立刻停損。

　　我曾有過很多次這樣的教訓，當我作多以後，價格開始沒有照著我預估的方向前進，抵達心裡的停損點之後，我卻沒有勇氣立刻停損，我告訴自己：等一下，等下次價格反彈的時候，我一定出場。

　　後來，價格的確反彈了，且表現得十分強勢，於是我匆匆忙忙平倉，因為這筆多單的浮動虧損太多，我內心的痛苦難以承受，我時時刻刻想脫離這樣的痛苦，能夠回本就好。

　　可是當我出場以後，市場卻照著原先的方向突破高點，開始一波前所未有的漲勢，我看著節節高昇的行情更是扼腕。許多次，我犯下這樣的錯誤！

→ 千萬不要等一下

　　假如我在停損點出現的當下立刻砍倉，我就可以避免那一大段的浮動損失，心裡毫無壓力也可以很容易的掌握到下跌後的底部買點，可能就可以做到後面那一大波的行情。後來實驗過很多

次，只有這樣的操作才是對的。

當預設的停損點到了的時候，我們很容易產生一種「等一下」的心理，因而不會立刻執行。這「等一下」的心理就是贏家與輸家最大的差別，等一下接著會變成下不了手，然後套牢，最後可能是虧損很多或者斷頭……，不可不慎！

最初的停損點是最小的損失，這是期貨市場的一句老話。如何執行停損不必有大學問，虧損到一定的幅度就是停損點出現的時候，此時閉著眼睛掛市價單出場就好了。

掛停損單其實有很多好處，除了可以除掉你「等一下」的心理之外，我們還可以做其它的事，上街買菜或者出外辦點事都不用擔心，另外，我們不必緊張的盯盤，讓心臟細胞被殘殺，更不會受到盤面起伏的引誘而亂作單。

國外期貨通常可掛停損單（STOP），台灣期貨和證券公司的交易系統目前還沒有掛停損單的機制，投資人也只好盯盤了。我不知道一天中有多少人必須坐在電腦前面緊盯行情？這對人力資源的運用真的很浪費，對心臟也很不好，若哪天台灣有此掛停損單的機制才是投資人之福。不過現在已經有些期貨公司已經有提供「智慧單」的指令，多問幾家應該可以找得到。

→ 用STOP指令當作進出場機制

停損的指令是「STOP」，我通常把它當作是一種進出場的機制，而不是單純的停止損失。未贏先想輸，我做每一筆交易都是抱著準備輸錢的心情進場的，所以輸的時候我當然是樂於接受。雖然獲利多少由老天決定，不過要輸多少是由我決定！

我常常用「觸價買進」（STOP buy）和「觸價放空」（STOP sell）的方式進場。當觸價進場後我會立刻反向設下停損單，如此一來方向錯了會自動出場，方向對了會繼續持有並且用移動停損的方式把停損點往上移動，直到被點出來為止，這樣做的結果往往STOP出場是停利的。

有一回我在大廳看到兩位投資人在討論行情，

甲說：要死了，漲這麼多了你還敢追？

乙說：怕什麼，停損點就在這裡（指著股價下方的一個位置），跌到這裡再走就好了。

羅威心中暗自佩服，只要知道何時該出場，任何點都可以進場，這非常重要。因為有了進場的智慧，就沒有出場的問題。也就是說進場之前要先看好停損點，我準備輸多少？如果這個停損點離進場的價位是你能夠忍受的範圍，何處不是進場點呢？買賣股票沒有穩贏的，俗話說「未贏先想輸」就是這個道理。

國外期貨有停損單的掛單機制，STOP的指令是投資人的保護神，它能讓你很輕鬆的看盤，會掛停損單的人，掛買單後立刻掛停損單，甚至先掛停損單再掛買單，這都是很常見的手法。

比如說：5500買進後立刻掛5480STOP sell，先設好保險並準備要輸多少，頂多碰到快市會多加幾檔的滑價損失而已。但是盤勢真的往上走，我們就一直看下去，並且不斷的用移動停損方式提高STOP sell的位置，直到獲利滿足或點到停損點出場為止。會這種輸小贏大的人最後都能長命，在市場上能夠長命的人往往就是贏家。

另外一種不會掛停損單的人，總是贏小輸大。為什麼呢？因為雖然大多數的人都知道要停損，但是當那個點到了的時候，反而不會真的掛單出場，都會存著期待的心情，希望行情反轉，至少反彈一下讓虧損減少一點也好，可惜市場先生好像看透你的心裡一般往往不讓你如願，直到虧損擴大到無法忍受，你才會平倉出場。

舉個例子，如果你決定用6MA做停損點，當跌破6MA的時候就要立刻走人，而不是看看下面還有20MA，期待的心理讓你等破了20MA再走。如果你是這樣的想法，我保證你20MA破了你還是不會走，因為下面還有60MA會讓你以為有支撐，而當60MA也

破了之後，你會繼續看半年線、年線……，如此就會沒完沒了的等追繳了。

做對了當然要讓獲利自然擴大，但萬一做錯了，則要能立刻出場，這才是停損操作的精神所在。資券市場有一個很好的機制，就是追繳，當你接到追繳通知時，你必須要有所警覺，一定是你自己錯了（因為市場永遠不會錯），而且錯很久了。當追繳出現，我的建議是——立刻停倉出場，千萬不要去補保證金，企圖維持不被斷頭，那將會是一個沒完沒了的夢魘。

→ 停損是投機的護身符

停損的觀念是你進入金融投機市場的護身符，接著就是要慎選進場點，盡量避免被停損出場，否則經常停損就會像冰塊融化一般，慢慢腐蝕你的資金，打擊你的信心，這也是很傷的。

53 停利的方式

　　講了停損也要講一下停利，要不然光停損、不會停利，也是不能獲利的！最近和同修聊天，他很懊悔好不容易買到一檔會飆的股票卻賣得太早，所以他自己加了一條操作規則：買進後，除非停損出場，不然最少抱一個月。加了這一個機制之後成效如何？我沒有繼續追蹤，但是就經驗而言，在大多頭時期應該是可行的。

　　停損、停利有兩個很重要的觀念：「專注那些走勢疲弱，可能停損的股票，已經獲利的股票會自己照顧自己」、「要虧損多少由我決定，能賺多少老天爺決定」。停利到底要如何做呢？以下幾點提供大家參考：

1. 賣點停利法：

　　當你買進後，如果順利上漲，若出現可以作空的K線，那就是你的停損點。作多有買點、作空有空點，買點出現就進多單、空點出現就下空單，因此可以下空單的點很自然的就是你的多單停利點。

2. 百分比停利法：

　　通常一波股票上漲大約是20%～25%，因此當你獲利20%的時候就賣吧。雖然這樣有可能會喪失後面可能的漲幅，但是你會有

更大的百分比賣在那一波的相對高點。老實說，飆馬難找，我們很難騎到會飆漲好幾倍的大黑馬，買到大黑馬大飆股是需要運氣的。

想要買到會漲的股票，只要有點選股功夫和經驗，加上耐心的持股就可以了！好幾匹小黑馬的利潤加總起來也不會輸大黑馬吧！而且大黑馬也是需要休息的，休息的時候就會有再一次的買點，可以再一次上車的，高速公路也有休息站，不是嗎？

3. 均線或趨勢線停利法：

均線、趨勢線都是關於趨勢能否持續的重要判斷方式。股價一旦脫離成本之後不妨交給均線或趨勢線，順著趨勢進行，沒有跌破趨勢線之前不必出脫，趨勢走多遠你就抱多遠，輕鬆自在。

4. 波動停利法：

多頭浪持續進行中，不破前低、屢創新高，只要不破前低都可續抱，直到跌破前波低點才停利；空頭時則反之。

（更進一步的波動操作方式請參考2011年春節即將出版的《波動生命力》精裝本的解說。）

當然，上面這些方法都不可能賣在最高點，但別忘了贏家都會把底部留給別人買，頭部留給別人賣，把最後的高檔利潤留給別人，同時也把風險交給別人。不要已經一魚三吃了還想要頭

尾嚼爛把湯汁吸完才甘心！最後一毛錢往往是世界上最貴的一毛
錢，為了那一毛錢可能會讓你掉了五塊錢，甚至是五十塊錢！

54 波浪的力量來自何處

　　艾略特的波浪理論，據說是看海浪的波動得到的靈感，而我
對波浪有比看波浪還更深的體會！有一回過年我到海邊取水，被
海浪衝倒，嗆到了海水，當天的情況是這樣的：

　　民國94年春節一大早，我一個人騎著機車，來回跑了123
公里到大安濱海遊樂區的海邊，目的只是為了接取一大罐寶特
瓶的海水。據說每年的春節，天上的財神都會到人間來，而求
財的方式就是到海邊取一罐水，裝在寶特瓶裡面，擺在客廳的
角落，讓它自然蒸發。

　　海邊風沙很大，打在手背上都會有點刺痛，特大的海風讓
人有點站不穩，甚至頭戴著安全帽都會有霹靂啪啦的聲音，也
必須拉下安全帽的護目鏡才能阻擋海沙打到臉上。聽沙子打在
安全帽、護目鏡上的聲音，那種感覺真的很新鮮也很好玩——
尤其在海邊看浪、數浪。波浪真的很有規律，幾個小浪之後就
會有一個大浪，我在沙灘上算好最大浪出現的時間，然後拿著
水桶跑到海中浪頭處要接浪頭水。

→ 嗆到水了，才知道波浪的厲害

然而衝過來的海水力量太大了，讓我的手抓不住水桶，根本接不住浪頭水，這一股海浪湧過來的力量，把我推得身體搖晃。瞬間水深已經及腰，轉頭想往回跑的我，居然被這波湧上來的浪給推倒，一連嗆到了好幾口海水。

裝好水之後，我坐在岸邊，強烈的海風、潮濕的衣服，看著海浪一波波湧來，一波波退去，我回味著剛剛跌倒在水裡嗆到海水的情形。我感覺那個浪，不是打上來的，而是被推上來的，那股力量好強，很陰柔的將你推倒，我沒有痛的感覺，但我卻站不住而跌倒了。

突然有個聲音在頭殼裡面響著：羅威，你懂得如何利用波浪取財了嗎？這聲音一直迴旋不去！

接近中午，衣服讓海風給吹乾了，我高高興興的騎車回家，路上還再想，波浪是一波一波的湧過來，波浪會動，它會把人推倒──我懂了！

過去我只知道波浪的畫法，但現在我知道波浪之所以厲害，不是在於是第幾波第幾浪，而是在於那股能夠把人推倒的力量。

什麼要順著浪的方向操作？ 什麼當你發現做錯邊的時候，一定要及早停損？因為逆勢你就會被海浪撲到，而停損雖然嗆到水很苦，但是可以避開往後的滅頂，很值得。

→ 波浪的「形」與「意」

波浪理論的五波八浪只是描述波浪的波動，是屬於外在「形」的表達，但是股價之所以能夠形成波動，並不是波浪理論，而是能夠推動股價並造成波動的那股資金狂潮，是屬於內在「意」的表現。

要掌握這股波動賺錢，不是要會數第幾波第幾浪，不是要抓會漲到哪裡？會跌到哪裡？而是你要知道什麼情況下有什麼東西會推動它成為漲潮，什麼情況下它會成為退潮。

這也是我對股價波動操作的基本哲學。

55 讓賺錢成為一種習慣

金融操作猶如棒球比賽，你拿著球棒站上打擊位置，面對莊家投手投出的球，你有選擇揮棒或者不揮棒的權利。你可以等待好球才揮棒，你也可以等待你喜歡的球才揮棒，這個打擊區沒有四壞球保送，你只有揮出安打才能上壘。

很多教練都會對選手的打擊動作錄影，然後用慢速度播放，從中找出打擊手的動作缺陷，比如：沉腰、扭腰、揮棒的高低、角度、出手的時間快慢……等等，然後針對這些缺陷加強訓練，

以強化打擊力道和增加安打率，一遍又一遍的糾正和練習，直到問題都克服了為止。

不要以為投資股市很容易，常人都想學得絕招一步登天，然而在股市裡虧了錢就趕緊換跑道去玩槓桿更高的期貨，期貨也虧錢資金就剩下可以操作選擇權，卻不知道虧錢主要是因為方法錯誤或者心態不對。

股票都輸了，換期貨、換選擇權，恐怕只會讓你輸得更快而已！商品換來換去操作的毛病依然存在，打擊的姿勢仍然錯誤，無法面對莊家投出的球，無法愉快且精準的選球擊出安打。

→ 錯在哪裡呢？

贏家是不斷的複製自己成功的操作經驗，讓賺錢成為一種習慣，所以最好的方法是先坐下來，把K線圖往前推，然後一根根的往後移動，好像觀賞慢動作重播一般，一遍又一遍的回味著看盤時候的感覺，看看自己哪些動作需要改進的，是動作太快還是動作太慢？姿勢正確嗎？心態沉穩嗎？有缺陷嗎？

詳細紀錄這些資料，仔細思考買賣是否恰到好處？你漏了什麼？要如何改進？回到K線圖的進場點，仔細看看慢動作，你會發現許多過去沒有發現的盲點，當然你也會發現有些美好的打擊

點讓你抓到了，那種愉快的感覺請你也記下來。

以下幾點可能有助於你在慢動作中的思考：

1. 我哪些地方做得不錯？

2. 我哪幾筆交易做得特別成功？

3. 我當時是根據哪些因素進出場交易？

4. 我可以做得更好嗎？

5. 我犯了什麼錯？

6. 是不是還有別的因素可以考慮進去？

7. 這筆交易是否有遵守規則？或者是一時的衝動？

還有，別忘了！這些紀錄是一定要把圖印下來看，而不是在電腦上面看，這點超級重要，但很多人都做不到，不認真的檢討的結果是你會經常受到市場先生的教訓，卻還不知道到底錯在哪裡，而且會一再犯同樣的錯誤，付不完的學費虧不完的錢。

我知道很多高手的手邊，都有成堆的交易紀錄K線圖，記錄著每一筆交易的進出場理由和檢討。羅威當年知道這方式之後，跟著列印交易紀錄出來看，盤中也不斷的列印K線圖和資料，瘋狂的程度是一個月印掉十刀A4的　　，印壞了三台列印機（可能當時列印機品質不是很好吧）。

想成為好的打擊手嗎？把交易紀錄印下來慢動作檢討，這個方法值得你試看看。

56 如何看待空頭中的強勢股

羅威對大盤一貫的多空定義是以18MA的量價做基準，大盤如此、類股如此、個股也是一樣。18MA往下，股價在此均線下方我都以空頭視之。

個股在空頭市場中呈現平台整理，往往給人可能要打底了的想像空間！但是別忘了大盤的趨勢，一樣的橫盤整理，在多頭中可能是買點，但是在空頭中卻可能是賣點，這是有必要區別清楚的。有句話說：沒有大盤的漲升做背景的個股大漲，是漲不久的。以個人經驗，這句話有八九成可靠性。

空頭中的相對強勢股往往會引起大家的注意，因為它通常會出現在每天的強勢股排行榜的前面，感覺上別人跌它卻上漲是相對強勢，平台整理一旦出現突破平台整理的長紅漲停就表示要漲了。

買高賣更高，要追就要追強勢股，原則上是沒有錯，但如果大盤處在空頭市場，這個原則有可能就是大錯特錯了。空頭中強

勢股的操作有必要為大家做一個整理，以免操作上受到重大的損失。

強勢漲停的個股第二天最佳的走勢是：量縮大漲或者是量滾量大漲，量縮大漲表示籌碼安定漲幅會較大，連續幾天量能不斷放大，在空頭格局中這種量滾量的漲法反而有滾量出貨的嫌疑，比較不好。

所以空頭中如果是量滾量的大漲或漲停你要特別小心，一旦買盤縮手，回跌的幅度往往很大。至於強勢漲停第二天也量縮大漲的股票，只是比量滾量好一些，不過在大盤走空的壓力下也強不了多久，想逆勢走高並不是那麼容易的事。

空頭中漲停板的最大陷阱就是——讓人不但套在高檔之上，而且不容易解套。空頭浪中起跌的K線低點可看作主力出貨的位置，往往是將來反彈的制高點，想想，大戶主力好不容易將你套在高檔，怎麼會有輕易的拉上來讓你解套的道理。

→ 逆勢上漲，引散戶上當

那麼我們想想，為何有些主力要如此大費周章的作出強勢整理的模樣，然後又費心的拉出漲停板？原因只有一個，就是不逆勢上漲，如何能夠登上漲幅排行榜吸引散戶的注意和上當！沒有

散戶上當，主力要把貨出給誰？而吸引散戶上勾的最好方法，就是先做好強勢整理的模樣，吸引大家的目光，再來個突破性的長紅或漲停引起追價。

現在，我們了解了主力的企圖既然如此，那麼我們該如何做呢？請反過來想一下，空頭格局中的長紅或者漲停的股票是不是空方的明牌呢？是不是主力發出邀請函要我們下空單呢？所以這些股票可以鎖定追蹤，有機會就試著空看看囉！

有一種簡單的判斷方式：在18日均線往下的階段，尤其是已經跌破前波低點之後，若是18日均線下方的漲升，大概都可以用反彈視之（葛蘭碧法則第6、7賣點）。

這種方式在空頭的第一波（A波）和第二波（C波）下跌特別有效，要搶反彈比較好呢？還是找強勢股作空比較好？突破整理平台或者創新高的股票你要追嗎？盤面上你可以自己檢視一下，大跌時符合上面空頭條件的股票，如果強勢漲停你可以把它列入自選股追蹤，過幾天後看看會是如何？有沒有好下場呢？聰明的你如果這功課你有做過，應該就會知道該如何做了吧！

→ 空頭中如何放空？

我們接著談下去，在空頭中我們要如何迎接主力的空單邀請
函呢？放空操作首先要有融資券的信用戶頭，這是毋庸再言的，
所以沒有開信用戶的，最好事先到券商辦一下手續，有用得到的
時候就馬上可以用上了。

空方的做法大約有兩種：

一、資券對鎖

台股除了台灣50和中型100成分股盤下可以空之外，其它的
股票必須在平盤上才可以空，面對這樣不公平的交易制度，只好
用資券對鎖來因應。

對於一開始就決定要放空的操作，若是怕一轉弱就會因為盤
下不能放空而空不到的做法，反彈初期的強勢股因為你不知道它
會有多強，可以用資券對鎖的方式先鎖單。

可在同價位同時資買券賣同時留倉（要特別交待營業員，資
券都要留倉），這樣不管漲跌你都沒有損失，等到反彈無力之後
出現賣點，再把融資賣出留下融券的空單。

二、直接下空單

反彈初期的弱勢反彈股（大家都漲上去了以後才跟著漲的個股）可用這種做法單邊操作。台灣50和中型100成分股中的股票，沒有盤下不能放空的限制，只要有券可借就可直接放空。

空頭中的漲勢股通常有下列特徵，這是操作上應該辨別的：

一、大飆股

有時大盤的反彈幅度只有下跌幅度的1／3，但是飆股卻可反彈50%，逆勢飆升股通常只有一波行情，除非是主力出貨不順，否則在大盤的走空壓力下，難有第二波漲勢。

二、上波不漲的，反彈也不會強

在我的觀念裡面，當大盤走多它就大漲，大盤走空它就大跌，會順著大盤走勢走的股票才是好股票，而很多有本質的績優股大盤跌它不跌，看起來是停車現象的相對強勢，但因為違背了大盤的方向，大盤反彈時反而不會漲，若大盤持續走空，這種股票終究是要補跌破底的。

三、隨勢反彈的跟屁蟲

強勢股會在中場（12點）前就表態甚至鎖漲停，如果是到尾盤才轉強的股票通常是弱勢股，甚至是散戶就可以拱上去的，這

種跟屁蟲通常第二天就開不出高盤，甚至是超低盤開出，所以這種股票反而是空方的標的。

空頭趨勢中的強勢股，如果有破前一個低點之後的拉高，很多都是主力準備做反彈的多頭陷阱（M頭），主要的著眼點是投資人喜歡搶反彈，愈強愈喜歡搶，如果反彈過不了前高然後回頭破了低點，這些搶進的單子就套住了。

所謂新兵死在高檔，老兵死在反彈！買股票是為了將來有高價可以賣，空頭中買空頭股很難期待會有多高的價可以賣！能不慎乎？

57 技術分析秘訣

技術分析的目的是什麼？對許多人來說，神準的預測是他們學習技術分析的最大目的！但是羅威認為技術分析的目的，應該是用來幫助你在股市中賺錢才對。

神準的預測是無法與賺錢劃上等號的。因為預測神準，是不可能做到的事情，就算是神仙也不可能做到，你相信嗎？要不然樂透彩的中獎號碼，應該可以用數學公式計算出來。

　　交易致富的關鍵，在於大賺小賠；而大賺小賠的方法，在於資金控管和加碼與停損，讓你在看對的時候賺到超級瘋狂，看錯的時候不痛不癢。至於技術分析，只不過是進出場時的一個單純的理由罷了。

　　因此，在思考或運用任何技術分析方法的時候，絕對不是以預測的準確度為目標，而應該從「如何幫助你的操作賺到最大程度」的方向來思考才對！也就是技術分析一定要結合務實的操作，才是唯一正確的方向。

　　當你明白技術分析務必與操作結合，技術分析的目的在讓你成為贏家，而不是成為預言家之後，你看待技術分析的看法就會有截然不同的觀感，也終於才能突飛猛進。能夠徹底頓悟這一點，你在交易之路上才能昇華到較高境界！

　　既然你的目的是賺錢，那麼使用技術分析要做的只有一件事——找出有賺大錢機會的訊號，就是這麼簡單！我們比較解讀每個型態、每個走勢，只等待大行情出現可辨認的形成現象時才出手。真正能幫助你賺到飽、賺到瘋狂的關鍵，在於當訊號出現之後，你能不能做一次值得的相信與堅持？預測無法讓你財產增加，唯有狠狠「抓住」（注意不是抓到而是抓住）行情且敢於下單的人才能成為贏家。

　　預測並「抓對」行情是95%的辛苦，而且不會有什麼具體成果，然而「抓住」行情只要5%的功夫，就可以立即豁然開朗、頓悟，並成功賺大錢，其實這就是簡單到極點的技術分析秘訣。

　　你，要做神準的預測？還是要做正確的操作呢？

58 行情可以被預測嗎？

　　來股市的目的是為了賺錢，那麼使用技術分析要做的只有一件事：「找出有賺大錢機會的訊號」！就是這麼簡單。獲利的關鍵不在預測點數而在跟隨趨勢，不管行情走到哪裡，你都可以看到很多人在預測低點會跌到哪裡，高點會漲到哪裡之類的話，而且可以信誓旦旦的拿出一堆算法數據。

　　但是，說實在的，預估點數的方法我也學過不少，一天收盤後我可以用十種以上的方式計算明天可能的高低點，或者這波段可能的目標，但是我都會特別聲明，這些點位擺著就好，以後再來印證哪一個方法是對的。

　　推測點位的一堆數字，密密麻麻的可以涵蓋上下各一百點的空間，如果說，這麼多數字中沒有一個點位貼近高低點，那真的是有鬼！

　　每當有人信誓旦旦的說哪一點必到的時候，我真的很想問一句話：漲跌要到哪一點真的算得出來嗎？這樣算的準確度有多少？真的有用嗎？阿知（台語）。重點是如果起頭預估的正確了，對於後面的預測必定信心十足，但是你真的敢依據這些數字下單嗎？

　　除了看可能的轉折點之外，對於會漲到哪裡、會跌到哪裡的預測方式，羅威學過太多太多了，我認為預測行情是分析師的工作，那些對操作一點幫助也沒有，反而礙手礙腳的。

　　今天能規劃明天可能的方向，這週能規劃下週可能的方向，對我來說已經夠了，因為操盤手最重要的是盤中的應變能力，而不是行情點位的預測能力。只要是預測就不一定會實現，而且往往會發生錯誤，既然可能錯誤，那麼為何要讓它來困擾我們呢？

　　網路寫稿，有時候我也會猜猜看會漲（跌）到哪裡？有的時候還猜得滿準的！不過只要一開盤我就會清空腦袋，忘掉我昨天分析稿說過的話，因為分析稿常常是用日K或週K寫的，盤中有在看盤的人，是不可能用週線或日線操作的。如果有時間看盤，盤中我用分、時K線看盤，只專注再專注的看著盤勢起伏的脈動，然後把握可以買賣的點位，做該做的動作而已！

　　讀者諸君，大概不會怪我說得這樣坦白吧？

　　不過，我想補充一下，預測方向和預測點位是不同的，我會用很多技術的方式來預測方向，這些方法主要是利用股價和指標的慣性，自然有其道理。當股價走勢和預測的方向真的一致時，我會大膽的下單，萬一不如預期，我會小心減碼或者退出觀望。

　　一點點操作上的心得和大家分享。

59 做股票要有大戶的思維？

　　有幾回因緣際會，和幾位實力相當不錯的業內人士談到操作的問題，很奇怪的是他的方法和我的方法完全相反，比如說：我說轉強才買，他的做法是逢低承接；我說轉弱才賣，他卻說愈漲愈賣！怎麼會這樣呢？

　　其實這就是我所說的，每個人的操作方式都不同，而我和這些朋友最大的不同就是資金的水位不同，吾等散戶有多少資金呢？五十萬、百萬、千萬？這樣的資金可以買多少張股票？三檔、五檔；五張、十張、一百張？大戶一張單子進場，可能就是我們的百倍數量，起碼都是以百張為單位的，甚至是一張單子要拆成好幾筆四百九十九張（單筆最大掛單量不得高於五百張）才掛得完。

在這樣的條件之下，資金雄厚的人，只有在下跌的時候才能買到足夠的籌碼，也唯有大漲的時候，才有足夠的人氣，可以消化掉手中的籌碼。知道原因之後你就不會對「莊家逢低承接，散戶見紅才追」這樣的話感到奇怪了。

莊家大戶由於資金大籌碼多，轉身很不容易，沒有相當的時間便無法買足所需的低價籌碼，沒有相當的強勢也很難出掉手中的大量籌碼。而且因為部位大，差個幾檔就可能差上百萬的損益，所以跌勢低買、強勢高賣，才能夠符合他們獲利的邏輯。

不像我們散戶小資金，股票只有三張五張，轉身快速，要進要出都不怕沒有人接手！所以我常對那些朋友說，我有我輕、薄、短、小的優勢，我要買賣只要一根五分K的訊號，和一筆掛單的量就夠了；可是你們就太笨重了，身軀龐大且行動遲緩，想要轉身就得有相當的迴轉半徑才行。

在這樣的邏輯下，衍生出來的操作策略和技術方法當然就完全不一樣。有人說做股票要有大戶的思維，這樣是沒錯，但很多人只學到大戶逢低承接的手法，卻忘了考慮自己本身的資金條件，更忘了做資金控管，現股買完換融資，甚至借貸來買，最後在股市領取畢業證書，這樣自不量力的行為實在很令人扼腕。

60 糟糕～我做錯了！

大部分的人做錯之後，大概都只是懊悔一下，很少人會在事後加以檢討並處罰自己。我有位網友，她說每次做錯單或者沒依方法做的時候就罰自己爬樓梯，從一樓爬到12樓再走回一樓，每爬一階就唸一次「今天我犯了XX錯，我以後絕對不再犯同樣的錯誤」。

就這樣，錯一次就上下10趟樓梯把自己累得半死，如此深刻的處罰自己，半年後他爬樓梯的機會愈來愈少了，終於成為令人相當激賞的贏家。

有一位在市場上已經相當有成就的操盤手，給自己的懲罰是將犯錯的原因寫下來抄一百遍，並且在電腦上面找出相同圖型，列印出來努力找出缺點，沒抄完就不能休息，在圖型上沒有找出錯誤的原因就不再下單。

直到他做得很順利的時候，那些抄寫的筆記本和列印的圖，足足可以用三個麻袋裝起來。他說的一句話很有意思：**「我這幾個麻袋的錢，就是這幾個麻袋的錯誤換來的！」**

→ 嘗試錯誤是必經過程

在股市裡面，我們都會做錯單，也會錯過買賣機會，也會看錯買點空點造成虧損，這時候你都如何面對？懊悔一下子？罵自己是豬？或者是憤怒的拍桌子怒罵，怨天尤人？當然，神仙打鼓有時錯，何況是凡人呢。凡是「人」都會犯錯，所以嘗試錯誤是學習必經過程，並不是什麼傷害自尊或是無能的表現。

做錯，其實市場已經用金錢處罰我們了，我們可能會生氣會懊悔，但是當我們冷靜以後，就要做自身反省跟覺悟了。初期你可以建立一個檢驗與改正的機制，來讓自己錯誤一直變少，只要犯錯少了，自然而然的就會往正面循環走。

接下來你可以逆向思考，從大家最容易出錯的地方出發，以此警惕甚至避開這種錯誤來增進績效。模擬所有參與者的心態，這會讓你想的更通透，自己的程度也會往前邁進非常大一步。

→ 能不貳過　自然成仙

一次錯誤一次教訓，股市的學習過程，我們都會經歷很多錯誤很多教訓，這些錯誤的經驗都是很可貴的。但是很少人會因為操作對誤而用真實的行動來懲罰自己，也很少人會把自己所犯的錯誤記錄下來，並真正能夠在錯誤中學到經驗。

　　老闆對不斷犯錯的員工，會很快的請他走路，但我們都是自己的老闆，因此很容易原諒自己，不會請自己走路，所以我們都會不斷的犯同樣的錯，這是很簡單的道理吧。

　　股市裡要做到「不貳過」很難，總要經過無數次同樣錯誤才會改過來，不信嗎？你把犯錯的教訓都記錄下來，經過一段時間之後統計看看！你會發現很多錯誤都是不斷重複出現的，大多是心態問題，錯誤會讓我們虧錢，所以改正錯誤、少犯錯就會減少虧錢。你有沒有處罰過自己的經驗呢？想想看以後如果犯錯，你要如何懲罰你自己？想想看要如何才能讓自己少犯錯。

　　有時候想想，爬樓梯真是個很好的方法，可以在懲罰自己錯誤的同時也能夠鍛鍊身體，一舉兩得。

61　期待折扣的心理

　　我家附近有一間購物中心，每天都有「每日一物」的促銷活動，上個月太太買了一隻平時定價要500元的大型的電風扇才299元，夠便宜了吧！

　　沒想到買回來後出問題了！那支電風扇是買給女兒用的，兒

子看了也要一支，然而第二天再去看已經回復原價了。太太心裡不平衡，不買了，兒子只好等囉。等阿等，等到昨天，電風扇又擺出來每日一物了，太太好高興終於買到便宜的了，省下的200元買了半隻烤鴨吃。

等待，需要付出時間的代價，需要付出心理上的煎熬，需要付出沒有那樣東西時候的不方便。操作上是不是也是一樣呢？空手了被洗出場，不願意追高，總是希望等待拉回便宜一點再買才高興，可是盤勢偏偏不拉回，這種心理的煎熬是不是也很痛苦呢？

這種等待拉回再買的心理，其實是最普遍的散戶心理，為什麼呢？拉回比較便宜，拉回後才買最少不會買到眼前的高價區，可以減少短套的痛苦，將來漲上去了也很快就脫離成本……，哎，理由很多啦！

漏掉了一段行情，或者賣了以後繼續大漲，這時候你怎麼辦呢？追進去還是看不順眼放空？等待下回的進場點？

當然因為自己做錯而看不順眼去放空是最不智的，最好不要玩這種特技，萬一軋起來會讓你脫掉好幾層皮。你要騎馬去追買我也不反對，追高不是可以賣更高嗎？但是就算趨勢是多方，追高還是有一定的風險，而且因為追高的進場成本較高，比較耐不住震盪，很容易變成短線操作。

　　所以這時候通常我會選擇繼續等待看看，等到拉回才找買點，也就是說打點折扣才去買。

62 耐心等待總有花開富貴時

　　股市投資的關鍵，在於建立適合自己的投資分析方法，以及屬於自己的投資邏輯，然後長期一致性的執行，並在實踐中不斷修正自己的投資邏輯、完善投資進行的方式，如此必定能在投資中有所建樹。國父也說：「思想產生信仰，信仰產生力量！」不是嗎？

　　《可蘭經》中有一句話：「如果你叫山走過來，而山不走過來，你就走過去。」在金融操作的歷程之中，必然會碰到許多不利於己的情境，即使你的勇氣沒有改變，信念也沒有改變，但是應對的做法總要改變，這就是古老諺語「山不轉路轉，路不轉人轉」的人生智慧。

　　做投資這一行，耐心很重要，投資能否成功，並不完全取決於能力，很大的程度上還取決於耐心。眾所周知，投資的時機對其成敗而言是十分關鍵的，儘管表面上投資市場的機會似乎時刻

都有，但實際上真正適合某一個投資者個性的投資機會並不是很多。

　　無論是個股還是大盤，其走勢總離不開漲、跌、盤三種狀態，理想的買賣時機一般只是在漲、跌兩種狀態的起始階段，而在盤整之時，做任何的操作都會令人覺得尷尬和進退維谷。**一個波段的起動往往須經過一到三個月的時間的醞釀，所以我們必須有足夠的耐心來等待買賣時機的出現。**

→ 耐心等待下個機會到來

　　當等待中的買賣時機出現時，我們能否及時確認和即時把握住呢？事實證明，這種機會並不高，大多時候我們都無法及時確認和把握住買賣時機的到來，所以做錯往往就成為散戶的專利。

　　不能確認的時候，自然需要耐心等待，等看清楚了再動手；但由於市場波動的詭祕性，等到你完全確認時，理想的買賣時機可能也已經過去了；時機既已錯過，急也沒用，只好再耐心等待下一個機會到來。比如你錯過了多頭浪的第一個買點，就必須等待回檔不破低且再次啟動的買點才買；如果你錯過了葛蘭碧法則的第一買點，就必須等到第二或第三買點才買。

　　在實務操作上，投資人不需要時刻做出非買即賣的決策，因

為絕大部分時間都不適宜做買賣，更多的時候只適合觀望和等待
而已，而這所需要的正是耐心最大的考驗。

→ 少出手、少出錯

減少出手的頻率，耐心等待好機會才能讓你的勝率提高。**當
手中有股票的時候，也要耐心等待好的賣點才賣，這種抱得住的
功夫也是需要耐心的。**

耐心這種秉性並非要有就有，是需要培養的，樹立起「弱水
三千，我只取一瓢」的心態，追求真正屬於自己的機會。巴菲特
一生只做對了十幾次大的投資決策便可成為世界級的一代股王，
我等凡夫俗子，又何必操之過急呢？

等待是很無聊的，因此等待的時間當然也可以用很小量的資
金下場玩玩，這樣雖然賺不多，但可以維持自己的盤感，也是一
種消遣的好方法。

63 當低價股狂飆的時候

指數和股票的連動，有很微妙的軌跡可循，而這個軌跡常常就是低價股——大盤的底部區低價股會狂飆，大盤的頭部區低價股也會狂飆。

1. 低價股的底部現象

當大盤走空頭而且跌得很深的時候，很容易看到雞蛋水餃股開始狂飆，如果這些低價股可以連續飆漲，並且不斷有新的低價股飆出來時，請注意，這可能是底部出現的訊號。

2. 權值股帶大盤脫離底部

多頭啟動的第一段要拉開指數，一定要大型權值股來帶動，所以當18日均量和均價線雙雙上揚連續三天，多頭啟動的時候，我第一想到的就是台積、聯電，因為這兩檔不漲，指數根本漲不動，所以當多頭啟動時，買台積電往往是最基本的配備。

3. 業績股衝高拉開指數

當指數帶上來脫離底部之後，就必須有業績股的族群接棒來帶，演出讓人另眼看待的業績行情。接著當這些業績股都漲高之後，基於風險意識，大家會找一些還沒漲到的股票；而當這些股票也動了的時候，就是所謂的補漲行情，這也是一

個大波段裡面末升段的訊號。

4. 補漲行情＋低價股又狂飆時

當大盤漲了一大段空間之後，你會看到盤面上漲的都是一些低價股，此時要特別小心，因為這往往是大盤的末升段。大盤最後漲升的族群都是一些低價績差股，也就是最吸引大家目光的「煙火秀」；可想而知，當激情的煙火秀過後會是如何囉！

並不是說這些績差股不能漲，而是因為這些股票多半不佔指數空間，成交量也很小，發動這些股票大漲的目的是維持人氣，讓盤面表現不會太差，才有利於先發動的股票做震盪整理（出貨）；所以在大盤已經漲了一大段之後，**我很喜歡看到投機股飆漲，因為這是莊家已經打開降落傘的訊號，告訴我們大腳在跳傘，大盤要做休息了。**

低價股全面大漲時，可以預見的是，經過幾天的激情，等到這些投機股紛紛打開漲停之時，可能就是大家奪門而出的時候，而此時主力大戶早已跳傘走人了。

日本有一個民俗活動，叫做「夏日祭」，在祭典期間，平日的上班族紛紛換上轎夫的服裝，熱熱鬧鬧的抬著神轎遊行。而只要進入市場，不管願不願意，大家都是轎夫，只是看你要下場抬

輾，還是在一旁吶喊而已。記憶中台股歷年來的燦爛煙火表演，好像都在低價股瘋狂飆漲後開始的。

多頭浪高會過高、低不破低，一個多頭趨勢中總會持續創新高好幾趟，**但是當過高幅度愈來愈小、回檔幅度愈來愈大的時候，反而讓我覺得高點近在眼前。低價股狂飆時更容易看到最後的煙火秀，只是煙火很美，卻很短暫，煙火消逝後的夜空也總是特別黑暗。**

64 對模擬單的看法

很多書籍都會建議投資人在將資金投入市場承擔風險前，應該先紙上作業，模擬下單，或者到有模擬投資遊戲的網站先練習、練習，這點雖然是很好的建議，但是我並不是很認同。

就像游泳，並非光在泳池邊做泳操就會游泳的，但若把你丟到游泳池嗆幾口水，就容易學了！開車也不是光在教練場兜圈子，憑著「看到檳榔汁右轉三圈，看到口香糖左轉兩圈」之類的口訣就可以應付的，必須到馬路上實際體會交通狀況，且開得夠久、狀況碰得夠多，才能真的在路上輕鬆開車。

股市操作並沒有什麼不同，沒有金錢輸贏壓力的模擬操作時，引經據典是非常容易的，但當你碰到有金錢增減的壓力時，能否嚴守買賣規則又是另外一回事了。

另外，模擬的投資遊戲，剛進場也許信心滿滿，想得個冠軍或獎金之類的獎勵，但是幾次操作不順利之後，就把單子放著不管的人也總是一大堆，個中原因不是很清楚了嗎——沒有實質的輸贏刺激怎麼會認真？

因此，我建議你可先用一小部分資金（請記住，只能是輸光光也不會怎麼樣的少量資金喔），實際進場買賣，試著玩玩看，真正感受那種壓力下的脈動，這樣反而可以很快發現你的方法或心態上的缺點，藉此改善交易技巧，而當你的資金慢慢成長時，也會感受到高度的自信與技術的熟練度。

直接用小金額試著下單三個月，可能比紙上談兵模擬三年更有效，這是我的看法。

65 知己知彼，百戰不殆

《孫子兵法》有一個很重要的戰略思想：「知己知彼，百戰不殆。」「不殆」就是不致於陷入危亡的困境。先要立於不敗之地，不打無把握的仗；若這次打不贏，就一走了之以保存實力，因為還有再戰的機會，等待再戰而勝之的時機。

孫子說：「不可勝在己，可勝在敵。勝可知而不可為。先為不可勝，以待敵之可勝。」做單的時候，衝鋒陷陣大聲吶喊著：「開弓就沒有回頭的箭！老子今天跟你拼了！全部押注（梭哈）請翻牌吧！」沒錯，這樣的氣魄的確很驚人，但是過了一段時間之後的悽慘結局也會很驚人！

看盤的目的就是要順應時勢，修正看法，並且爭取到買賣的時效。 如果發現前面有一座冰山，而你也沒有辦法請它走的話，最好的方式就是先繞過去，不要賭自己這艘船的外殼會比冰山硬，否則鐵達尼號也不會沉船了。當外在環境變化的時候，永遠要保持思考的彈性與身段的柔軟，硬碰硬 對不是最佳的選擇。

己方的行動只可以保證不被打敗，至於是否能打敗敵人，決定性的因素，是在對方。勝利只可以根據主客觀的條件去研究、分析而預知，但絕對無法以超乎主客觀的條件去強求。**先要使自己立於不敗之地，然後再去等待可以戰勝敵人的時機，切忌冒險盲動！**

兵法上如此、生活上如此、股市上也是如此，制敵機先，一動不如一靜。

比如說開高開低，你要先了解為何開高、為何開低。台股常常受到美股的影響，美股的漲跌（尤其是NASDAQ）會影響台股的開高開低，所以美股收漲，我們開高是常態，先不要緊張，看看開盤力道如何再說；開高之後看有沒有辦法過開盤高點……沒有，那麼你知道這不是攻擊盤，開高只是虛驚一場。如果可以過高，那這就是攻擊了，戴著鋼盔往前衝，買進又何妨！

勢有虛實，盤有盤法，盤面上透露的蛛絲馬跡，你已經了解敵人的實力和企圖，再看看空方的力量，兩相對照，知己知彼，百戰不殆。上面這招，是羅威當沖的最高指導，也是我退休後經常的額外收入，每次看盤我都以這種方式氣定神閒的應對。

還有兩句孫子兵法，也是我喜歡的：

其一是：「無恃其不來，恃吾有以待之；無恃其不攻，恃吾有所不可攻也。」

其二是：「善守者，藏於九地之下；善攻者，動於九天之上。」

66 正價差、逆價差

現貨和期貨如同市場的主人和狗，現貨是主人，期貨是狗，主人帶著狗狗散步時，通常狗會在主人身旁，忽而在前、忽而在後，但也不至於離開太遠——如果我沒有記錯，這應該是德國科老所說的名言。

正價差和逆價差是期貨和大盤間的價差，計算方式為期貨價格減去現貨價格；正價差是期貨價格高於現貨價格，逆價差則是期貨價格低於現貨價格。大盤和指數期貨之間因為多空看法不同，所以正價差和逆價差是隨時存在的，但期貨和指數的價位不至於離得太遠。

期貨市場的力量不是少數人能夠隨意操控的，除非他能夠操控大盤的漲跌；也就是說，因為有主人，故指數期貨的走勢很透明，永遠忠心的圍繞著大盤走；想要把這條狗引誘離開主人太遠，還真不是容易的事。這和股票的黑箱走法有很大的差別吧！

每年的除權除息旺季，大家對除權除息缺口的先行反應，指數期貨會產生很大的逆價差。下跌的空頭格局也因為大家看壞行情而領先作空，所以產生很大的逆價差，但無論如何價差總是存在的。**股市才不會管我們手上有沒有單，也不知道你是誰，你的看法如何，逆價差又有多少，它會走自己的路！**

　　市場的語言是用價格、成交量、與行情的步調所構成，我們只是利用一些資訊來判斷可能的方向。以加權為最後結算價的台指期貨，逆價差到結算時都會被修正，修正到和加權指數相同的點數是必然的。若以逆價差的修正為例，最後有可能的情況是：

1. 加權不動，期貨往上。

2. 加權下跌，期貨不動。

3. 加權大跌，期貨小跌。

4. 加權下跌，期貨小漲。

5. 加權小漲，期貨大漲。

　　在這樣的狀況下，如果逆價差過大，結算前買期貨多單都是比較有利的；**我們也可以看到每當結算日前幾天，如果逆價差太大，都有激烈的價差修正行情發生，這似乎是期貨熟手的一道甜點。**

　　另外，如果一直維持逆價差的盤，某一天突然軋成正價差，經驗上這是屬於空單搶捕的結果，軋空完後往往是短線的高點，有多單的可能先跑一趟會比較好。

67 十分之一定律

　　成交量是一切漲跌之母，大腳喜歡在大盤沒量的時候悄悄進場買股票，然後在大盤量滾量滾得不亦樂乎的時候愉快出場。台灣股市有個「十分之一定律」，用來研判大盤或個股多空相當具有參考性。

　　大盤的底部量常是頭部量的十分之一。近年來台股頭部的單日成交值都超過2500億元，量縮到低於250億元，也就是剩下頭部量的十分之一時，底部就差不多快到了。

　　例如2000年2月18日的指數最高點為10393點，單日成交值為2597億元，這是萬點頭部的最高點、最高量，此後再反彈一次高點10328，兩個萬點高點成為一個大M頭而下跌。

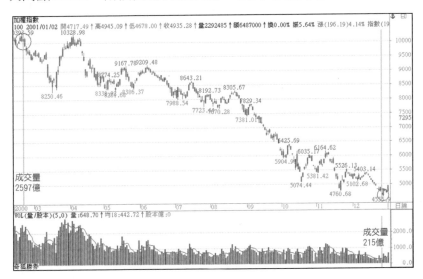

直到2000年12月27日的收盤指數為4614點，單日成交量只有214億元，此後股市展開1600點的反彈，214億元就成為波段最低點的底部量。

上面的例子告訴我們，漲高了之後，2000億以上的超大量開始出現，而超大量的那個區域，就算不是頭也接近頭了，所以「量大非福」、「人多的地方不要去」、「煙火秀」這些對高檔過熱的形容詞，也真的有道理呢！大跌之後量會開始萎縮，當縮到不能再縮一段時間之後，大家都懶得看盤了，量價便如一灘死水，此時即使不是底部，也接近底部了。

由此可知，當單日成交值萎縮到頭部量的十分之一以下時，就是老手尋找個股，準備進場「賤取如珠玉」的時機。這種等待大盤被徹底摧毀而進場尋找超跌利潤的人，被稱為「精明資金」。這些精明資金的大戶有如禿鷹一般，專門在天空盤旋聚集，等待啄食融資斷頭戶的死屍而致富。

反過來說，當股市觸底向上，而單日成交值放大為底部量的8～10倍時，通常表示波段高點即將到來。

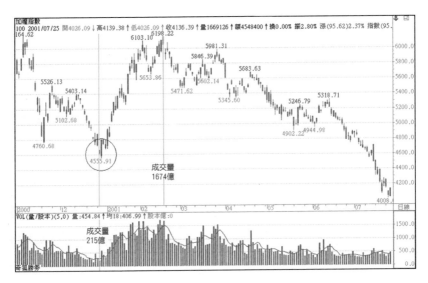

　　例如2001年2月16日的高點6198點，成交值為1674億元，是底部量214億元的7.8倍，當天的大盤指數最高點6198點，就成為該波段反彈的高點，最後跌到3411點才止跌，股價又一次的腰斬。

　　有經驗的老手只要看到單日成交量擴大至底部量的8倍左右時，就開始「貴出如糞土」向上調節持股。當單日成交值放大為底部量的10倍以上，這些人就賣光持股，狠一點的人還反手放空──這種逆向思考，人棄我取；順向操作，人取我棄的思考方式，是我等散戶所必須學習的。

　　個股也有十分之一定律。當出現單一個股的單日成交值佔大盤總成交值的十分之一時，通常表示這檔股票的量能已達極限，股價上檔的空間有限，宜賣不宜買。

　　舉例來說，2000年11月8日的聯電，成交值高達125.97億元，佔當日總成交值1245億元的10.11%，而聯電當天的收盤價67元就是波段高點，從此進入整理。

　　另一檔歷史有名的多頭坑殺戰役為1999年7月13日的鈺德除權之役。當天鈺德除權交易，股價開漲停，散戶蜂擁而入，漲停價的量能滾滾而出；當天成交11萬餘張，該股成交值高達260億餘元，佔當日總成交值2303億元的11.24%。結果鈺德股開漲停，但卻收跌停，加權指數也是長黑收市，多頭的夏季除權攻勢就此結束。

　　股價上漲是人氣和錢堆出來的，但人氣和資金都有上限，當一檔股票的成交值佔大盤總成交值的十分之一以上時，表示該股的人氣已到極致，股市資金亦過度集中於單一個股，勢必對其它個股和其它類股造成資金排擠效應，造成多數個股因量能失血而走軟，盤面失衡，指數無力走高，導致全盤皆墨，原先獨強的個股自然很難善終，這就是「覆巢之下無完卵」的道理。

68 和尚挖井

有二個和尚住在隔壁，所謂隔壁是隔壁那座山，他們分別在相鄰的二座山上的廟裡。這二座山之間有一條溪，於是這二個和尚每天都會在同一時間下山去溪邊挑水，久而久之，他們便成為好朋友了。

就這樣，時間在每天挑水中，不知不覺已經過了五年，突然有一天，左邊這座山的和尚沒有下山挑水，右邊那座山的和尚心想：「嗯，他大概睡過頭了。」便不以為意，哪知第二天左邊這座山的和尚還是沒有下山挑水，第三天也一樣，過了一個星期還是一樣；直到過了一個月，右邊這座山的和尚終於受不了了，他心想：「不對，我的朋友可能生病了，我要過去拜訪他，看看能幫上什麼忙。」

於是他爬上左邊這座山去探望老朋友，等他到達左邊這座山的廟，看到老友後大吃一驚，因為他的老友正在廟前打太極拳，一點也不像一個月沒喝水的人！

他好奇的問：「你已經一個月沒有下山挑水了，難道可以不用喝水嗎？」

左邊這座山的和尚說：「來來來，我帶你去看。」

於是他帶著右邊那座山的和尚走到廟的後院，指著一口井說：「這五年來，我每天做完功課後都會抽空挖這口井，即使有時很忙，但能挖多少就算多少，如今終於讓我挖出井水，我就不必再下山挑水，可以有更多時間練我喜歡的太極拳了。」

這是我常講的故事。當我們老了、退休了，還有什麼好消遣又有收入的呢？答案是金融操作！隨便一個小生意都要動用不少資金，你還要花時間和精神照顧，有的加盟店光是加盟金就達百萬之譜，只有金融操作的門檻最低，不用學歷也不用執照，不必上班也不必打卡，只要有點資金、有點功夫就可以了。

所以平時更要多花點時間認真學習，好像挖井一般，勤練一套可以自保兼獲利的投資方程式，將來就會擁有一口自動出泉的井了！

我很早就決定要挖股市這一口井，不過當我開始進場之後，我才發現金融操作並非想像中那麼簡單，好幾次的錐心之痛都讓我想要放棄，只是不甘心半途而廢，以及希望老了還能過悠閒生活的夢想，讓我堅持下去。

也許你現在在工作領域上，可能薪水豐厚，不愁吃穿，而忘記該好好把握下班後的時間，挖一口屬於自己的井，培養自己另一方面的實力和興趣，你想過等到你未來年紀大了，體力拼不過

年輕人時，還能夠有水喝，而且夠喝得很悠閒嗎？

　　金融投資是我夢想中的井，我每天挖一點，終於挖到一口會出泉的井！想從事金融操作的朋友，我想以這段故事與您共勉，利用時間，花點精神學習一套操作方法，將是一生中受用無窮的技能。而有了一套符合自己的操作模式之後，您將會發現，原來擁有一口會自動出泉的井，是人生最大樂事！

69 分析與操作

　　「老師，我很納悶的一件事，很多高手有很好的技術分析能力也都賺不到錢，為什麼？」

　　這是網路聊天室裡面，有人問的問題，我把我的看法簡單的敘述如下：

　　你知道為什麼嗎？因為很多使用技術分析的人都是把技術分析當作「預測」，用錯了方向，最常看到的是會漲到XX點，到哪裡之後又會到哪裡，若真料到了，就會炫耀萬分，而如果讓他預測幾次都對了，那就成了神，不可一世了。每個人都想當神，但當神必須受得起人們的三柱香，並不是那麼好當的。有時網友為

了一個還沒到的點位爭得面紅耳赤，何必呢？若點位真的來了再處理不就好了嗎？

我自認沒有那樣的神力，能夠準確猜測高點和低點，就算可以算得到那個點，敢不敢大單投入又是個問題。低接、高空的點就讓給別人去發揮吧！能夠出在相對高檔，空在可能的轉弱的位置，我就很高興了！

各人有各人的依據，操作手法千招萬式，股市分析操作　對不會只有哪一招可用、其它招都不行的問題。登泰山而小天下，20年的學習和操作，讓我知道趨勢的可敬和可畏，是**「你要跟著行情走，不是行情照著你的意思走」**。

→ 依訊號操作

羅威的操作依據是「發現」趨勢和「把握到」轉折的切入點，制定一個可以遵循的「法」，而不是猜測高低點，一切依照盤面的訊號動作。

分析歸分析，操作歸操作，分析可以天馬行空，操作則須一板一眼。我是用**「如果往後幾天會如何，我現在要如何」**的方式來分析，**關注的是我今天要怎麼做**，而大部分的分析人員則是在預測行情應該怎麼走和會到XX點。

我喜歡講的是趨勢的方向和轉折發生的現象，因為操作本來就只有趨勢和轉折而已，其它的和操作有關嗎？

身為操作者，不管股票或者期貨，追逐的都是波動的差價，短線也好長線也罷，買賣沒有差價可圖，一切都是白搭。那麼差價哪裡來？低買高賣不是嗎？所以我們要追求的只是買點和賣點而已，不是嗎？那麼你是為分析而分析，還是為操作而分析呢？

比如，我們說過5月的報稅會出現股市抽金效應，應該沒有什麼行情，對吧！因為往年都如此。所以5月的K線收黑的機會很大，統計上也是如此！週線四小紅之後，最近也都是殺一段，這也對吧！長、中、短均線，線線走空，量能也不斷萎縮，看空絕對有理，這是用歷史經驗來判斷。但是它漲上來了，低點技術訊號告訴我們，低轉折它不願跌了，量大K紅買點出現。這樣的情況你還能堅持原本5月沒有行情的分析嗎？不對吧！你應該立刻買進，這才是正確的應變。

很多技術分析人員無法改變心態，因應盤勢轉換的變化，即使看到了訊號，仍然不願意改變原先看空的看法，認為大盤錯了，他才是對的——差別就在這裡，如果你還堅持你是對的，想著「就不相信你不下來」而逢高空、繼續空，這樣是不是死得很慘嗎？

　　大盤不可能犯錯，就像顧客永遠是對的一樣，如果你想賺錢，那麼就算是你百般不願意，還是得微笑的面對，然後等對方掏錢出來買單。很多分析人員會堅持自己的看法，但操作人員卻要堅持自己的做法。眼見為憑，任何想法和規劃都要隨著盤面變化來修正應變。

　　對於一個操作人員來說，你可以規劃也可以計劃，因為那可以幫助你思考，讓你有一個目標和方向，但是計劃、規劃往往趕不上盤面的變化，最重要的是知道如何應付變化，短線應對得宜才是真功夫。

　　面對盤勢，我通常會忘掉昨天以前說過什麼，而是注意盤面今天給我了什麼訊息？訊號出現了就做動作，沒有訊號就是等待訊號。

　　不知道這樣說，能否稍微解釋你的問題？

70 水仙操

伯牙跟隨成連先生學古琴,雖然掌握了各種演奏技巧,但老師感覺他演奏時,常常理解不深,只是單純把音符奏出來,無法引起欣賞者的共鳴。

有一天,成連先生對伯牙說:「我的老師方子春,居住在東海,他能傳授培養情趣的方法。我帶你前去,讓他給你講講,一定能夠大大提高你的藝術水平。」

於是師徒兩人備了乾糧,駕船出發。到了東海蓬萊山後,成連先生對伯牙說:「你留在這裡練琴,我去尋師父。」說罷,就搖船漸漸離遠。

過了十天,成連先生還沒回來,伯牙在島上等得心焦,每天調琴之餘,舉目四眺,空寂無一人,只聽到海水崩澌汩沒的嘶吼,遠望那邊山林,又是一片鬱鬱蔥蔥,深遠莫測,不時傳來群鳥喁啾飛撲的聲響。

這些各有妙趣、音響奇特不一的景象,使他充分領略了大自然風光,不覺心曠神怡,浮想翩翩,感到自己的情趣高尚了許多。伯牙產生了創作慾望,想把自己的感受譜成音樂,於是撫琴寫了一曲,題名〈水仙操〉。

這是一首妙音逸韻、摹神的佳品。從此他領悟到藝術家必須培養高尚的情操，藝術要以感情動人。

沒多久，成連先生搖船而返，聽了他感情真切的演奏，讚揚他的表演有了藝術生命，學到了妙處。伯牙這才知道老師原來要憑藉大自然給他上課。此後，伯牙不斷積累對生活和藝術的體會，終於成了操琴的天下妙手。

→ 創造屬於自己〈水仙操〉

股市不是運氣好就能有收穫，你必須認真的學觀念、技術以及操作技巧，學習的方式包括閱讀書本、報章、雜誌甚至是付費學習或者透過和高手的對談……等，從這裡面你一定可以學到很多看盤和操作的技巧。

但是請想想，你是否只是如伯牙一樣，只掌握了各種演奏技巧，單純的把音符奏出來而已？而我們又是否能像伯牙面對空無一人的大海時，體會那「大自然的風光」，然後創造出屬於自己的〈水仙操〉呢？

金融操作有科學的成分、藝術的成分、視野的成分，還有修養的成分，正因為需要這麼多面向所共同交織而成，所以完成的難度非常之高。不過一旦你掌握到訣竅，就能徹底顯露出現代知

識經濟之下的驚人競爭力，別人將難以取代你的獨特性，一時半刻之間，根本別想也無法超越你！從這個地方所釋放出來的個人自由與經濟自由，讓人覺得呼吸都有幸福的味道！

最後，我要感謝所有愛護我的朋友，

感謝那些在我成長過程中，不斷鞭笞我前進的人，

也感謝那些在我成長過程中，提攜我的良師益友。

Note

二、技術篇(一)
多頭浪、空頭浪

引言

　　股市操作究竟是什麼東西？武俠小說開頭常說：「話說中原武林常常為了爭『天下第一』殺得你死我活；武林八大門派：少林、武當、崑崙、華山……往往是武俠小說中的重要角色，每年的華山論劍，以武會友……。」

　　這個「以武會友」，換成股市便稱為「以股會友」，大家各就所學所知，相互切磋，我想這是對網路上大家之所以喜歡發表文章、盤勢的看法，以及心得分享，最貼切的解釋了。

　　「滾滾長江東逝水，浪花淘盡英雄，是非成敗轉頭空，青山依舊在，幾度夕陽紅。」中外股市確實曾出現過許多英雄，甚至也出現過類似股林盟主的人物，而這些操作上盛極一時的人，所留下來的股市智慧和操作技術，往往為後人所樂道與遵循。

　　我想，每一樣功夫都可在股市生存，長刀短劍各有妙用，落葉飛花也可傷人，股市裡每一種技術都沒有絕對的對錯，問題只在於使用者如何運用；每種工具都一律平等，並無高下好壞之分，只是你能否得心應手？

　　進入股市，不管投資還是投機，無非想贏，但是要怎樣才

能贏，並非口說「我要贏」就算，而是要拿出真本事來。這個要贏的本事，也許是你聽到的小道消息，也許是你挖到的大內幕，也許是你對一家公司基本面的研究所得，也可能是技術分析的結果，當然求神問卜、投顧分析師報的明牌、睡夢中周公告訴你的、三太子說的……，也都可以包括在內，總之以股會友就是各展所能，各顯神通就是了。

你說，哪一個最準呢？我說，都準也都不準，會賺最準你問，哪一種最好呢？我說，都好也都不好，自己能掌握的最好。

拿過去的K線圖來解說時，大家都是「神」，每一個高低點大家都可以很清楚指出來，並且說得頭頭是道。而對未來呢？面對K線圖上看不到的右邊，大家都是「人」，在長黑當下殺下來了，有誰知道這是低點嗎？於是你不敢買、我沒有買、他也在觀望，在當下急拉，大家也都不知道那是高點，也沒有真正的執行賣出。

高點、低點都是事後才知道的，股市裡大家都是猜、猜、猜！除了求神問卜、做夢夢到的……這些怪力亂神，我不予置評之外，大凡投資人所依據的各種操作方式，總會有些準度，但是絕對無法每次都神準。

〈技術篇〉中我提到兩種方式，一個是股價的型態——多

頭浪、空頭浪，另一個是均線判多空和均線操作法。我將學習
這兩樣技術的過程記錄下來，現在回味，對於當初為何會這樣
做也感到好笑，但是這些過程所累積的失敗經驗，卻成為我現
在可以看清盤勢脈動的基石。

　　學會這兩種功夫後，雖然不一定每波都可以看對、做對，
也不是每波都參與，但是盤勢想要騙倒我們也很不容易了。股
市操作中，我以這兩項功夫作為基本的依據，然後再加進其它
的技巧，無法搭配進來的一律捨去，然後不斷磨練它，讓它更
加犀利。

　　現在，我把它提出來供大家參考，希望您會喜歡。

技術篇(一) 多頭浪、空頭浪

前言：股價波動操作的基本哲學

一根K線停損法

發現股票買賣的大秘密

秘訣失靈，吐回戰果

初步認識波浪理論

觀念一改，笨到笑出來

波動操作法

波浪理論和波動操做法的差異

波動操作法的實戰應用

大浪包小浪，小浪藏浪花

多頭浪如何轉成空頭浪？

類股轉向，帶動大盤跟隨

空頭浪如何轉變成多頭浪？

K線的轉折訊號

先要會看浪才能乘風踏浪，逍遙自在

畫圈圈找轉折

透視波動，踏浪而來

高點之後的黑K是重點

低點之後的紅K是啟動訊號

本篇結語

01 前言：股價波動操作的基本哲學

波動操作法只有一個簡單的原理——回檔不破低，上漲過前高，不斷創新高，這就是多頭浪；反彈不過高，下跌破前低，不斷創新低，這就是空頭浪。

波動操作法也只有一個簡單的法則——多頭浪，回檔找買點；空頭浪，反彈找空點。我不管股價一波或一大波中會走幾個多頭浪，也不去算現在是幾波幾浪，只要在多頭中，多頭浪的回檔不破低就是買點，因此隨時都可以進場。

這本書的技術面重點，就是用簡單的法則勾勒出簡單有效的操作法，相信對初學者是一個很值得了解的技術。

→ 波浪理論與波動操作法

股市裡面只要講到「浪」，大家通常都會想到艾略特的波浪理論，艾略特的波浪裡論確實有其獨到之處，我個人也很推崇，而且也看過好幾本書，但是這套波浪理論易學難精，要把它拿到股市的操作上運用，能夠運用自如並且得到好的成績，並不是那樣簡單的事，尤其是操作個股，有太多時候很不容易把波浪理論套進去。

　　雖然我也曾經鑽研過波浪理論一陣子，但依然無法搞懂整個波浪的精髓，所以到現在我只取用基本的五波八浪型態，也就是1、2、3、4、5、A、B、C。

艾略特波浪基本型態

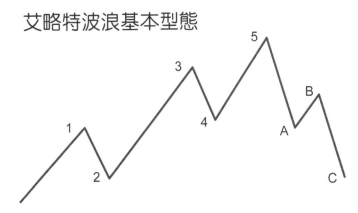

　　這個簡單的圖形很容易了解，但問題是，第一浪是怎麼出現的？我想這就考倒很多人了；至於如何定位現在到底是第幾波第幾浪呢？十個波浪愛用者可能會有十一個說法，而事後總能夠證明最少有一個人是對的！

→ 股價是會波動的

　　果連定位現在是第幾波第幾浪都沒有一個確定且統一的答案，那麼該如何依循？又要怎麼做呢？最後**我對波浪的看法只有「股價是會波動的」，而這幾個字，個人認為應該是波浪最簡單的形容詞了。**

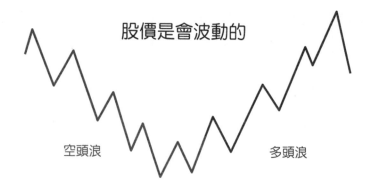

股價是會波動的

空頭浪　　　　　　　　　　多頭浪

　　1999年921大地震後，我決定將操作方式整理出來，之後我開始在奇摩家族發表文章，當時我就在講多頭浪、空頭浪了，2002年到聚財網寫文章，更提出多頭浪和空頭浪的操作方式，中間雖有過小幅的修正，但是基本的論述並沒有改變。

　　我的浪只有上漲的多頭浪1（上漲）、2（回檔）、3（再上漲）和下跌的空頭浪A（下跌）、B（反彈）、C（再下跌），和艾略特波浪理論是完全不一樣的，為了有所區隔，我把它稱為「波動操作法」。

02 一根 K 線停損法

股市是投機的市場，身為賭徒想要和莊家短線搏擊、拳來拳往，可得小心了，你想咬莊家一塊肉，莊家可能想扭斷你的頭！金融市場的基本生存技能，必定要經過辛苦的學習，在股市裡，你只能想辦法擠進英雄榜，不能被擺到忠烈祠！

很多教科書都是教人如何找到好的買點，獲取最大的利潤，彷彿看了一本書就可以大富大貴一樣，或許你運氣好，可能因為一本書而改變操作觀念，然後真的就此榮華富貴也說不定，但是羅威認為一本書就讓你操作變得順山順水！這樣的機會實在太低了。

→ 贏家絕對要具備很多條件

如果買一本股市技術的書籍就冀望成為贏家，那這樣的成本未免也太低了些，股市的成功不是這樣容易的，它是很多很多條件的組成，包括觀念、心態、技術、資金管理、操作經驗……等等，當然也可能包括你的命裡面有這個賺錢運在內。當你各方面的條件都具備後，才能水到渠成。所以我寧願先告訴你如何保住資金，而不是告訴你如何賺大錢的技術。

　　保住資本的簡單方法，第一個就是剛開始進場操作不要投入太多的資金，第二個則是要有停損保本的觀念和執行停損的決心。停損的方式很多，重要的是虧損的時候要捨得斷尾求生，在損失很小的時候就離場，保住資本。

　　當我看到有人因為套牢而痛苦的時候，我都會恭喜他進步空間還很大。為什麼？因為我也曾經歷過套牢的痛苦，才學會割肉停損，了解壁虎為何斷尾求生，因為在虧損之初割肉停損，才不會在將來被斷腳或斷頭，而壁虎斷尾後，將來還會再長出來。

　　嚴格來說，沒有停損的觀念是沒有資格進入股市的。不知道停損，等於沒有學好技術分析；不會立刻執行停損，等於還不會操作！

→ 停損是股市買賣的第一課

　　我和很多朋友談過，如果一個新人進入股市，要先教導的不是如何買股票，而是要如何賣股票；但是如果你手中無股票，要怎樣教會賣股票呢？因此就先從停損賣出做起吧！股市的第一課是停損，玩股票不是不能輸，而是不能一次輸太多。

　　眾多停損方法中，大家比較常用的是百分比停損法，然而一根K線停損法才是所有停損法中最嚴格的，因此值得特別提出來講解。

其實一根K停損法的道理和百分比停損法、波動低點停損法、追蹤性停損法一樣，都是在找一個可以容忍的虧損極限值來做停損，差別則在於一根K線停損法的的耐震度相對較低，所以要練得好並不容易。

→ 破進場K線低點就走人

「一根K線停損法」就是當你進場那一根K線的低點跌破，就立刻停損。無論你的操作是依據何種週期，用日線的就用日線進場當根K線低點下方一檔做停損點，用小時線的就用小時線進場K線低點下方一檔做停損點，用五分K操作的就用五分K進場K線低點下方一檔做停損點。

也就是說，買進時只要你進場那一根K線的低點跌破，見到比此低點還要低的價位，就要「立刻」執行停損市價砍單！

舉例：

2010年3月29日，加權指數18MA金叉50MA，當天股價突破小型的盤整區出現買點，當天最低點是7906點，你在這一根K線的任何位置買進都沒有關係，一根K線停損法的方式就是：**隔天之後的停損點，就是這根K線的低點7906點跌破之時。**

操作是一板一眼，是硬碰硬的，不能夠有彈性的，所以你要訓練自己一根K線就停損。**我們的目的是要用一根K線的可能損失，換好幾根K線的上漲。停損要養成習慣，不能有所姑息或者等一下，而是點到就立刻掛單，一板一眼的。**

「能賺多少由老天決定，要虧損多少由我決定」，**我用一根K線的幅度做停損，我所能容忍最大損失就是這一根K線，我賭的是它後面可能上漲好幾根K的行情，也許是兩三根，也許五根、八根、十根，甚至一個大波段都不一定。**

→ 買進的理由不見了！

　　一根K線就停損，為何要這樣嚴格？我要問你，如果現在不是進場點，你幹嘛進場？進場後既然已經跌破你的進場點了，還留它做什麼？如果買進後跌破這根K線，表示你的進場點有問題，或者你進場的理由已經消失了，此時你應該快速離場，檢討一下問題出在哪裡，然後等待下一次進場的時機。

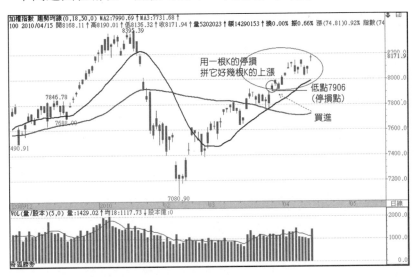

　　如果當初買進的K線低點7906一直沒有跌破，也就是停損點一直沒有被停損到，結果到4/15日股價上漲最高到8190點，過程中連續半個月都可以輕鬆的持有股票，享受股票上漲的樂趣。

　　如果用一根K做停損，虧損頂多是一根跌停板，但是獲利可能是一個小波段甚至是一個大波段，這樣以一根K線的可能損失

換到一段漲幅，是很值得的！所以我並不在乎經常被點到停損出場，就算十次只做對三次，怎麼算都是我划算的啦！

→ 用小虧損換高勝算

嚴格的紀律是決定金融操作勝負最後結果的關鍵因子。任何情況都只需要說「是」或「不是」，不需要找藉口。我買股票都是準備要輸錢才會去買的，所以輸了我心甘情願，毫無怨言，但是我準備要輸的幅度就只有一根K線而已，要叫我多虧一點我也不肯。

行情是由上天決定的，看對了值得高興，看錯了、做錯了也沒有什麼好丟臉的，就怕看對不敢做，看錯一直做；做對了不敢抱，做錯一直抱！所以說，成功的人總是找方法，失敗的人永遠是在找藉口。

如上圖統一（1216），2009年12月11日配合大盤的啟動而買進，但是並沒有隨勢上漲，反而在2010年1月12日跌破買進當天低點37.8，因此當天立刻執行停損（如果因為上班而無法當天執行，隔天必須開盤就以市價賣出）。

→ 保住了面子，也保住了裡子

操作不是面子的問題，而是裡子的問題！當建立倉位買進之後，停損的執行力無法貫徹，往往不是看不看得懂，而是潛意識不願意承認失敗，因為承認失敗會讓人產生「勝利被剝奪」的感覺——這就是人性。成功的交易者總是在做違反人性的事情，這也是二八法則永遠有效的原因。

回頭看看上面統一的例子，雖然當時自己也百般不願意的砍單，但是停損賣出後就是一了百了，之後看到後面的跌幅，就會覺得自己做對了，不但保住了面子，更保住了裡子。照著做而且做對了，這是操作上很爽快的事。

也許你會說，停損的時候反將它一軍，順便下空單，豈不更佳！當然如果你能練到這一地步，我也不反對你這樣做。

→ 從不斷的停損　練到不容易停損

　　剛開始執行這種一根K線停損的操作法時，你一定會一直停損、一直砍單，砍到你手軟、砍到你心慌，雖然都是小金額的虧損，但是虧久了也會讓你的資金不斷融化，不過在你不斷砍單的過程中，也會突破一些觀念並領悟到一些訣竅。

　　經過一段時間之後，慢慢的你會很慎重的選擇進場點，除非有八、九成的把握，否則不會輕易出手，若能練習到這樣的程度，你就成功了。**這也是一根K線停損法最大的功用，幫助你選擇容易成功的進場點。**

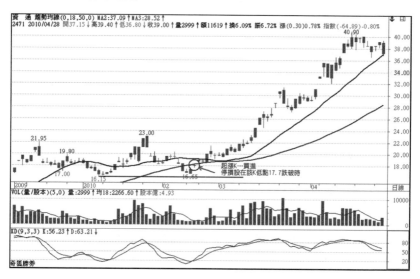

　　上圖是資通（2471）的圖檔，2010年2月10日出現多頭浪回檔不破低，又出現起漲K的買進訊號，此時買進，隔天起用該K線

之低點17.7作為停損觀察點，只要之後任何一天跌破17.7見到17.6或以下的價位，就立刻砍單執行停損。

結果如上圖出現大漲，三分技術七分運氣，能夠這樣大漲除了要有技術敢買外，也要有技術方法來抱住它，這就是用「一根K線做停損」練就成功率變高、獲利率變大的進場方法，你認為值不值得呢？

面對盤勢變化時，保持一顆謙虛的心，照著規矩做，不要怕做錯，錯了可以逐步一條一條的改進，只要錯誤一直減少，成功只是早晚的問題而已。對於波段切入點而言，用這方法就算只有三成勝率都可以不輸，不斷累積經驗直到有六成以上的勝率，肯定就是贏家了。

→ 最早的停損永遠是最小的損失

由於我們都怕大輸，所以必須在輸很少的時候趕快認輸，先從小單練習用這樣的方式只要認真執行三、五個月，你會從失敗中學到，很多不必要的進場點是可以規避的。在這樣的方式之下，你會愈來愈小心，重要的是不會隨便下單，訓練自己等待好的時機才進場，而不是胡亂出手。

每次停損後就必須深刻的檢討，找出原因以後，避免再次犯

錯，這樣就不會再亂掛單。這種抓住進場時機的訣竅一旦成為習慣，你的進場點便往往都是買在起漲點（或空在起跌點），你手上剩下的單子也一定都是賺錢的！

→ 手中都是上漲的股票

19世紀股票大作手李佛摩說：「照顧好虧損的股票，賺錢的股票會自己照顧自己」。你會發現，用一根K停損法時，手中的股票都是在上漲的股票，因為虧損的股票早就停損砍光了，哪裡會有虧損還抱著的股票？你永遠不會碰到大虧或斷頭的問題，你會碰上的只是如何加碼和停利的問題而已。

如果你嚴格的執行這樣的停損方式，則虧損都會很小，在這種方式之下，你會愈來愈珍惜每次的交易、珍惜你的資金，此時你的理智和心態會讓你的勝率變高，這樣才是贏的開始，而且這種贏法不是只讓你贏一次、兩次，而是會贏一輩子。

→ 不容易被停損的K線

避免套牢的唯一法寶就是小虧損就割肉停損，一根K線的停損法就是避免套牢的法寶，如果小損失就跑了，哪來的套牢問題？沒有套牢，哪裡還會有斷頭的問題？

另外我也要偷偷告訴你，**只要你都能夠在波動的起漲K買進，或波動的起跌K作空，通常是不容易被點停損出場的。**

《股票作手回憶錄》的主角李佛摩曾說：「最早的停損永遠是最小的損失。」、「照顧好那些下跌的股票，上漲的股票會自己照顧自己。」慢慢想吧！想通了你的內力自然倍增，有沒有感覺已經慢慢有任督二脈被打通的感覺了？

如果有這樣的感覺，那這本書應該是在你的書桌上，或是讓你舒適閱讀的沙發邊，而不是放回書局的書架上，你說對吧！

03 發現股票買賣的大秘密

民國77年剛進入股市的時候，沒有網路、沒有電視即時播報，除非你到號子看行情揭示板，否則只有收音機的報價，播一輪可能要十幾分鐘，回家看報紙也只有行情記錄，沒有K線圖，只有數字，腦中只有「今天漲了？漲多少？今天跌了？跌多少？」如此貧乏的資訊，仍然吸引了三、四百萬的股票族。

當時，號子內有位朋友，每回抓股票的低點都抓得很準，回檔到了一個地方，他早就把單子掛在那裡買進，而買了之後，沒幾天就開始漲上去，這樣的操作不知道羨煞了多少周邊的朋友，大家都

封他為股神，頻頻問他明牌，問他要在什麼價位買比較好。

禁不起我一再的請教，他後來終於告訴我秘訣：原來他買股票時會觀察上一回紀錄跌到哪裡，然後等股價快跌回這個低點的時候，就開始買進，往往都是成功的！我有如發現股市的金礦一般，比中大家樂還高興！

這種方法在當時還沒有K線圖，只能到號子看數板的跳動，或者只能聽收音機的行情播報的時代，已經是一個不得了的技術了。

舉例當時的卜蜂（1215）給大家看看：

上圖中橫線就是上次的低點，打圓圈的部分就是買點，很漂亮吧！當時我和他分工合作，記錄了不少股票，包括已經下市的

力霸、光男、誠州，大成、三商銀等等，每天都要記錄它的收盤價，卜蜂就是當時我所記錄的其中一檔。

股價回到上一次的低點附近就買，過了高點就找機會賣掉，做得相當愉快，神得不得了。我們認為已經找到開啟股市金庫的鑰匙，想要多少都可以隨意搬了！

04 秘訣失靈，吐回戰果

但是，才爽不到五個月，這種方法就不靈了，幾乎每買必套，幾次之後，就把先前賺的錢給吐回去了。當時的K線情況是這樣的：

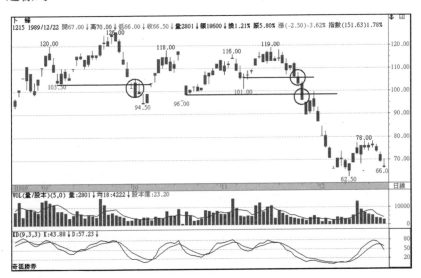

　　當時從卜蜂103元之後開始，我仍然依循「回到前波低點就
買」的操作方式（圖中圓圈部分），但卻沒有過高的高點可以給
我們賣了，各位可以發現，這樣每買必套的操作，又不知道問題
出在哪，真被套得痛苦萬分。

　　此時我那位朋友也不靈了，買過很多股票也和我一樣，都是
每買必套，而且愈跌愈低，我們都很奇怪，為什麼同樣的一檔股
票，同樣一個操作方式，操作卻如此南轅北轍？

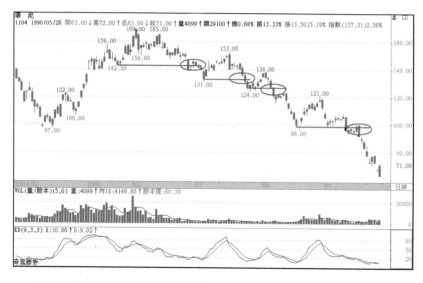

　　後來我只好放棄這種操作法，把手上的股票全部砍掉。我們
以為是主力識破我們的伎倆，故意和我們作對，甚至還因此特別
注意看有沒有會洩漏我們秘密的可疑者！

　　這真是很好笑的笑話，我們兩個最多也不會買超過20張，主

力會因為這少少的20張和你對作嗎？不過當時我們確實是這樣想的。

後來我們終於找到原因──「大家都套得很慘，所以我們被套牢好像也是理所當然的事」。為了這個結論，我們還到附近的麵攤切了一大盤滷菜，乾了好幾杯。

05 初步認識波浪理論

直到民國83年我奉調回台中的第二年，我在林玖龍老師那裡學技術分析，林老師講到艾略特波浪理論的時候，在黑板上畫著1、2、3、4、5、A、B、C浪型。

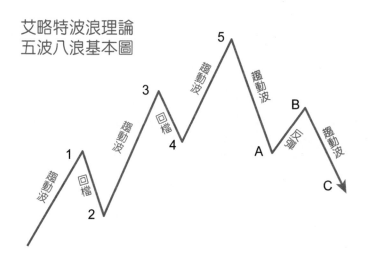

老師指出波浪有主要波動和次要波動，主要波動就是**趨動波**，有上漲的1、3、5.波，和下跌的A、C兩波。次要波動則是修正波，上漲時候的2、4就是回檔的修正波，而下跌的時候，B波就是反彈修正波。

所以波浪的運用上，是要賣1、買2、賣3、買4、賣5，空5、補A、空B、補C……。

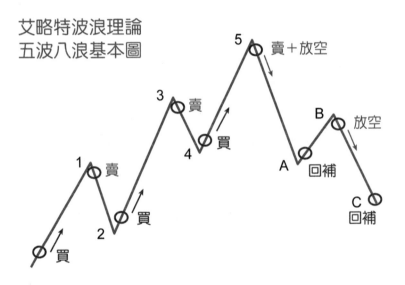

艾略特波浪理論
五波八浪基本圖

這時我才恍然大悟，再回去對照一下卜蜂的K線，及很多股票的K線，突然有了新發現，原來秘笈沒有失靈，只是我們弄錯方向了。

當下我拍案叫絕，原來下跌的時候不應該買，反而應該放空

才對！那段被套牢的日子，真是虧得冤枉，還怪別人咧，原來是自己弄錯了。我終於發現新大陸了！

06 觀念一改，笨到笑出來

哎呀！我怎麼會那樣笨，沒有發現？當我對照《產經日報》上一支支的股票K線圖（當時股市的資訊還不是很普遍，所以還沒有買電腦來看圖），看著那些起伏，我真是驚訝得不得了！

剛玩股票的時候，只知道作多，不知道股票也可以放空，就像很多人以為股票只會漲，不知道股票也會跌一樣。以前和那位朋友到附近的麵攤切了一大盤滷菜，還乾了好幾杯，笨到不會抓癢的情形，現在想起來都會笑。當時的股市已經走空頭，空頭走的是空頭浪，一波一波低跌不停的走勢，在這樣的情況下去做多，不是很差勁的做法嗎？

各位一定也會笑我，原來羅威也有過去憨憨呆呆的時候喔？我和各位一樣，不是一出生就會跑馬拉松的，也是和大家一樣經過會坐、會爬、會走，然後才會跑的。

→ 原來放空可以大賺！

要怎麼放空呢？其實很簡單，就是跟著老師講的點放空就好了。空頭不是走A、B、C嗎？那就B波反彈找空點空就好啦！B波反彈不是不會過前面5的高點嗎？所以3/16反彈最高點153元，並沒有高過前面高點165元，之後出現了起跌K線，這不就可以放空了嗎？

4/3的138元、4/13的123元……都是一樣的做法，餘此類推。

請看下圖解說：

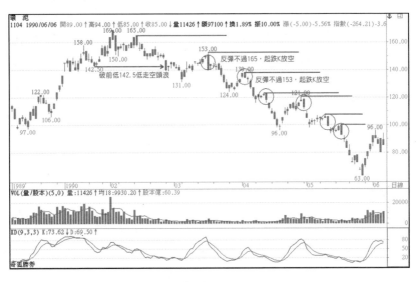

媽媽咪喔！如果會放空豈不是賺翻了？

你看，觀念一改，同樣的圖，活力就不一樣了；而觀念不一樣，操作也完全不一樣了！圖中的藍色線就是前一波的高點，圓圈部分則是起跌K，也就是可以放空的位置。想想當時多麼的傻啊！居然會認為是主力在坑殺我們，現在才發現原來是自己的觀念錯誤，擺在眼前的銀子居然不會賺，真的會搥心肝厚（台語）！不過這也給了我們一個教訓——要學會作空啦！

→ 下跌不是只有A、B、C嗎？

發現錯誤原來是因為自己的無知之後，我快樂得不得了，但是當我把波浪的圖和環泥的圖找出來比較之後，我產生了一個很大的疑問：「下跌不是A、B、C而已嗎？」那A、B、C波之後的下跌要怎麼解釋呢？難道要算C、D、E、F⋯⋯嗎？

另外，像下面這樣的圖，波浪該怎樣算呢？要從1、2、3、4、5……一直算到17嗎？

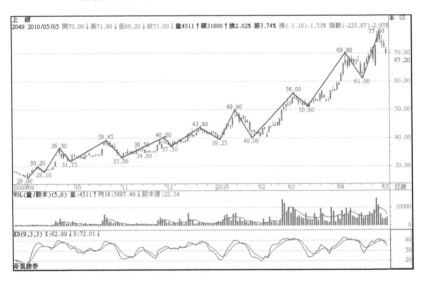

真是昏倒！但是因為過去的錯誤是從波浪理論的圖上見到一線曙光的，所以希望能從這裡面找到答案。但很可惜，雖然經過林老師詳細的解說，也唸了不少波浪相關的書籍，我了解這五波八浪其實就是大級數的1和2而已，我也知道擴延波和延伸波之類的術語！但是要用這些規則在大大小小級數當中仔細定位，那真的是太難、太難了！

另外，當時能拿到的K線圖只有《財訊》或《產經日報》的K線圖，時間的長度都固定，因為K線的數目不夠長，實在難以一窺漲跌的堂奧。

→ 多頭浪、空頭浪的雛型

　　要練習看浪就是要先會畫圖，把K線圖列印出來在圖上練習畫，在畫圖當中，我發現如果走多頭，浪就不會破前一個低點，而且漲上去的時候會過前面一個高點（如上圖的上銀）！而如果股價是走空頭，那麼反彈就不會過前面一波的高點，下跌就會跌破前面的低點（如上圖的環泥）。

　　這個發現真是不得了，趕快把《產經日報》和《財訊日報》的K線圖拿出來，像幼稚園小朋友做「連連看」的遊戲一樣，從低點到高點一劃一劃的描著——不破低、過高、不破低、過高；破低、不過高、破低、不過高……，越描越興奮！我心臟幾乎跳了出來，似乎我已經抓到其中的規則，聞到錢的味道了！

　　千萬別又笑我了，「沒事多看圖，多看圖沒事」，圖要怎麼看？就是這樣看啊！請你也印幾張K線圖出來連連看吧，或許你會發現圖中有其它寶貝呢！

07 波動操作法

於是，我給這種型態寫下這樣的口訣：

多頭浪：上漲高過前波高，回檔低點不破前波低，不斷創新高。

空頭浪：下跌低破前波低，反彈高點不過前波高，不斷創新低。

多頭浪

上漲的高過前波高，回檔低點不破前波低，不斷創新高。第
2波的回檔不破最低點，然後成「前波低2」；第3波要突破「前
波高1」的高點……。簡單一點的說：2不能小於最低點，3要大
於1的高點，4要大於2，5要第於3的高點，6要大於4……，餘此
類推。

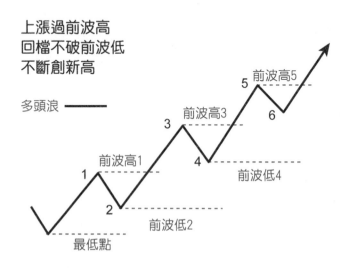

空頭浪

下跌低破前波低，反彈高點不過前波高，不斷創新低。D不過B，C會跌破A，D小於B，E跌破C，……，自己往下推推看。

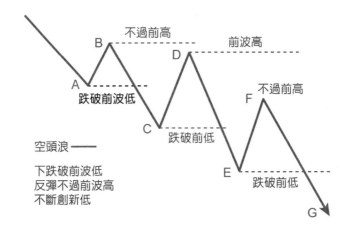

看過我的書的朋友，或者常來聚財網羅威專欄點閱文章的朋友，這兩句口訣應該早就朗朗上口了。我把這兩個口訣和這張圖稱為「波動操作法」的基本圖，很多操作觀念和技術都是由這張基本圖衍生出來的。

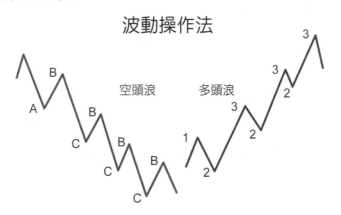

這圖好比是波浪的A、B、C、1、2、3，是最簡單不過的多空趨勢判斷原則，現在已經是生命力系列的讀者大家都知道的基本技術了，但是在當時那個無人教導的年代，我卻是要非常用心的研究，付出很大的代價才體會出來的。我接受別人的方法，經過內化以後再用文字傳給大家，技術的東西就是要靠這樣一點一滴的傳承，大家才容易學習。

08 波浪理論和波動操作法的差異

前面說過波浪理論易學難精，而我個人也不喜歡太過繁雜難懂的東西，**我認為股票操作的方法要愈簡單愈好，愈實用愈好，最好是能夠一眼就看出現在的多空趨勢和買賣點最好。波浪的使用，最麻煩的是必須定位出現在的波位，如果前面有一個浪弄錯了，可能後面的浪就都錯了**，而且波浪還有擴延波和延長波等很多規矩，實在很複雜，不符合我「簡單實用」的原則。

所以，我以很簡單的方式來定位，我的股價波動方式只有向上的1、2、3、和下跌的A、B、C而已。

上漲1起動之後就是不斷重覆…回檔2、上漲3的2、3、2、3……，不管它會漲幾個波動，只要上漲高過前波高，回檔低點

不破前波低，就是多頭浪，拉回都是找買點。

下跌A之後就是不斷重覆…反彈B、下跌C的B、C、B、C……，也不用管會走幾波，會跌到哪裡，只要下跌低破前波低，反彈高點不過前波高，就是空頭浪，反彈都是找空點。

當你熟悉並使用這樣簡單的原則之後，任何股票、週期，都可以輕易辨識現在是多頭浪還是空頭浪，該找買點還是找賣點；該不該買？如何買？何時買？買多少？都可在短時間內解決。

09 波動操作法的實戰應用

這是2002年我剛到聚財網後，在聚財網發表的第二篇文章：

〈多頭浪？空頭浪？與大勢同步的莊就是好莊〉

2002/04/29

多頭浪：上漲高過前波高，回檔低點不破前波低。

空頭浪：下跌低破前波低，反彈高點不過前波高。

這是最簡單不過的多空型態判斷原則，大概沒有人不知道

吧！如果你會了這個簡單的判斷方式，會了這個大原則，你會如何看待這兩天收黑？懂與不懂就差在這裡而已。

簡單看一下大盤最近的幾個高低點：

5492→6212

5877→6326

6009→6484

是不是符合「上漲高過前波高，回檔低點不破前波低→多頭浪」的型態？

那麼在最後一個高點6484所對應的低點6182還沒有被正式跌破之前，仍是多頭；以此作為標準，現在的6484回檔到6306，也只能視為6009→6484間的箱型整理而已。整理是一種必然的現象，實在不必大驚小怪。整理有大有小，6182是多頭必然會全力防守的點，破了6182再看空也不遲。

91/04/29加權指數：

　　圖中的指數，高點過前高，回檔不破前低，是標準的多頭浪。

　　多頭浪會延續幾次呢？我不知道，但是只要高過前波高，回檔不破前波低，我就認定多頭還沒結束，繼續看多，回檔就是找買點。

→ 選股要選和大盤同步的個股

大盤如此看，個股呢？當然也是如此。我們來看看大家最關心的指標股聯電，聯電最近幾個高低點如下：

$$41.0 \to 55$$

$$48.5 \to 55$$

$$50.5 \to 58$$

上週五收54.5仍在多頭中吧！那麼50.5就是多頭的防守點，這一點沒破之前都是多頭，如果這一點跌破了，就會轉浪成為空頭浪。

會了這個，你最少已經比50%以上的人強了，信不信？

大盤現在處於多頭浪之中，就用同樣的方法檢視一下你的持股，是否也處在多頭浪中，這種與大盤同步的操作觀念，是你首先須建立的思考。選好莊家的第一步，就是看他是否與大勢同步，同步的就是好莊，不同步的就是壞莊。

10 大浪包小浪，小浪藏浪花

　　艾略特的波浪理論，說明波浪存在於各個時間週期之中，大浪和小浪主要是時間K線的不同，比如我們看K線圖大概都是以日K線為主，但是日K相對於週K線來說，週K就是大浪，日K就是小浪囉，而和60分K相比，日K就是大浪，60分K就是小浪。

　　我們以圖來解說，說不定會簡單一點：

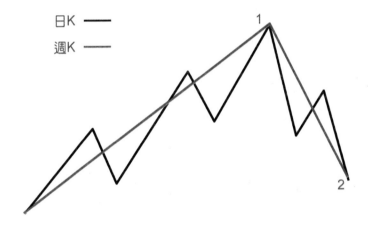

　　如上圖，週K走了1、2兩波，而日K已經走了1、2、3、4、5、A、B、C八個浪了，所以大浪就是週線，大浪中會有日K的八小浪了。

　　而小浪中也有浪花，意思是相同的，如果我們加入60分K的浪進去（如下圖），則8個日K級數的小浪可以變化成64（8×8

＝64）個小浪花，這樣看起來會很複雜嗎？

我們只要認定大方向沒有問題，自然可以優遊於短線的轉折之中。假設週線是在多頭趨動波，日線也是多頭趨動波，那麼你在60分的小時線裡面，就要順著大浪的方向來作多，如果此時你去放空，就會很對不起自己。

本書只簡單談了一下多頭浪與空頭浪的型態，看盤要先看大盤，再看類股，最後才挑個股，為什麼呢？順勢而已。有大盤和類股做背景的漲升總是持續比較久的。

操作的方向也是一樣啊！所謂「長線保護短線」，你要做買賣前，多看看週線的大哥告訴你方向在哪，你就往哪邊做，這樣做就妥當了。

11 多頭浪如何轉成空頭浪？

　　股票運動有四種狀態：漲不停（多頭趨勢）→漲不動（頭部）→跌不停（空頭趨勢）→跌不動（底部）→漲不停（多頭趨勢）……，如此不斷的循環。一旦多頭趨勢出現，股價就會一直漲，而當它漲不動的時候會開始做頭，做頭之後會開始回跌而且跌不停。

　　大家都喜歡底部，但是進入股市，為了你資金的安全，個人建議你一定要能夠分辨頭部，你必須了解多頭浪轉成空頭浪的頭部型態，當頭部型態出現後，該賣的別忘了賣掉才好。

　　常見的多頭浪轉空頭浪歸類起來有兩種情況：一是不過前高，破前低；二是過前高，卻破前低。

　　重點都是要破前低，過不過高反而不是重點。但是不過高可以讓你提早警覺到多頭有轉空的可能，如下圖：

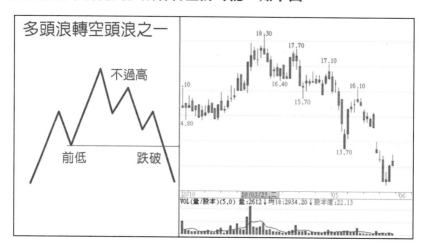

多頭浪轉空頭浪之一

不過高

前低　　　　跌破

18,30
17,70
17,10
16,40
16,10
15,70
15,70
13,70
4.80

2010　10/03/23,二　　　05　　　'06
VOL(量/股本)(5,0) 量:2612↓均18:2934.20↓股本量:22.13

　　本圖是不過高後破前低的一的例子，右邊的圖例請各位仔細辨別。

　　不過高屬於整理型態，有可能成為小浪的ABC整理，整理過程中只要不跌破前低，就有可能在整理過後喝了再上，繼續往上攻擊，出現攻擊型態。

　　如果整理不成功，就會破低出現空頭浪的走勢，破低方式可能分三波或者五波下跌來破前低，當然也有可能出現直接跌破前低的形狀（M頭）。

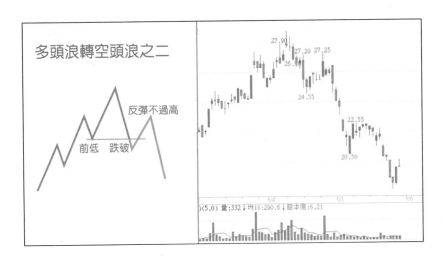

上面這張圖是過高後直接破前低的一的例子，右邊的圖例請各位仔細辨別。

→ 轉浪必有原因

通常過高屬於攻擊型態，往往會讓人失去會破低轉浪成空的戒心，所以要格外小心！這種型態在跌破低點之後，往往很容易做強力的反彈，但是短暫的反彈也只是讓手中有多單的人做逃命用的而已，如果看反彈而追進去，不管老手或新手都容易被套住。

個股轉浪是個股的行為，可能是大盤的關係，也可能是公司營運業績等等消息面的關係，或者是大資金的撤退……，不管怎

樣，漲跌總是有原因的，破低點浪轉空就是賣，我們只管賣出就對了！至於原因，就讓記者先生、小姐慢慢去找吧。

　　當然頭部轉浪的型態還有很多種，如尖頂、圓頂、多重頂、平台型……，上面舉例的只是最容易看到的M頭、頭肩頂的型態，其它的圖形請各位自行去找囉。多看圖沒事、沒事多看圖，看圖要看什麼啊？就找那些高檔轉下來的地方，高低點連連看，過不過高？破不破低？連個100張圖，就應該可以了解了。萬一你還找不到……，那就再找500張來畫吧！

12 類股轉向，帶動大盤跟隨

　　加權指數是一、兩千檔股票的集合體，這樣龐大的組織，是怎麼轉浪的呢？這就要從裡面的成分類股來看囉。如果組成的類股有大多數漲不動了，而且有部分開始跌不停了，那轉空就很有可能出現，尤其是佔指數權數夠大的權值類股，如電子類股和金融類股，可能只要其中有一個轉空，大盤就很容易因此支撐不住而跟著轉空。

　　民國91年4月底就出現這樣的現象，我們來看一下當時佔加權比重最大的電子族群的K線圖：

91/04/29電子類股指數：

289.02→335.03（過326.89前高）

310.72→335.86（過335.03前高）

312.29→335.37（沒過335.86前高）

今天最低311.16，收盤312.88！

　　你發現有什麼不對勁了嗎？空頭浪不是從不過前高，或跌破前低開始的嗎？最後一浪的高點335.37，沒有過前一浪的高點335.86，今天的低點311.16卻跌破了上一個浪的低點312.29，破了前波低！空頭浪似乎已經啟動了！

　　電子指數直接跳空，下探312前低價的支撐，而312能否守穩？看來不大樂觀，如真破312，則目前尚持有電子股多單的朋友可要好好思考方向是不是變了。

空頭浪從不過前高或跌破前低開始，請注意上面K線圖中圓圈內的數字，高已經不過前高，低已經破了前低，這是多頭浪翻轉的型態，電子類股佔加權的比重極大，電子反轉成空頭，對加權指數是很不利的，可能會拖累整個大盤的走勢。

簡單的說，電子類股已經開始改變浪的方向了。加權指數是所有股票算出來的指數，主要的類股就是電子和金融，而電子類股佔的權數很大，若權數重的類股先轉變方向，大盤的方向也會隨後改變，這是我們必須要了解和小心的。

當時提出電子翻空的警訊，有可能帶動大盤走空，果不其然，第三天加權長黑破底，空頭浪開始矣。這個空頭走勢延綿了五個多月，一直跌到3845才止住跌勢；從6484起算，總共跌了2639點，跌了40%！

　　這樣的型態其實已經重演過很多次了。7135是民國93年總統大選前的高點,選前最後一天發生兩顆子彈事件,陳水扁總統以3萬餘票些微的差距連任成功,國親兩黨聚眾抗議,造成股市連續兩天開盤跳空跌停,股票市場兩天憑空蒸發一兆多的市值,許多期貨操作者一夕之間斷頭。

　　之後雖然出現強力反彈,但是也只是逃命而已,全國投資人不論大戶、散戶都受傷頗重,而後在5500~6500之間整理了兩年,直到民國94年10月才展開另外一波攻勢。

　　我們看一下民國93年3月7135高點那一波的圖:

　　圖中顯示當時6564已經跌破前波低點6589，多頭浪已經轉成空頭浪了。就技術面來講，這跟兩顆子彈其實沒什麼關係，股市沒有這兩顆子彈也會走空頭走勢，兩顆子彈這個利空只不過是加快空頭來臨的時間和速度罷了。

　　空頭浪成型後反彈，但是319槍擊案事件讓股市連續兩天跳空跌停，並且跌破6210的低點，接著會做個大B波反彈，然後殺C波破低，這是合理的反彈走法推測，所以選舉前的那兩根長紅其實就是B波反彈，接著選舉後兩根跌停為C波，之後的大漲又是空頭浪中的B波反彈而已，反彈無法過前高7135，反彈後殺C波會破6000，這都已經在空頭浪的規劃中了。

　　這一張和上圖一樣都是麥當勞的加盟店，會如何走呢？後面會反彈嗎？還是直接破底大跌？走勢還沒完，大家都還在猜，你猜會怎麼走？

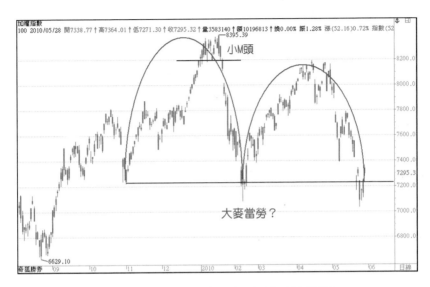

接下來我們看下一張比較少見的尖頭反轉的圖：

　　尖頭反轉是很少見的反轉型態，因為速度夠快、幅度夠大，一個不小心就豬羊變色，稍微等一下就摔落懸崖。神仙難救無命客，所以我千叮嚀萬交代，股市求利一定要先做好資金控管，並且把停損帶上，依法執行。

　　我之所以特別提出多頭轉空頭的型態，主要是因為散戶往往都是做死多頭，出現了危險還不知道要跑；好不容易賺到了一點點錢，卻就此套牢在高檔，實在很可惜。會了多頭浪、空頭浪的應用後，可以讓你抓住股票漲跌的節奏——其實只要有K線的金融商品不分長短週期，它的節奏都是一樣的，希望您多加體會，雖然未必能因此大富大貴，但保本應該是沒有問題的。

　　下面這一張圖可說是空頭浪經典中的經典，裡面有很多中規中矩的做線手法，也有很多騙線和真假突破的圖型，整張圖到處都是精美的手藝，令人佩服萬分。

　　至於經典在何處，精美在何方，羅威就不一一舉例了，多看圖沒事，沒事多看圖，如果你夠用心，請把電腦的圖取出這一段來放大印出（或者分段列印），然後像幼稚園小朋友一樣，將高點、低點、高點、低點……，一點一點的連連看，體會那種說不上來的感覺。

波動看圖的方法都交給你們了，如果看到現在你都沒有感覺，那我也就沒辦法了。多畫幾張吧！或許你會有感覺的。

13 空頭浪如何轉變成多頭浪？

上面所舉多頭浪轉空頭浪的幾個圖形中，你可以發現它們的型態是差不多相同的，轉浪的原理都是跌破前波低點，差別在於型態的大小而已。

那麼空頭浪要如何變成多頭浪呢？各位不用想得太複雜，它只是和多頭浪轉空頭浪的轉浪方向顛倒而已。多和空的圖型都是

對稱的，所以空頭浪轉多頭浪的方式，只是把多轉空的型態反過來。

空頭浪轉多頭浪方式之一：

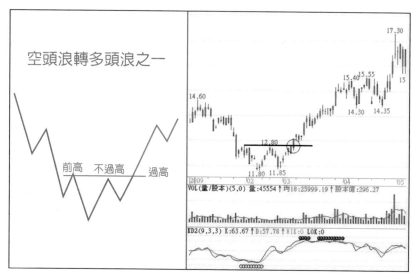

這圖形的重點是，反彈沒有過前高，但是回跌也沒又破新低，成為小W底的型態做過高的醞釀，然後往上突破高點成為多頭浪。

空頭浪轉多頭浪方式之二：

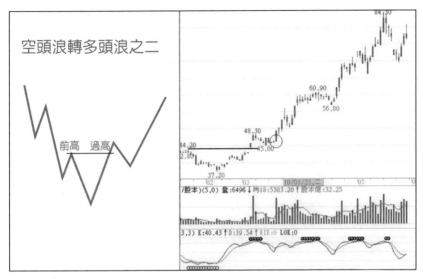

這種方式是比較簡單的轉浪方式，一點也不拖泥滯水，過高然後稍稍壓回就準備開跑，很帶種也有夠阿殺力，這種圖形是我最喜歡操作的圖了。

接下來舉兩張加權指數的K線圖給大家參考。一個趨勢當中會有多頭浪回檔不破低上漲過高不斷創新高，會有多頭轉變為空頭的轉折，也會有空頭轉為多頭的再度扭轉，如果放在不同的時間格局中，各位會發現真的是熱鬧非凡！

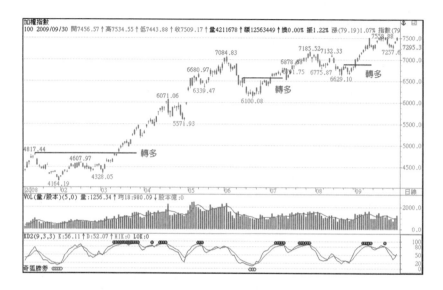

我們繼續找張圖來加深大家的印象：

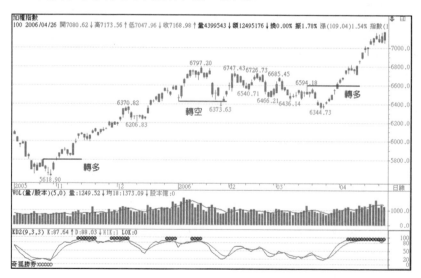

　　瞭解多頭浪和空頭浪的走法之後，對於股市的漲跌應該已經有了初步的概念，但光有這些概念還是不夠的。

　　各位只看到了K線圖漲跌的外表，還沒有了解它的內在，不過看圖就像在看漂亮的女孩子（或男孩子），先要外表合意了才來談交往，交往夠深了再來看有沒有內在吧──嘿嘿，各位別想歪了，我說的內在是漲跌的內涵啦！

14 K線的轉折訊號

　　股票操作常常會發生兩種憾事，一是過高賣了之後往往還有高點，讓人扼腕；二是回檔低接卻常常接錯位置，不是接得太早就是掛太低買不到，徒呼負負。這要如何解決呢？

　　老實說人都有很嚴重的惰性，希望錢多事少離家近，買股票就是抱持「你告訴我買哪一檔就好」這類的想法。我剛入股市的時候也會有這樣的想法，原因主要是沒有可用的工具，比如說K線圖要從哪裡取得？

　　學習是一條很困難的路，沒經過幾年摸滾打爬，很難做出一番成績，而這個過程中間的歧途之多，總是葬送無數英雄好漢。

　　沒有圖可以看的年代，就算想學習也是不是一件容易的事。隨著電腦發達，資訊取得愈來愈容易，從民國79年起，我開始在號子裡看電腦K線圖，也開始觀察別人看電腦的時候都在看些什麼。其中一位股友旁邊總圍著許多人聽他講解K線，因為他的電腦螢幕上只有K線，沒有均線，讓我印象深刻。

　　他熱心的回答旁邊股友的問題，我常常聽到他說漲勢還沒結束、跌勢還沒有中止，等止跌、等紅K出來再說，或者等止漲、等黑K出現再賣……等等話語。

　　他的指導準不準呢？大概有七、八成的準度吧。他也常常說：「你問的時候我說可以買，你不買，看吧！漲上去了。」或者是：「還好這支有叫你賣，你看賣了就跌了吧！」只見旁邊的股友點頭稱是。而我對K線的初步概念，就是從這裡得來的。

15 先要會看浪才能乘風踏浪，逍遙自在 2002/04/27

　　要入股市就要有正確的思路，了解股市的漲跌原因（不論是基本面或是XX面），技術性的東西才能派上用場。如果你認為股市的漲跌不是主力興風作浪所致，那麼你只適合做「投資」等著

領配股、配息,不適合做賺差價的中短線搏擊。

　　長線投資要選具有優秀腦袋的經營者,而不是會作莊造浪的主力。我先把大家都界定是短中線(3～30天)的投機客,而不是長線等著配股配息的投資人,先把這個位階定位好之後,我們才能和莊家拳來拳往,在中短線中愉快的進出,而不會迷失在長線投資的迷霧中。

　　既然是中短線搏擊,就不要理會與長線有關的一切市場信息,你一定要排除這些干擾,把這些垃圾丟掉。

　　浪既然是由主力造的,那麼學會踏浪,學會踏中短線的浪,是唯一能讓主力替你賺錢的路。這裡我不講長期投資的事,因為那不是你來聚財網的理由,中短線搏擊才是你入股市的理由,和來聚財網的目的。

　　K線是為了抓住型態轉折,要踏浪就要先會看浪,唯有現在的K線圖才是浪的現在進行式,要找中短線的浪就要在K線圖裡找。

接下來
是漲？
還是跌？

？

　　你可以任選一檔股票將它列印出來（記住，是印出來而不是
在電腦上看），注意看圖，股票有高低起伏的浪，用筆把這些高
低點都連接起來。想要把浪衝好就要在K線圖裡面去找好的浪，
體會那種浪會往上還是會往下的感覺。

　　一筆一筆的畫著，到了K線圖的末端，問自己一個問題：明
天會漲還是會跌？猜猜看沒關係（不用想，憑直覺猜就好），猜
完後把它記錄起來，隔天驗證。

　　看久了、看多了、看到有感覺了，將來看到圖就可以自然感
覺到這是要上漲的還是會下跌的浪花，然後即時登上這朵浪享受
衝浪的快樂。學會看浪起浪落的現象，才能脫離用耳朵做股票或
到處問明牌的窘境。

16 畫圈圈找轉折

→ 如何看浪的高低位置呢？

拿起紅筆，在紙上把浪的低點和高點標出來，然後以這個點為中心往前算一天、往後算一天（一共三天），畫一個圓圈，暫時不用管指標和其它訊息，只要專心看浪的高低點的K線。仔細的看，仔細的比對喔！

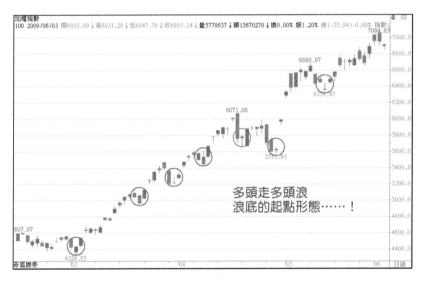

多頭浪的低點怎麼會有很多雷同之處？空頭浪的高點怎麼也都長得一模一樣？

空頭走空頭浪
空頭浪的反彈點……！

　　一張看不出來，再印一張、再一張……，直到悟通這個門道
為止。如果把全部股票的高低點都做過記號，也看完了，看了三
個月都還找不到竅門，分辨不出這屬於哪一種K線的話，早點離
開股市吧，這兒不適合你，我說的是真的。

→ 起漲 K、起跌 K

　　會畫上面的圓圈圈之後，你應該可以抓到起漲K和起跌K了！
起漲K就是多頭走多頭浪時，回檔會有一個最低點，這根K線的
高點一旦被突破，就會出現起漲K。而起跌K就是空頭走空頭浪
時，反彈最高點，當這根K線的低點一但被跌破，跌破的那根K線
就叫起跌K。

　　寫起來有點饒舌，請您慢慢品嘗這中國字的饒舌味吧（要捲舌）！

　　所謂的突破，當然是以實體紅K突破最佳，但是用上影線突破也算。跌破的定義也包含下影線跌破，當然用黑K實體跌破更佳。雖然收盤價破不破很重要，但是上下影線也是有成交紀錄啊，所以突破、跌破以上下影線做觀察就對了。

　　因為散戶的資金不多，沒辦法做出逢低承接、逢低加碼的動作（尤其是在空頭中），所以我平日的分析稿中一直強調「等待明確的訊號才做動作」，這種起漲K低檔追買和起跌K高檔追賣的追漲殺跌法，看錯就停損的操作模式也是從散戶的資金出發──先抬轎，才有資格坐轎。

　　多頭，拉回時作多──起漲K買。

　　空頭，反彈時作空──起跌K空。

掌握以上這兩個機會就可以榮華富貴了。

　　股市的學問追根究底就是**趨勢、轉折、資金控管**三項而已，如果你能在後面一篇篇的實戰文章中慢慢體會，並在自己的頭腦中整理消化，便能在盤勢演變中，自然的反射出正確的動作。這是我最大的期望。

17 透視波動，踏浪而來

當初我的老師也是這樣教我看圖的，每天買《財訊》或《產經日報》，每天畫三百多檔股票的浪，畫的時候慢慢的想：明天會怎麼走？會不會是轉折？因為報紙是一天換一根K線，所以天天畫圓圈就會慢慢有感覺，漸漸的就清楚了。畫了3個多月，我終於看通了。如果你初入股市，你也這樣做了，而看通的時間是在3個月之內，那麼你的領悟力一定比我強。我必須承認現在大家的水準比我強太多了，相信很快就會弄懂的。

我把找浪和踏浪的方法交給你了，好好的練習吧，等你訓練到能在5秒內直覺（未經思考的）看出這是多頭浪、這是空頭浪，並且很快發現這是浪的發動點或是結束點，那我要恭喜你，你已經登上股市的踏浪之路了。

你看過海邊衝浪的畫面吧？好的衝浪選手會憑感覺去選擇適合他的浪，然後踏浪而來，優雅的滑行於浪上。我不會衝浪，但是每次看到電視上有衝浪的鏡頭，都會相當的神往——那種力與美的結合感覺實在太美了。

貼一下此時的K線圖：

這篇延續了上篇多頭浪、空頭浪的技術，並且加入浪的高點和低點的找法，也就是所謂的K線轉折。如果你上面的功課都有做，相信你已經學會這兩個技術，你看圖的功力已經很強了。

18 高點之後的黑K是重點

畫圈圈說，高點加上前後一天，共三天畫一個圈圈，其實重點在高點右邊那兩根K線，如果高點之後出現黑K，就觀察是否會突破，或是跌破該黑K的高低點。若該黑K的高點會突破，就是趨勢沒有被破壞，而低點跌破往往就是高點出現轉折，也就是該賣出一趟的時候了。

19 低點之後的紅K是啟動訊號

在浪的低點則反過來看，**如果低點之後出現紅K，就觀察是否會突破或是跌破該紅K的高低點。若低點會跌破，就是下跌趨勢依舊，而高點突破往往是低點出現轉折，也就是該買進的時候了。**

你統計一下這高低點的K線型態，然後買本關於K線戰法的書來對對看，其實你會發現，常出現的轉折型態並不多，**無外乎是下面幾種：覆蓋、烏雲罩頂、吞噬、孕育母子、夜星……，而低檔的反轉型態不外乎：低檔吞噬、貫穿、孕育母子、晨星……**等等，只要你看多了這些型態，自然會對「何時出現高低點」了然於胸。

關於K線轉折這部分，限於篇幅，我不打算大作文章，因為K線的論述在書局的書架上就有太多的參考書可以看。寰宇出版的《強力陰陽線》是很好的一本書，如果你有興趣研究K線，可以到書局買一本來參考，或者找其它的相關書籍來閱讀，當然也可以在網路上搜尋常出現的K線反轉型態來參考，相信有助於你對K線戰法的認識。

個人看法：趨勢一旦形成，除非出現大的轉折，否則就不會輕易改變，多頭如此，空頭也是如此，它是很有章法、規律的。

　　只要上漲的時候只要不跌破昨日低點，不管K線黑紅都是續漲K，跌破了昨日低點再來看是否會止漲、是否會有高檔轉折；下跌的時候只要不漲過昨日高點，不管黑K、紅K都是續跌K，漲過了昨日高點再來看是否止跌，是否會產生低檔轉折。

請你記住一句口訣：

上漲中不見黑K不止漲，黑K之後看高點會不會再過。

下跌中不見紅K不止跌，紅K之後看低點會不會再破。

　　以下再貼兩張圖，讓你來認識圓圈裡面的K線組合型態，加深你的印象：

　　關於多頭浪與空頭浪的解釋，和高檔低檔的K線判斷，就陳述就到這邊，希望對你的看圖技巧有所助益。不過羅威還是要提醒你，多頭浪和空頭浪在畫圖上是一條直線，這只是方便於陳述，但在實務的K線組合中並不是一直線，中間會有很多高低起伏，大漲趨勢會有小回檔，大跌趨勢也會有小反彈。

　　K線高低檔轉折的組合雖然沒有幾個，但是在一個趨勢的運行中，會有好幾次假訊號，你必須小心謹慎，訊號對了固然很好，萬一錯了，你也要有所防範。

　　K線圖裡面的訊號，雖經過很多人統計歸納，但是仍然真真假假，要多看圖才能多給你一些思考！操作上，隨時準備用一根K線停損法停損出場，也就是錯了只損失一點點，對了就要賺上

好幾根K才行。這篇K線轉折篇中，孕育著我在本篇開頭就提到的「一根K線停損法」的精義，你要如何用一根K線的小停損，來換取三、五根K線的上漲，甚至是一大波段的利潤？

K線是主力畫出來的，裡面有無窮的寶藏，好好親近它，和它做朋友，它會很美的。

20 本篇結語

股價的走勢真的是有跡可循的，上漲、轉浪、下跌、轉浪……不斷的循環，而這樣規律的動作，造成了K線圖上的山峰和山谷。在股市裡，能掌握一天行情就可成為贏家，掌握三天行情即可致富，如果能掌握一個波段行情，那就更不用說了。

從大盤的波段來看，每年都會有幾次大漲和大跌，在探底的過程中，市場總是充斥著悲觀的論調，但是在上漲之後又是一片看好。漲跌的理由和數據都是一大堆，但事過境遷才發覺根本不是那麼一回事，如果能破除心理障礙，運用技術上的規則，準確的掌握到其中的高低區域，出現賣點就賣、出現買點就買，有波段做波段、無波段就做差價，如果連差價都沒有，就是……

「酸」（腳底抹油趕快走）。如此敢賣敢買，你就是波段贏家。

以作多來說，當浪底第一個紅K浪頭的訊號出現時，你開始買進，買賣之後就以這波低點作為停損點，若這個停損點沒來，表示你的切入點可能對了；脫離成本後，把它交給均線控盤（用簡單的18MA就可以了）。那麼這就是波段了，抱吧，連盤都不用看了，只看收盤價有沒有跌破控盤線就可以了。

股市操作大道至簡，漲跌之間的波動是有規律的，站遠一點看K線的高低起伏、井然有序，這些就是股市的生命力。

三、技術篇(二)
關於均線

引言

　　在李佛摩的經典之作——《股市作手回憶錄》談到：「**我花了至少五年的時間，才學會當我看對行情時，要怎樣才能賺到大錢。**」而我花了不只十年的時間才學會用均線看行情，用均線讓我不會因為沒有耐性而拔檔出場，也讓我不會因為衝動而進場；從瞭解均線到利用均線穩定的賺錢，實在是相當艱辛的過程。

　　均線是一種通用的趨勢指標，也是非常重要的分析和操作工具，它能同時協助我們留意短期、中期以及長期的走勢，在K線圖上面，它是能夠和K線放在同一個視窗上的少數指標之一，由此可見其重要性了。

　　均線主要是用收盤價來計算某一段時間內，所有買賣者的單位平均成本，它最大的功用是將主要趨勢平滑化，使我們不至於在震盪中輕易的被洗出場，讓我們易於判斷股價趨勢，所以均線是我們分析和操作上很重要的參考依據。

　　均線的用法一般都以交叉為主要用法，即所謂的黃金交叉、死亡交叉。單一均線有單一均線的用法，兩條均線有兩條均線的用法，多條均線有多條均線的用法，均線裡面有扣抵、乖離，還有所謂的斜率、角度……等等，但其實均線就是均線，重要的是它的方向性，先學會簡單的用法就好了。

使用均線的簡單法則：

1. **股價在均線上方而且均線向上，這就是上漲趨勢，等待拉回均線附近的買點。**

2. **股價在均線下方而且均線向下，這就是下跌趨勢，等待反彈到均線附近作空。**

3. **均線走平、股價狹幅整理，就等待突破或跌破整理區的新方向。**

只要牢記這三個簡單的規則，就可大大增加你的利潤了。

這一篇章中，我用簡單的道理來說明均線的用法，不過在開始解說之前我要先說明一下，我注重的是觀念的打通，而不是技巧的灌輸，所以你不必拘泥於要用怎樣的參數才行，因為技術分析很活，沒有一定要用哪一個參數才可以的道理。

書上我用18MA做解說，如果你要用別的參數，例如15MA、20MA、22MA……，都是沒有關係的，因為它們的方向都差不多，這點希望各位讀者能夠觸類旁通，不拘泥於參數反而可以打開另外一片思考的天空。

技術篇(二) 關於均線

均線的計算方式

簡單的均線花了三個月才學到

得知均線算法 樂得睡不著

用均線判斷趨勢

量價雙線多空判別法

量價齊揚帶你上天堂

量價齊跌讓你住套房

股市方向由大戶聰明的資金決定

中期方向輕鬆看

掌握量價做波段操作

八成是神仙

觀察扣抵，預知均線走向

扣抵價的應用

扣抵區間與扣抵區間的應用

均線的方向是可以預判的

均線的壓力和支撐作用

均線的力道

馬車論

均線最簡單的用法

葛蘭碧八大法則

均線上的多頭浪和空頭浪

粗探均線的乖離轉折

結語

為趨勢的技術看法做總結

01 均線的計算方式

均線是最好用的順勢指標，其計算是一個很基本的算術問題，首先要了解均線的意義，以6日線為例，假設最近六天收盤價為A、B、C、D、E、F，這樣F就是今天的收盤價，E是昨天的收盤價……，A是六天前的收盤價，那麼假設6MA為Q，則Q＝（A＋B＋C＋D＋E＋F）／6，這個算數沒問題吧！

如果有問題，把最近20天內每天的6MA算一遍就知道了，如果還不知道，就罰自己再算一年的6MA吧！

將每天算出的Q值連成一條線，就稱為6日均線，因為每天的Q值不相同，所以均線看起來就會有高低起伏。

當然你也可以用開盤價算開盤價平均線、用最高價算最高價平均線、用最低價算最低價平均線，也可以算加權平均線（EMA），或者用平均價平均線，當然也可以用標準差或者固定百分比做成軌道線，像天羅地網線、布林通道，發展出獨特的均線戰法。

只要你喜歡，把價位加減乘除一番，就是一條特殊的平均線，然後取一個神化的名字，再舉幾個案例來證明這種均線確實有用，這樣你也可以當均線之神了。

02 簡單的均線花了三個月才學到

6日收盤平均值就是股市操作的技術了喔！這種簡單的算術，誰不會呢？就像我們讀書的時候，計算月考六科成績的總平均一樣簡單嘛。不過說真的，等我知道可以把這種平均值用在股票操作上，還真的費了好一番功夫呢！

民國78年股市走大多頭，我才剛進入股票市場，根本什麼都不懂，當時在營業櫃台旁邊有位中年人，總是靜靜的看盤，我那位營業員便偷偷告訴我：「這位先生都很會贏，你可以跟著他做。」

於是我跟著他的步伐買賣南染（1410），在50元買、70元賣，然後又在70.5買、80元賣。這期間因為賺了錢，我常常買些涼水或滷味請他，我們也因此成了好朋友。雖然他買的是兩、三百張，而我只買一兩張，買的時候他會讓我先買，我的單子成交以後他才敲進，賣的時候也讓我先賣，然後他才賣。

我知道他每天下午都在華江橋下釣魚，因此只要有空就到華江橋下找他，陪他釣魚。三個月的時間，他很少談話，只是靜靜的坐著，等夕陽西下的時候，他會告訴我，明天只要不跌破XX價位，都不會有事，而那個價位就是這樣神準，總是不出現的機會居多，好像那支股票是他操控的一樣。

　　我每天去陪他釣魚，就是為了等他告訴我那個神秘的價位。但後來我才注意到，怎麼他釣魚從來沒有魚兒上鉤過？原來他去橋邊並不是為了釣魚，因為他的釣竿上面並沒有綁魚鉤！

03 得知均線算法 樂得睡不著

　　直到有一天，他告訴我，他有事要回南部，可能很久才會回來！他問我：「你想不想知道，我每天告訴你的價位是怎麼來的呢？」我當然很想知道，簡直是夢寐以求啊，巴不得他趕快告訴我呢！

　　他說：「**你把最近六天的收盤價相加再除以六，就得到六日收盤平均價，也就是我告訴你的價位了。**」

　　回家後，我找出報紙用計算機敲了一個晚上，唉唷！我的天！原來我一直認為很神秘的股票操作秘密是這樣子喔！我摸著頭，簡直不敢相信！那晚之後，連續三天三夜我都幾乎睡不著，找報紙剪資料做紀錄，然後猛按計算機是我唯一能做的事。

　　這位大哥回南部後就沒再出現了，而我用這種方式狠狠的把南染從91元一路抱到170元。真是太爽了！直到現在我還是很想念他。

　　回想起這位大哥的交代：股價在均線之上屬於強勢，在強勢中買入，贏面大於輸面，因此股價圖破6MA時買進，大概都會賺錢；當然你會有一次是錯的，就是買在最高點的那一次。而股價在均線之下屬於弱勢，在弱勢中買入，只有一次是對的，就是你買在最低點的那一次，因此輸面大於贏面。

　　上面這句話，我經過很多次的交易才徹底悟透，現在已經印在腦子裡，溶化在血液中，落實在交易行動上，是很重要的一句話。會愛惜寶物的人是因為他懂得這是寶，我想這就留給大家去體會吧。

　　當時的南染線圖：

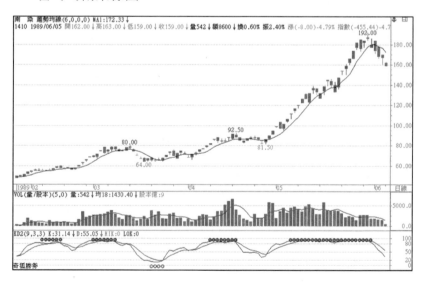

上面這個故事說明了一個很簡單的道理：股市分析的原理其實很簡單，只是我們都把它想得太複雜了。

這種方式現在還能不能用呢？當然可以啊，而且還好用得很呢！只是在大家都追求神準，認為鮮為人知的方法才是厲害方法的現在，這樣簡單用計算機就可以算出來的點位，你不會覺得太簡單了嗎？你用得下手嗎？哈！

再舉一例：

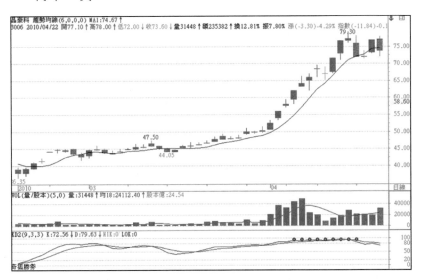

移動平均線（MA）只不過是將幾日收盤價位的平均值連成一條線罷了！就像趨勢線，不就是任意取兩個高點或兩個低點連成一條線而已嗎？可是這種線就有這樣神奇的功能，真的也是很令人不可思議。

　　以收盤價上下穿越均線為主要操作方法，是在單一均線穿越或者跌破時做買賣，應該是最簡單的操作方式，不過以下我根據我的操作經驗，提供這種方式的優缺點給您參考。

優點：

　　出現大幅度行情的時候，可以抓住一大部分利潤；操作方法簡單明瞭；長期操作比較穩定；停損幅度較小。

缺點：

　　盤整中假信號太多，常常被巴來巴去，會出現一定虧損並且失去信心，如果交易太頻繁，手續費就佔很大的比重；出現大幅度反覆跳空時，會有較大虧損；信號準確率不高，必須配合其它指標使用才會有較好的表現。

改善：

　　以更大參數的均線（如18MA或50MA）做方向，再用6MA做買賣點，勝率可以有效的提高。

　　很多技術方面的原理都是很簡單的，比如說多頭浪一波一波的拆開來看，不就是N字嗎？空頭浪一波一波的拆開，也是把N字倒過來寫；而很多個N就是多頭浪的多頭趨勢了，很多個倒N就是空頭浪的空頭趨勢了。當然你也可以這樣想，如耐吉的微笑打勾標誌，很多個打勾標誌連起來就是多頭浪囉；多頭浪和空頭浪組合起來就是波動理論了！

　　股市的學問都是相當簡單的生活知識應用，只是我們都把股市的技術披上神秘的面紗，認為那是神聖不可侵犯的高深學問，反而陷入五里霧中，看不清它原本面目。

04　用均線判斷趨勢

　　均線是個很老很老的東西，如果是人類，他一定留著很長很長的白鬍子了。均線是用來描述趨勢的，而移動平均線是股價趨勢判斷的一種方法，亦即將每日股價的變化，藉由移動平均的觀念，以「平滑」的方式計算出股價於某一段時間內的趨勢。

　　當股價突破站上某一段時間的移動平均線之上（如6日移動平均線）時，代表該段時間內的投資人均在獲利的狀況，很有可能再度進場加碼，後市仍有高點可期。反之，若當時股價跌破了某一時段的移動平均線，則代表該段時間投資於該股的投資人均處於賠錢的情況，有可能進行減碼或停損動作，該股股價可能會持續的下滑。

　　「移動平均線」是股價持續運動的數據，表示一段特定時間內，參與交易的交易者可能的平均成本，只要它的方向不改變，股價的移動方向應該是繼續原有的方向，不會立刻改變的。

當然，當股價與某一移動平均線的距離愈走愈遠，會導致股價與均線的乖離擴大，投資人在獲利不斐之下，就有可能會有獲利了結，或開始出現短線賣出回吐的情況，之前原有的股價走勢，將可能以相反的走勢作修正。

為何均線可以顯現這樣的趨勢力道？可能來自於心理面的原因。以6日均線來說，假設股價由下往上推升過6日均價，產生股價和均線的黃金交叉，表示這6天內買進的人都是賺錢的，在乘勝追擊的情況下會勇於加碼；而以6日均線為操作主軸的人，看到價位站上6日均價，認為上漲有望，也敢於進場買進；作空的空單持有人，也會因為股價已經轉強而產生回補的心理，甚至是翻空為多，這四股力量加起來產生的力道就很可觀了。

反之，如果股價跌破6日均價，也會有四股力量做賣出的動作，均線的支撐和壓力大概是源自於此吧！同理也可以解釋愈多人喜歡用的均線，其力道也會愈大。

05 量價雙線多空判別法

由於電腦資訊的普遍，我常常改變均線的參數，看看會有什麼變化，這樣也使我有更清晰的概念，我甚至會把指標的數字加以平均化，設計出另外一種指標，企圖發現股價運動的秘密。

不過我也發現，均線參數放大和縮小，雖然讓我們看圖的感覺有所不同，但是那些K線絕對不會因為你改變了均線或指標的參數而有所變化！我更確定了一件事——所有的指標都是從K線上面的4個點位運算過來的，技術面上不會改變的只有K線，應該說K線是一切技術之本，其它的都是輔助工具而已。

這篇〈多空雙線判別法〉是民國85年寫的文章，當時我把在「禪學股市」研習過程中的一些筆記整理成一本書，取名為「股市金鐘罩」，送給吳天池老師和幾位要好的同修。裡面記錄著個人研究的18日平均價和18日平均量的多空分辨方式。

18日量價的四個格局分類法完成後，受到吳天池老師的激賞，並列為「禪學股市」的研習教材，這在當時是很光榮的事呢！這本《股市金鐘罩》曾經貼在「奇摩筆記本」的網頁中，後來奇摩改為YAHOO，也收回筆記本的空間，整本筆記本的文章都毀了，只剩下幾篇貼在聚財網的文稿還保留著。這篇是我很喜歡的一篇，也曾加以修改發表在《錢潮周刊》（已停刊）「旁門左道真功夫」專欄中。

→ 雙線多空判別法　　　2001/01/01

　　股市的方向，不在於我們個人的看法如何，而是要尊重大多數人的決定，大盤怎麼走，我們就怎麼做，順著毛摸就對了。

　　我以18日成交量平均線，與18日收盤價平均線來研判大盤的方向，這兩條均線是判斷大盤的「多空雙線」，且18日不長不短，做中期的方向剛剛好。

　　一個中期方向決定之後，是很不容易改變的。在過去18天之中，大多數人決定的方向，就是往後大盤的方向。

　　市場上多數分析師習慣用20日或24日均價、均量線（月線），當然亦可，如果你喜歡用10日或15日均價、均量線，我也不反對，因為均線的目的是告訴我們某一段時間內的收盤價平均值而已。量價均線系統是由成交價均線和成交量均線組成的，它是以量價均線的系統發揮作用，不是單獨具有某個神秘參數的均線。

　　我用18日均線其實與一般人所用的24日均線的方向差不多一致，但在重要的轉折日，18日線會比大多數使用的24日均線的人早一、兩天發現買點，或看出賣點，其關係可大了。

　　市場上所有的指標，其計算公式都是由量價為計算基礎，沒

有量沒有價就不會有指標，量與價是股市中最重要的一環，操作股票若不從量價著手，其它都是空論。

那麼這兩條均線要怎麼看呢？我用下面的表格說明：

	18日均價	18日均量	格局	操作策略
1	向上↑	向上↑	多頭	作多，回檔找買點
2	向下↓	向上↑	盤整	觀望，短線來回
3	向下↓	向下↓	空頭	作空，反彈找空點
4	向上↑	向下↓	盤整	觀望，短線來回

由上表看出，兩條均線都往上時為多頭，兩條均線都往下時為空頭，當這兩條均線方向不一致時就是盤整格局，這樣的分辨方法夠簡單了吧！

在此要注意的是，**均線的往上或往下，以連續三天方向相同為確定，通常這種方向經三天確定之後，已經大致出來了**，尤其是量的方向更是多空變盤的關鍵。而當18日均量的方向改變之時，往往也是趨勢改變的時刻。

市場是一次又一次的漲跌循環，漲夠了就會跌，跌夠了就會漲；順境時既不必欣喜若狂，逆境時也不必垂頭喪氣。下跌是為了上漲做準備，上漲則是為了將來的下跌。從實戰操作的角度來看，低價買點是大跌後給跌出來的，高價賣點則是大漲後給漲出來的，我們要賺的是價差，對於多空我們都應該樂觀的看待。

看大盤的方向，不能用「猜」的，不能用「感覺」的，也不

是用「聽」的，必須有一套科學的方式，準確的「判斷」才行。個人認為沒有什麼方法能比量價關係更正確的指出大盤的方向。

如果會用這兩條均線來決定多空的操作方向，並據以操作，你便已練成金鐘罩、穿上鐵布衫，在股市中已經可立於不敗之地。大盤的方向如此，類股的方向如此，個股操作也是如此（但是無量的小型股比較不適用）。

翻開大盤歷年之走勢，將上面原則套入，幾乎很少有例外。歷史一再重演，主角會換人，但是橋段永遠不變，掌握這個判斷大盤方向的四個原則，其實股票就是透明的，大盤多空方向可以說是盡在掌握中矣！分析師的看法都未必比你準唷！

→ 跟著錢潮走　　2001/01/06

能精確的掌握大盤的方向，買賣股票自然不會亂來，別人在當盲劍客，你卻老神在在地戴著透視眼鏡看盡股市起伏，如獵人般冷靜的等待最佳的開槍時機。

成交量是錢的堆積，18日均量線是錢潮線，有量自然會有價，個股有可能無量上漲，但大盤絕大多數是量先價行；錢有多高，量有多大，指數、股價才能推多高。這是供給與需求的關係，沒有什麼深奧的大學問。

06 量價齊揚帶你上天堂

中期的18日均量線上揚，請想想，它為什麼會上揚呢？大盤的成交量不斷放大，絕不是散戶所為，必定是有不少長期投資的聰明資金，及人股東、人戶下場買股票的結果，只有在多數大戶的持續介入下，才會使均量快速上揚。

錢潮來了，你就得把握時機好好撈一把。18日均量由向下而走平並開始向上，是買股票的好時機。漲潮了，是快樂揚帆出海的好日子。

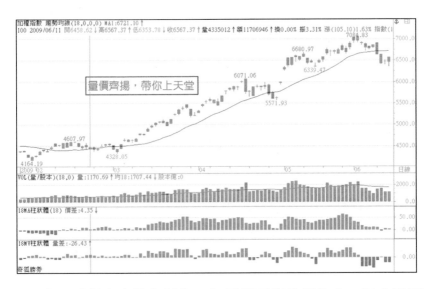

我可以很肯定的告訴你，如果這兩條線都往上，天會塌下來，股票都要漲。如果這兩條線都往下，你用再大的千斤頂都頂

不住，螳臂想擋車，肯定是與自己的新台幣過不去。**要成為贏家只有尊重大多數人決定的方向，依照量價均線方向操是最簡單的方法了。**

個股的方向短期內可憑主力大戶之個人意志而改變，18日量價在小型股的參考性會比較低，但大盤的方向，必須群體大戶的一致行動才能改變。大盤的中期方向一旦確定，是短期內不容易扭轉的，市場趨勢一旦形成，再多的外來力量也難以抵抗，一直要到整個趨勢自然改變時才會扭轉。逆勢而為的個股最後都必需回歸到大盤趨勢的方向來。

07 量價齊跌讓你住套房

若18日均量線由向上而走平並開始向下之時，表示錢潮退了，大戶在賣，大腳在溜，夕陽無限好只是近黃昏，你也得收拾收拾，準備打道回府；若此時依然留戀最後一些小魚蝦，或自恃藝高人膽大，硬要玩賞最後一朵浪花，當心被海浪捲走，被海水淹沒，不但吐回先前的獲利，甚至還得花錢才能放人，那就太划不來了。

做股票放輕鬆，方向清楚當然輕鬆。判明多空，必然大賺，高檔賣出，然後好整以暇的等待下一次均線往上時再買回，先前賣一張，將來可以買兩張、三張的個股比比皆是。

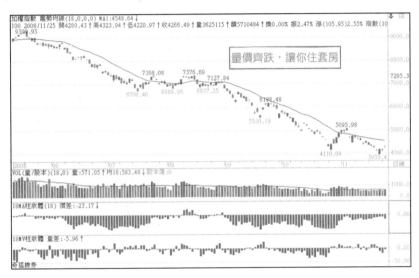

高等套房是專為那些貪心、不知撤退的人蓋的，凡住在裡面的人，每天都要付出相當昂貴的租金，下跌就是最大的代價。這些道理相信多數人能一點就通、一看就懂，很多人關心今天指數的漲跌，個股的起落，卻少有人花點時間去注意量潮的變化，去關心往後一段期間的方向。

股市是很透明的，如上面兩張圖。用量價均線盯住方向，要上天堂，還是要住套房？依方向操作不是很輕鬆自在嗎？

　　順便提供一下奇狐勝券的18日量價柱狀體的指標公式寫法，
有使用相同軟體的朋友，麻煩您自己KEY上去，建立指標公式檔
以便應用。

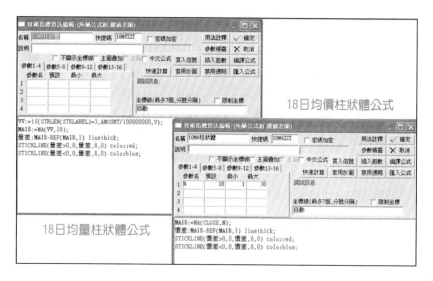

　　這公式是一位朋友寫給我的，如今因應增訂板的需要，也感
謝他願意把這指標公開分享給大家，感恩。

08 股市方向由大戶聰明的資金決定

這方式看起來好像有點複雜，但是個人認為世界上沒有比這更簡單，就能正確分辨多空均勢的方法了，你可以不去研究經濟面，也可以不必管美股如何，人民幣會不會貶，日圓又如何，不必管太多的利空，也不必理會黨政基金有沒有進場，三大法人在買還是在賣⋯⋯。重點是它的準度非常高。

在股市裡面，不管什麼消息都要用買賣動作來實現，我們只要看住這個方向研判的大原則，看看多空的方向有沒有被改變就夠了。大戶們的輸贏比我們大，他們肯定比我們更關心，而且他們的消息比我們快，看法比我們準，力量也比我們大，他們用量和價共同決定的方向，就是大盤的方向，我們散戶就跟著做就對了。

當股票漲多了，市場一片樂觀，常會使人在樂觀中忽略一些賣出訊號；同樣的，當股票跌多了，市場一片悲觀，也會讓人感染此心情，而忽略買進訊號。成功的人善於抓住機會，當機會來臨時，我們必須堅信自己的判斷，不受外在的雜音影響，牢牢抓住機會，這才是贏家的不二法門。

因此不管有多忙，如果你要在股市圓夢，成為快樂贏家，一定要對自己在股市的資產加以關心，千萬不要漲了不知道要買，漲到頂了才搶著買，跌下來時又賠得莫名其妙才好。所謂理財就是要「理」你的財，如果你不「理」你的財，你的財就不會理你。

09 中期方向輕鬆看

　　做股票要跟著**趨勢**走，18日均量線與18日均價線所組合成的方向，就是一個中期的**趨勢**。**判斷趨勢不在於一、兩天的量價變化，而是一個中期均線所形成的方向和K線所組成的型態，也唯有先確定中期的方向，你的多空操作才有所依據。**

　　打開電腦用18日量價搭配看看，看看過去，看看現在，也猜猜未來。你可知道現在的大盤屬於何種格局？

　　上面這張圖，18日均量已經微微向上，你認為這是空方的機會還是多方的機會呢？

　　是的！簡單的方法就可以了，不要預設立場，一切由市場決定，只要跟著大多數人操作的方向做就沒錯了。有量才有價，量先價行，因此看大盤時，量比價重要，跟著量潮走，習慣跟隨市場所給予的方向，而不是強求市場走哪一個方向。

　　使用18日均量線與18日均價線來看行情，你可以用過去30年的台股走勢圖加以印證，這絕對不是看圖說故事或事後諸葛，不必懷疑它的可靠性；以我20年的實戰驗證，這一招絕對禁得起考驗，過去如此，現在如此，未來也會是如此。大盤適用，類股可用，大型的個股也沒問題。

　　多關心大盤的方向，只要抓住大方向，操作起來就可以減少錯誤，要提高勝率。請多練習這種多空的判斷方式，好的方法不怕驗證，也唯有自己印證過了，才會有信心。

10 掌握量價做波段操作

通常一個漲勢形成的初期，只有少數人看得懂，而當大多數人還在懷疑、害怕時，運用本法的人卻知道旭日即將東升，早已調整好多空心態，信心滿滿的等待迎接新趨勢了。

一個頭部將要開始跌勢時，當大夥兒還在一片樂觀、追價之際，也只有看得懂趨勢的人才知道，太陽愈近中午，陰影就愈來愈小，因此會及時悄悄地下車，落袋為安，獲利了結。

多年來我運用此法研判大盤的方向，我寫的分析稿就像是用望遠鏡看股市。我常常在大家樂觀之時看空，愁雲慘霧之時看好，但我不喜歡與人爭辯多空，因為我知道「行家總是寂寞的」，凡事都有兩面，但是**股市只有一面，不是多頭的一面或空頭的一面，而是對的一面，跟著18日量價方向走，往往是對的。**

股市的輸贏不在學歷的高低、資金的大小，也不在入市的久暫，而是在誰可以分清多空，看明趨勢，並且順勢操作，依法買賣。如果連簡單的入門的多空方向與力道強弱功課都未修，千萬別拿血汗錢開玩笑，方向不辨明，操作將會一團亂，可能輸光積蓄不說，最後負債累累就太划不來了。

11 八成是神仙

要成為贏家，首先得有一顆平常心，股市操作這一行沒有誰是百戰百勝的。羅威推崇18日量價的波段操作哲學，雖然底部成立到波段起漲，離低點都有一段距離，而頭部成立到波段起跌，離高點也都有一段距離，上面丟兩成，下面扣兩成，只剩下六成，俗話說「八成是神仙」，吃八分飽就夠了，不過我們只要能吃到六成，見好就收，入袋為安，平淡之中也能見神奇。

當你走入市場，是否能贏或能贏多少不是你決定的，但是要輸多少，要繼續還是要停止，全是你自己可以決定。要知道市場上有太多不確定的因素，股市操作要學會審時度勢，根據趨勢變化適時休息。

空頭時期，要嚴於自制，絕不貪心在「火中取栗」，決不輕易嘗試「刀口舔血」；在18日量價往下的空頭，應懂得規避並善於迴避，千萬不可硬拼，要提醒自己，隨時可以休息，這是我們散戶的一大優勢。**「休息」是一種悠閒自在的操作境界，只有在懂得如何休息之後，才能在市場長期立足。**

股市是一個風險與機會並存的地方，投資股市必須隨時衡量風險與機會大致佔的比重，沒有哪個投資者不重視機會和風險，但對待風險和機會的態度卻完全不同。

　　「**方向確定，下單篤定**」，判斷準確、行動果斷的大智慧投資者，總是在機會遠大於風險的時候，抓住機會；在風險遠大於機會的時候，迴避風險。在對待機會的選擇和風險的規避上，贏家因此減少了出錯的概率，結果最終勝出。

12 觀察扣抵，預知均線走向

　　移動平均線，就是將N天的收盤價加和再除以N，得到第N天的算術平均線數值。從其計算方法上看，它有以下幾個技術特性：它可以穩定的追蹤趨勢，它可助漲和助跌，它具有支撐線和壓力線的作用。

　　均線會有助漲、助跌的功用主要來自於扣抵，當扣抵低的時候，均線容易上揚；扣抵高的時候，均線容易往下。既然均線具有指出方向的特性，那麼我們比較關心的是均線的方向會不會改變？和什麼時候會改變？要看均線的方向會不會改變，我們可以用扣抵值來觀察。

　　扣抵值的算法如下：

→ 均線算法（n均線）

Px表第x根K線收盤價

$$MA1 = （P0 + P1 + P2 + P3 + \cdots\cdots + P（n-1））／n$$
$$MA2 = （P1 + P2 + P3 + P4 + \cdots\cdots + Pn））／n$$
$$MA2 - MA1 = （Pn - P0）／n$$

Pn是今天收盤價，P0叫扣抵值。若Pn＞P0，則MA2＞MA1，即均線向上揚；反之，則均線向下彎。

什麼是扣抵值呢？下面用比較簡單的方式來說明：

我們把日期拉長為8天，看看6日均線的變化。設這8天的收盤價為a、b、c、d、e、f、g、h，則6MA依照日期的算法如下：

第一天：$Q = （a + b + c + d + e + f）／6$
第二天：$Q = （b + c + d + e + f + g）／6$
第三天：$Q = （c + d + e + f + g + h）／6$

請注意看，第二天和第一天的算式中有哪些不同？少掉了a，多了g對吧，這個a就是被「**扣掉**」的值，而g就是「**抵上來**」的值。

第三天和第二天的算式中有哪些不同呢？少掉了b，多了h對吧，這個b就是被扣掉的值，而h就是抵上來的值。

像這樣去掉一個和加上一個，除起來的Q（6MA）會不會相同呢？除非去掉的和加上來的值相同，否則Q的值就不一樣了。

再引用上面的假設：

如果g＞a，那第二天算出來的Q，就會大於第一天的Q。

如果h＞b，那第三天算出來的Q，就會大於第二天的Q。

反過來呢？

如果g＜a，那第二天算出來的Q就小於第一天的Q。

如果h＜b，那第三天算出來的Q就小於第二天的Q。

13 扣抵價的應用

扣抵值和扣抵價是相同的東西，只是名詞不同而已。扣抵價之所以能預知後面均線的方向，就是這樣子來的。這樣的算法看起來很繁複，但是要找均線的明天扣抵值其實簡單，以6MA來說，在K線上，從今天是第1根，你往前算6根，那個收盤價就是6MA的扣抵價，要看18MA的扣抵價就是往前算18根，200MA就是往前算200根……依此類推。

現在很多的電腦軟體在K線的下方都有一個「∧」之類的符

號，用來指出扣抵日，扣抵日對上去的K線收盤價就是扣抵價，只要瞄一下就知道了，不用費神去算。如果你的軟體下方沒有那個記號，那就要去請教你的軟體經紀商，如果是使用號子提供的軟體，就請教你的營業員，而不是問我。羅威對於軟體只會使用，不懂得如何「修理」，也不知道你的軟體要如何修理。

順便提供奇狐勝券的轉折價日期公式：

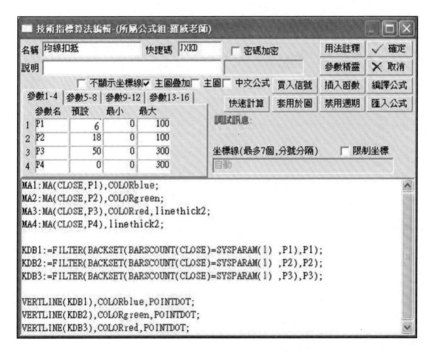

扣抵價在運用上，我把它當作是均線是否轉向的「關鍵價」。我們可以預知，**當明天的收盤價大於扣抵價，就會使均線**

往上，如果明天的收盤價比扣抵價低，均線就會往下。這種用法
是使用均線的人必須具備的基本知識。

　　另外關於扣抵價，還要解釋兩個名詞：

高扣抵：
扣抵價＞收盤價，扣抵價如果高於今日的收盤價，稱為高扣抵。
高扣抵會壓制均線不讓它揚升。

低扣抵：
扣抵價＜收盤價，扣抵價如果低於今日的收盤價，稱為低扣抵。
低扣抵會協助均線繼續往上揚升。

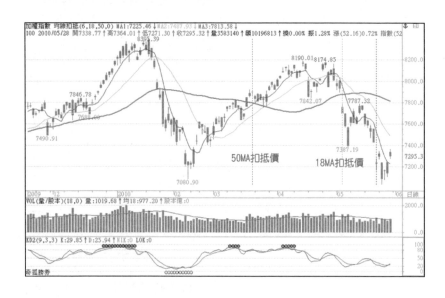

　　如上圖，虛線所標示的就是xxMA扣抵價的位置，相關位置如下：

2010/05/28收盤價7295

6MA＝7225，扣抵價＝5/21收盤價7164（低扣抵）

18MA＝7487，扣抵價＝5/5收盤價7696（高扣抵）

50MA＝7813，扣抵價＝3/19收盤價7897（高扣抵）

　　從扣抵價看，6M隔日的扣抵價為7164，可以判斷，除非隔日收盤價小於7164，否則6MA就可能轉為向上並走揚；18MA扣抵價在7696，明天不太可能收上這個價位；50MA也是高扣抵！也就是說，18MA和50MA這兩條線明天還是會繼續向下，翻轉無望。

　　那麼以均線仍然方向往下的情況判斷，明天頂多就是6MA的小趨勢會有繼續反彈走多的機會，但是大方向還不會翻多，長空單就不必急著回補；而18MA和50MA仍然往下而且高扣抵價，表示中線和長線的方向仍然往下看的，那麼用股市的術語就是「長空短多」，這樣聽起來就很容易瞭解了。

14 扣抵區間與扣抵區間的應用

什麼是扣抵區間呢？從扣抵價當日往右邊看連續幾天的區間
就是扣抵區間，如果你要預估三天內會不會有變化，就取三天，
要看五天就取五天，依此類推。

上圖K線中的框框所標示的區域，就是扣抵區間的位置。扣抵
區間取法：如果是短均線，取的是小區間，如果是長均線，取的區
間就比較大。以上圖50MA和18MA所取的扣抵區間來看，都是高扣抵
區間，這樣的情況，短期內要使均線向上幾乎是不可能的，所以可
以判定中長線仍然往下看，中空單可以續抱。

6MA的扣抵區間可以看出三天後可以進入扣比目前K線價位更低
的地方，所以判定6MA往下這條均線附近短線應該會有支撐。

15 均線的方向是可以預判的

扣抵價是簡單的基本算術,扣抵的觀念也是一點就可以通的,每一條均線都可以帶入公式去算出均線值和扣抵價,我們也可以用扣抵價和扣抵區間的觀念,預知均線可能的方向、力道、和轉折的時間……等等。

看均線的時候,我們要會想:「均線是不是會持續往原來的方向移動呢?」(看扣抵價的高低就知道了。)

「這樣持續的時間會維持多久?或者大概什麼時候均線有可能轉變方向?」(看將要扣抵的區間高低就可大略的判斷。)

「均線的力道會如何呢?」(看扣抵區間和現在價位的相關位置,差距愈大則力道愈強。)

「向上的均線,什麼時候會往下?或者向下的均線,何時會有機會轉折往上呢?」

很多有關均線方向的問題,在熟悉扣抵價和扣抵區間的運用之後,應該也就難不倒你了。均線的算法和扣抵價的算法,高低扣抵價和扣抵區間的運用,這些應該算是均線的入門吧。

那麼,也許你會問哪一條均線最準?答案是都準,也都不準。為何呢?因為均線的主要用意,只是讓我們知道一段時間內

的收盤價平均值而已。**它告訴我們一個短、中、長期交易者的交易成本，和用均線的方向來看可能的趨勢。**

很多人很喜歡把參數最佳化，個人不認為那是很好的方法，我使用的均線都沒有最佳化過。**均線運用上的重要原則：長均線看方向，短均線看轉折。每樣工具都有它的特性，了解它的特性，除非你是要用單一均線的突破和跌破做買賣，否則想辦法讓長短不同的均線能夠互相搭配，比追求參數最佳化更好。**

16 均線的壓力和支撐作用

均線有壓力和支撐嗎？個人使用均線的心得是，有的。但是我很少會因為長均線有支撐而去買股票，也不會用長均線的壓力去賣股票，不過如果上漲後回檔到長均線的位置，我會特別關注K線的力道，看看會不會出現轉折，會不會有落底的訊號。

長均線是看趨勢用的，把趨勢指標誤用為擺盪指標來做買賣，這樣的做法是有問題的。市場永遠有其運轉的規律，它才不管你是誰、你什麼時候進場、你用多久的天數計算均線，一切都只是數據罷了！

哪一種參數的均線最準呢？這是永遠沒有答案的。

我曾看過有人在網路上貼文章，只用一條均線就能夠控盤，每次大跌之後再漲起來時，我都可以看到他貼的圖，回檔的低點剛好就在那一條線上，真是神奇極了！但是看了很多次以後，我覺得很奇怪，怎麼會好幾次都會落在那條線上？以我玩均線的經驗是不可能會這樣的啊！

後來我去找出這位朋友過去所貼的圖，慢慢研究，終於找到機關了，原來他每次用的參數都不一樣嘛！要貼圖的時候就找一條剛好碰到低點的均線就好了啊！這一看使我會心一笑，也更深切的體會到，「K線圖上面除了K線之外，到處都是讓人眼花撩亂的魔術」這句話真的要收錄起來。

每一種參數的均線都有人用，而且都用得很有心得，用得很快樂，只是多數人使用的均線比較有參考性罷了，從均線你可以約略知道這段期間大家對多空方向的看法。**至於要用哪一條均線作為你的操作參考？這就看你的操作週期，週期長的選擇長均線，週期短的就選擇短均線即可。**

均線本身的數字並無任何意義，尤其是長期的均線。許多人喜歡強調66MA（季線）、120MA（半年線）、260（年線）、10年線，有多準確，漲到這裡一定有壓力、跌到這裡一定有支

撐……說得好像銅牆鐵壁般不會破，好像非如此不可！講得斬釘截鐵、信誓旦旦，只差沒有到廟裡斬雞頭發誓而已，可是到了那個價位，卻又不一定撐得住。我常常對這種情況存疑，一年前買股票的人，現在都不知道換手幾次了，以指數期貨來說，一個月平倉一次，上個月買的早就沒倉位了，何況是一年前的呢？

所以與其把長期均線當作投資人的交易成本，不如說是曾經交易過所留下來的交易紀錄的收盤價平均價格比較貼切。如果要找壓力和支撐，直接在K線中找反而比較正確可用。

學均線，要知道均線的原理和精神，這才是重點；**「長均線看趨勢方向，短均線看轉折買賣點」**，這是我使用均線的心得。技術的使用，基本治學是要嚴謹以待，就像伯牙的〈水仙操〉一般，學會基本的彈奏之後，還要讓想像力自由揮舞，才是完美的曲子。

17 均線的力道

一根大跳空或長紅,可以改變正在下彎中的均線,而均線方向改變了,看法和做法也要改變,因為均線的力量是大眾的力量,與大眾的方向作對,無異是螳臂擋車,死路一條!

用扣抵區間可以知道均線方向持續的時間會持續多久,向上的均線,什麼時候均線會往下,或者向下的均線,何時有機會轉向往上。均線的力道如何?從「扣」和「抵」的值中也可以看出來。

當收盤後,你可以用這樣的方式來判斷走勢:

1. 均線向上,扣值低,往上的力道強。扣值高,有可能盤頭。

2. 均線向下,扣值高,往下的力道強。扣值低,有可能打底。

3. 均線走平,扣值平,均線沒有方向上的意義。

這三項中,第1、2點很容易理解,第3項就難以用扣值來判斷了。

為什麼呢?影響均線的兩個東西,一是「扣」值,一個是未來的「抵」值。因為扣值是過去的數字,是已知的、是死的、不會動的,所以就要用抵值來判斷未來的方向;可是抵值要到下一個交易日有新的收盤價後才會出現,也要那時候才能計算,所以

「抵值」是一個未知數，而這個未知數才是股市操作上迷人的地方。

不過我們可以用「扣」值來猜方向，比如說扣值是5250，那麼「只要明天收盤大於5250，均線方向就會往上」，或者說「明天收盤小於5250，均線就會往下」，這樣就很容易了。

一般衡量均線力道大小的方式，是用當天MA與前一天MA的差，也就是所謂的「角度」；但是在均線走平時，事實上是沒有上下的方向性的，所以決定力道的關鍵是隔天的收盤價，並不是均線本身，也不是角度。

→ 決定均線扭轉的因素一：長紅、長黑

均線走平後，決定均線方向的是長紅或長黑（當然包括跳空大漲或跳空大跌）。走平的均線會因為一根長紅或長黑，而改變短天期均線的方向；連續的大漲或大跌，則會扭轉中天期均線的方向；一個波段的漲跌才能扭轉長天期均線的方向。

如下圖所示：

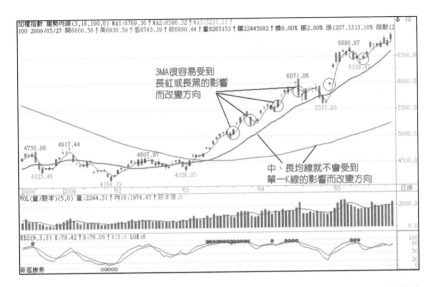

為何均線方向改變，力道會馬上出現？原因無他——均線有延續性。當方向出現後（尤其是長均線），新的方向總是會延續一些時間，不會馬上改變，這就引發趨勢追隨者的跟隨買進，所以向上的力道會不斷累積，這樣就很自然的拉高了均線的均值，而這種力道要等到扣值扣高之後才會停頓。

大盤力道的呈現，可以從成交量看出來。均線若上揚且量增，力道就持續，量縮則可能就是力道的終止（不過要特別叮嚀一下，由於個股——尤其是小型股，受到人為的操控比較嚴重，量的表現容易失真，參考性較低）。

→ 決定均線扭轉的因素二：跳空

下圖民國98年底到民國99年5月的這一段走勢，我們可以找到一根往上大跳空或者往下大跳空，而扭轉短均線的方向。跳空就是出現不連續的價位，對走勢是有一定的影響，可以順勢跳空，也可以逆勢跳空，本圖是最好的例子。

長天期的均線很不容易扭轉，要扭轉長天期均線需要很長的時間，或急拉、急殺一大段空間之後才會轉向。反彈格局碰到長均線後，無力突破，會因為長黑或者跳空下跌，而改變短均線的方向，當短中期均線和長天期的均線方向一致，就是大趨勢了。

　　那麼，當均線像飛瀑一樣都往下的時候，你還要作多嗎？當均線都由下往上的時候，你還會想要作空嗎？聰明的你可要仔細思考一下了。

18 馬車論

　　大多數人看均線都不會只看一條，精業系統上的均線內定值是6日、12日、24日、72日，這是很多老投資人通用的參數；吳天池老師教的是3日、6日、18日、72日；我也看到很多網友用5日、10日、20日、60日來操作；當然也有人用3日、5日、8日、13日、21日，這種費氏系數的均線。

　　到底哪一種比較好呢？前面已經說過，其實如果你知道，均線的基本算法和精神是在指出股價的趨勢，那麼對用哪一組均線比較好就不會那樣的計較了。

　　不過我比較建議你選擇一條均線作為操作的主軸，比如說20MA，然後找一條比較小的當弟弟（比如5MA），找一條比較大的當哥哥（比如60MA），短線的變化就看5MA，長線的穩度就看60MA，這樣三兄弟就是很強的組合了。

　　均線的簡單觀念可以用這樣比喻：你把一條均線當做一匹馬，如果你只看一條均線就是只用一匹馬，用三條均線就是三匹馬了。當然你大概不會選1MA、2MA、3MA這樣的三條線吧，三條均線間最好有倍數的關係，三到五倍是很不錯的倍數組合。

　　當三匹馬全部往上的時候就是大多頭，你就全力作多；當三匹馬全部往下的時候就是大空頭，你就全力作空。這樣一來，大的波段大致都不會漏掉吧。當然你也可以把長的均線當做主要趨勢，把短的均線當做次要趨勢，這樣也可以在長線的趨勢中保有短線的靈活操作。

　　學好技術最重要的是與自身性格的調和，若是一個急性子的人，採用季線作為判斷進出場的條件，不就等於要他的命嗎？而週期長的人你要他看三日均線，好像也不合邏輯吧。這些都是可以自行設計、可以自己為自己的操作習慣量身訂做的。沒有哪一個參數是最好的，技術分析的工具很活，所以會活用最重要。

19 均線最簡單的用法

根據上面馬車論的道裡，假設你只用三條線，分別是5MA、20MA、60MA，用5MA代表短期趨勢，用20MA代表中期趨勢，用60MA代表長期趨勢，短、中、長三線齊揚買進，三線齊跌賣出，如下圖6217中探針：

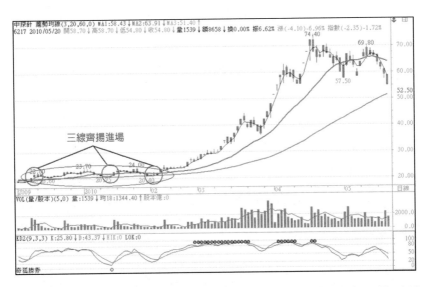

當這三條均線都往上的時候你就作多，操作上就是回檔不破低找買點；當這三條線都往下的時候你就作空，操作上就是反彈不過高找空點。這種短、中、長線同時往上或往下的操作方式，在我看來是最簡單、最穩定，也最輕鬆的方式了。

舉例3095及成：

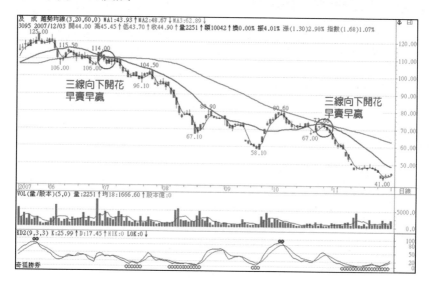

交易就是要愈簡單愈好，但是我的簡單不一定是你的簡單，因為我的簡單是已經經過複雜之後的化繁為簡。均線是一個工具，了解工具的優缺點與限制，然後配合你的習性，建構出完整的買進賣出、加減碼的交易系統，這才是你的聖杯。

交易的聖杯確實是存在的，而且存在每個投資人的心裡，每個人都有屬於自己心頭上的交易聖杯，端看你有沒有用心把它建構和尋找出來而已。

→ 木桶原理的均線操作學

使用多條均線的時候，有一個很有趣的現象，說出來和大家分享：

管理學有一個「木桶原理」，又稱短板理論，其核心內容為：一個木桶盛水的多少，並不取決於桶壁上最長的那塊木塊，而是取決於桶壁上最短的那塊木板。

根據這一核心內容，木桶理論有兩個推論：其一，只有桶壁上的所有木板都足夠高，那木桶才能盛滿水；其二，只要這個木桶裡有一塊短了一點，木桶裡的水就不可能是滿的。

對這個理論，初聽時你會覺得懷疑：最長的怎麼反而不如最短的？但是如果你看過木桶的形狀，你就會理解和讚同了。確實，對於木桶盛水的多少，有決定性作用的不是那塊最長的木板，而是最短的木板，因為長的板子再長也沒有用，水的界面是與最短的木板平齊的。

「決定木桶容量大小的竟然不是其中最長的那塊木板，而是其中最短的木板」，這似乎與常規思維格格不入，然而卻被證明為正確的論斷。

因此當你使用多條均線的時候，往往你的買賣決定不在於長的那條線，而是最短的那條線。這樣的想法和我提出的「長均線看方向和穩定，短均線做買賣」不謀而合。

20 葛蘭碧八大法則

　　均線是一種很容易懂的順勢操作系統，談到均線，就不能不介紹一下均線的祖師爺——葛蘭碧先生的葛蘭碧八大操作法則。

　　葛蘭碧八大法則就是以「收盤價」與「一條移動平均線」，配合股價與均線間的乖離和交叉等關係，作為買進與賣出訊號的依據。由於移動平均線具有較長期的趨勢，一旦股價或指數波動與移動平均線偏離過大時，將可提供買進或賣出時重要的參考。

　　現將葛蘭碧八大法則的使用方式說明如下：

→ 買進時機

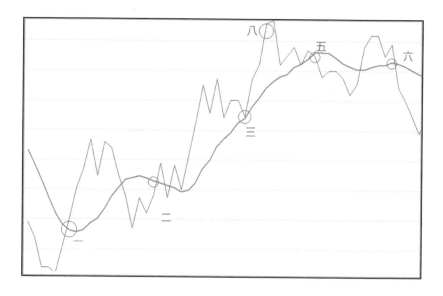

一. 平均線從下降逐漸走平，扣抵漸低並且均線有往上抬頭的跡象，而股價從平均線的下方向上突破平均線為買進信號。（「突破」，打底後底部突破，當然可以買進。）

二. 股價雖然跌落平均線的下方，但平均線仍然上揚，下跌沒有創新低，不久股價又回復到平均線的上方，俗稱金叉，這也是買進信號。（「測底」又出現金叉，是加碼買進的機會。）

三. 股價在平均線的上方，但突然下跌，唯並未跌破平均線即再上升時，可以加碼買進。（「回檔」，測試移動平均線支撐，支撐有效時可加碼買進。）

四. 股價在平均線的下方，突然大跌遠離平均線、成為乖離過大時，很可能修正乖離再往平均線拉近，這也是買進信號。（「乖離買點」，在均線往上時買進，往往有一波回升；但是在均線往下的時候，買進之後只能看反彈而不能當回升，短線獲利即應賣出了結。）

　　需要提醒的是，這些一、二、三、四只是說明上的順序，讀者要明瞭的是均線和股價的關係，及買賣點的位置在哪裡，真正的走勢上，並不一定會照著順序出現，有時一種買點也可能會重複出現。

下圖以加權指數20MA為例，舉代號6143振曜作為葛蘭碧四
大買點的說明：

→ 賣出時機

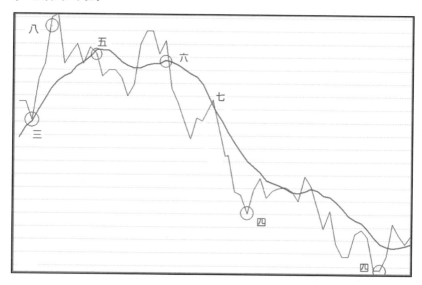

五. 平均線從上升逐漸走平，並且扣抵漸高有往下傾斜的跡象，而股價從平均線的上方向下跌破平均線，稱為死叉，為賣出信號。（「盤頭」現象，跌破均線當然應該賣出。）

六. 股價雖然漲過平均線的上方，但平均線仍然下跌，反彈無法創新高，不久股價又回到平均線的下方，也是賣出信號。（「做頭」現象，反彈後破線加碼賣出。）

七. 股價在平均線的下方，但突然上漲，唯並未漲過平均線即再下跌，可以加碼融券賣出。（「反彈」現象，移動平均線變成壓力點，有助跌作用，因此可利用這種反彈機會加碼作空。）

八. 股價在平均的上方，突然大漲，遠離平均線時，因為乖離過大，很可能再度往平均線拉近，這也是賣出信號。（「乖離賣點」，在均線往上時，可考慮賣出，在均線往下時，可考慮短線作空；但如果有買進訊號一的現象時，有所獲利即應找機會補回。）

下圖以加權指數15MA為例，做葛蘭碧四大賣點的說明：

簡單的歸納，葛蘭碧八大法則就是以一條均線為主軸，以股價穿越均線或跌破均線為主要買賣點，而以乖離作為次要買賣點。在均線往上之時，二、三就是回檔的買點，均線往下時，六、七就是反彈的空點。不過要注意的是，買賣點不一定照順序這樣排列，一個上升波段中會重複出現很多次買點，一個下跌的趨勢中也會重複出現很多次空點。

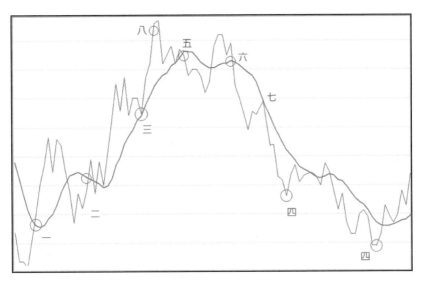

　　葛蘭碧八大法則合併起來就是如以下這張圖。下圖我以15MA做舉例,這是民國99年前半年的K線圖,剛好依序完成了八大買賣點,真的太神奇了!

接下來我用半年線125MA做均線，結果是這樣：

葛蘭碧法則主要是建立在均線的趨勢上方，突破均線做買進，回檔不破低點在上均線又買進，然後回到均線附近又是買進。突破後的買進重點都是「回檔買」這個原則，第四個是下跌到最後乖離過大的買點。我只能說這是葛蘭碧法則的重點。

很多人在問，葛蘭碧均線法則到底是用在哪一條均線呢？上面三張圖的均線參數完全不一樣，但是用葛八法都可以說得通，我很慶幸葛大師沒有說把參數說死，讓大家還有想像的空間。

外國人的觀念很「活」，這大概和外國人的教育方式注重「活的教育」有關係吧！上面的均線參數都不同，這是為了舉例

說明方便的便宜措施，也是一種「活」的舉例，然而中國人的教育就是填鴨似的死背，考試也是以選擇題居多，所以在股市操作上也希望只給一個參數，而要求的答案也只能有一個！佛在心中莫遠求，技術分析請靈活一點、機伶一點，別太死板了，這樣會把自己給卡死掉的！

21 均線上的多頭浪和空頭浪

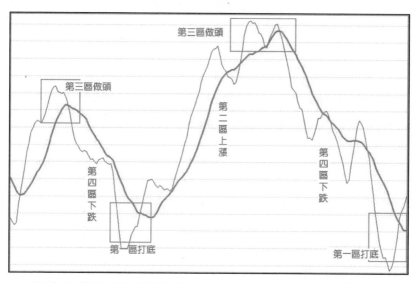

股市的運動有四種現象：一打底、二上漲、三做頭、四下跌，然後又回到一打底……。這種循環可以用一條均線和多頭

浪、空頭浪這兩個簡單的技術完全破解。這種均線上方架構著多頭浪和空頭浪的方式,和上面講的葛蘭碧法則是否有異曲同工之妙呢?

上圖粗線代表均線,細線代表多頭浪和空頭浪的波動,股價的脈動包括四個區域:第一區打底區、第二區上漲區、第三區做頭區、第四區下跌區,我歸結出幾個操作要點,在這種循環當中,我們只要遵循幾個原則,你想輸都很難。

第一區打底:

均線還沒有走平,尚未突破前波高點,股價尚未翻上均線上方,就不作多;突破前波高並且站上均線才開始作多。

第二區上漲:

均線方向向上揚升,股價在均線上方,走多頭浪,高點愈來愈高,回檔找買點,絕不作空。

第三區做頭:

均線開始走平,有做頭嫌疑時,慢慢賣出;若跌破前波低點,出清持股。

第四區下跌:

均線方向向下走跌,股價在均線下方,走空頭浪,低點愈來愈低,反彈找空點,絕不作多。

　　我要請你舉起你的右手，對著頭上的日光燈發誓：「為了我帳戶資金的安全，為了要的資金要不斷增加，為了我的生活要美滿，我一定要照著這四條規則做。」

　　好了，問題來了，我知道要這樣做，那請問你要用哪一條均線呢？參數要設多少才好？參數的問題真的無解，葛蘭碧推薦我們使用的長期天數是200天，但這也絕不是非200天不可，要看你的操作週期，而我習慣用的是18日線，有時也會看30日線。

　　我比較強調的是均線的觀念，只要你的觀念通了，任何均線都可以得心應手；觀念不通，就算上帝告訴你XX線神準，你也會操作得亂七八糟。

　　就如同很多指標的參數，KD一定是9嗎？用12可不可以？用6可不可以？MACD參數12、26、9是不是可以改一下？所以「均線的參數到底要多少」，也是葛蘭碧先生留給後世一個很「活」的想像空間。你想解開這個謎團嗎？那麼找一條均線試看看吧。

　　個人認為，有人做長、有人做短，所以參數隨人所好，用得很習慣的參數就是好參數。假設大家都用同一條均線，那麼當突破這條均線時大家通通買進，跌破這條均線時大家通通賣出，那會是什麼樣子？

　　至於乖離的參數，單一均線有單一均線的最大乖離，雙均線

有雙均線的乖離，個股、各個市場的乖離又不一樣，所以這「乖離」是均線最大的秘密，有人直接用乖離率來解、有人試著以波浪來解、有人想以趨勢線來解、有人用指標來解、用軌道線來解……，但是都沒有完全適用的答案！羅威說，將來能解開這個謎的人，就是了不起的人了。

22 粗探均線的乖離轉折

葛蘭碧法則中的第四及第八種的買賣信號，股價究竟應該離開平均線多遠（乖離多大）？才可買賣？這是兩個難解的謎，乖離的參數，單一均線有單一均線的最大乖離，雙均線有雙均線的乖離，個股、各個市場的乖離又不一樣…！本文只介紹一些均線的乖離知識，因為不夠細膩，所以名為「粗探」。

均線原理人人懂，但用得好的並不多，其中一個原因就是對乖離不熟悉。我發現有很多人用均線，都以突破買進和跌破賣出做為主要的操作方式，但是長期下來效果不彰，有的時候順勢時賺了一段，但碰到盤整往往就被咬了回去，甚至虧損，這是很可惜的。

如果你以均線為趨勢，運用八大買賣法則，再配合乖離過大時K線訊號做轉折，可以做到高出低進，相信會比單單使用均線突破買進和跌破賣出的效果一定好很多。

股價趨勢的波動其實就是乖離的波動，所以均線的愛用者無不認真的對乖離加以研究。對於乖離有一種很好的比喻：均線好比我們的家，股價有如外出的遊子，心繫家鄉的遊子，不管跑多遠，隔一段期間總要回家看看爹娘。

也好比是遛狗，你就是均線、就是狗主人，股價就是狗，而乖離就是那條狗繩，狗再怎麼會跑，也跑不出狗繩的長度，除非狗的力氣夠大，大到能夠拉著主人往前跑。

均線法則的運作，認為價格的波動具有某種規律，移動平均線代表趨勢的方向，而價格就在均線的上方和下方遊走。當價格的波動偏離均線的趨勢時（即價格與移動平均的偏離太大），則未來價格將會朝均線趨勢方向修正，所以發生偏離時，是一個買賣觀察訊號。

當然這是理論，但是在實戰上，乖離過大並不代表股價一定會拉回趨近均線，事實上許多例子顯示，股價會以橫向運動，用時間來換取空間。比如說股價漲了很多之後，和均線的乖離過大了，但是股價卻不回檔，它可以在原地等待長期均線往上，這樣也可以修正乖離，但是價格卻仍在半空中。（如下圖）

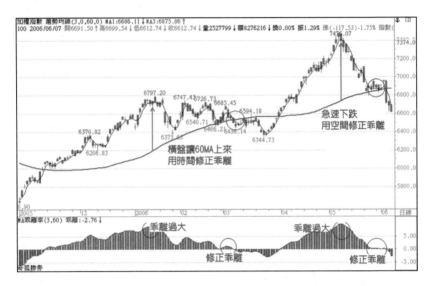

　　因為乖離的運用有「不知道怎樣才是最大」的困難點，當股價乖離太離譜，我會先賣一趟（或先補空一趟），至於是否會回到均線附近出現下一個買點，就讓時間來決定。有，就做，沒有，那就換股操作囉！

　　乖離的看法有兩種：單線乖離與雙線乖離。**一般的乖離是指單線的乖離，也就是目前價格與均線的差距，即Bias＝價格－移動平均（MA），俗稱為乖離（Bias）。當乖離越大時，價格修正的可能性就越高。**

→ 單線乖離下的買賣法則

研究乖離我們可以發現，每一條均線的最大乖離率都不會相同，同一條均線在不同股票的最大乖離率也不會相同。乖離率沒有一定的標準，這是使用乖離率困難的地方；使用上只能依據您所使用的均線，反覆測試過去最大的乖離率，然後訂出常出現的乖離率加以應用而已。

以乖離來做轉折買賣的依據，看起來相當不錯，但我始終覺得此種買賣根本就是逆勢交易，我並不建議您如此做，因為乖離過大，並不代表股價一定會拉回均線附近。事實上許多例子顯示股價可以橫向運動，用時間來修正乖離。

所以當乖離過大的時候，我建議先平倉不要反向操作，這樣比較保險。至於乖離多少才叫大？這並沒有定論，因為買低還有更低，賣高還有更高，逆勢操作不容易討到便宜，如果火候還不夠，還是不要耍葛蘭碧第四買點和第八賣點的特技比較好！

使用上我建議大家，**乖離率只是一個觀察股價是否偏離軌道太多的方法，而不是買賣點。當乖離過大的時候，只是告訴我們，股價接近高點或者股價接近低點，切入時機還是要以K線訊號、量價關係或者指標來輔佐**。如果讀者有心，可以把多頭浪和空頭浪的觀念加到均線的趨勢裡面，配合畫圈圈的K線判斷法來看轉折，相信你可以找到真正較佳的買賣點。

→ 葛蘭碧法則的應用

　　寫到這裡，我想為移動平均做一個結語，很多人使用均線就會提到葛蘭碧的八大法則，但也都把這八大法則它釘死在「股價和移動平均線」的運用上。對於八大法則，一般投資人只拿來用在K線圖上所繪的移動平均，然後在這裡面看股價的變化，找一、二、三、四的買點，和五、六、七、八的賣點，這就有點食古不化了！

　　如果你把葛蘭碧法則中的股價走勢當作另外一條短期均線，或者把另外一條短均線當作葛蘭碧的股價走勢，再加入一條長均線，就是雙均線乖離的運用了。

　　長短均線間會有交叉，這些交叉就可當作八大買賣點來用。長短均線間會產生乖離，當乖離過大的時候，短均線會往長均線方向修正，也就產生了回檔和反彈的修正走勢。像前一張乖離過大要如何修正的圖，我就是用了3MA和60MA兩條均線的乖離，不知道眼尖的朋友發現了沒有？

　　羅威認為股票的技術其實來自於生活化的思考，所謂「一理通，萬理通」，看看我們常用的指標，指標不都有一條短線和一條長線？兩條線的用法是不是和葛蘭碧的均線道理一樣呢？我們也可以把八大法則的買賣點，運用在其它指標之上，道理是不是

也相通呢？把葛蘭碧的股價走勢當作一條短期的指標線，均線當作長期的指標線，答案就很明顯了。

　　相同的，把葛蘭碧八大均線法則的用法，套進指標裡試看看，也許你會發現另外一片股票技術的新天地──原來所有指標的道理都是相通的，用法也都相同的。

　　下面這張圖，我放了五個指標，分別是均線、RSI、KD、MACD、威廉%、DMI，每樣指標都有一長一短的兩條線，你可以用葛蘭碧的法則帶入看看，你會發現這些指標的買賣法則都是一樣的，這些指標裡面都會出現八大買賣法則，問題在於你會不會「舉一反三」而已。

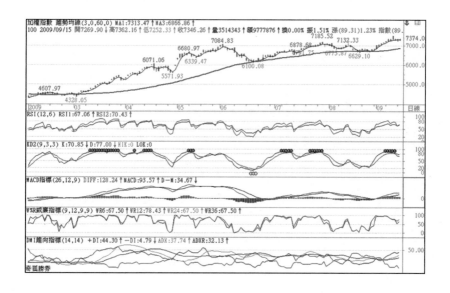

　　這幾年來我也嘗試過創造新指標，但不論怎麼設計，都離不開一長一短的搭配。我也發現**所有的交易觀念，都無法脫離長線和短線的搭配，均線如此、指標如此、週期更是如此，就連資金控管也無法脫離長短的配合**，所以我把自己比喻為一個磨合器，不再去設計新的指標和新的交易策略，只是把別人的優點融合於自己的交易策略中。

　　講到這裡你是否知道了？**股市的道理其實真的很簡單，懂了這最基本的運作道理後，其它的也都容易解決了。很多技術理論和技巧都是可以互通觀念，互相配合的，把不同的兩個東西放在一起，會讓走勢圖更生動、更有活力。**

　　各位看到我圖中的舉例，有些KD指標上下方會有小圓圈的記號，這個是KD鈍化的記號，只要K值在80以上連續三天，就會自動跑出這個記號來提醒我。KD鈍化可能只有一個圓圈就消失了，也可能會連續好幾個記號，這就是持續鈍化。只要KD出現高檔鈍化，回檔不破低就會創新高；如果出現連續三天在20以下的低檔鈍化，只要反彈不過前高，往往會再創新低。

　　個人對KD指標有很深入的研究，並且對於KD高檔鈍化和低檔鈍化有一套不錯的戰法，這些我們留著下一本書再談。下一本書《波動生命力》精裝本預定在民國100年春節前出版，本書後面的附頁有這本書的廣告，敬請期待。

23 結語

均線的原理就是N日收盤價的平均,也是把一般的數學常識活用到股市裡面,當我知道可以這樣運用加減乘除的方式來做股票買賣的時候,我是相當興奮和震撼的!而在犯下很多錯誤之後,均線提供了許多明確的線索,給我一個很好的操作規範,也減少很多不必要的壓迫感和不確定感,而且更容易抱到大波段,更輕鬆的操作,也更容易獲利。

均線祖師爺葛蘭碧的八大買賣法則,除了沒有講到背離之外,在很多指標中,你也可以依樣畫葫蘆,把八大買賣點套用進去。後來在均線裡面又發現趨勢,更發現了18日量價均線的多空秘密,從此對於大盤的方向更顯得篤定。

18日均量18日均價雙雙往上,量價齊揚帶你上天堂。
18日均量18日均價雙雙往下,量價齊跌讓你住套房。

要永遠記得——財不入急門,股市求財不要那麼心急和貪婪!只要你能準備好,股票市場永遠有機會,慢慢來不要急。在股市,比的不是誰可以一時瀟灑,而是誰能活得長長久久!

十幾年來,羅威寫稿沒有出過大錯,最主要就是因為有均線的量價趨勢提供了重要的參考,讓我在股市的征戰中,睡得著覺,吃得下飯,笑得出來!

24 為趨勢的技術看法做總結

很多人投入股市是希望能多賺點錢，但是因為缺乏必要的知識，結果或許成績平平，甚至嚴重虧損。個人認為每個人都可以透過學習，讓投資變得更精明，**而我們所有學習的目的，都是為了找出行情的趨勢。我們利用行情趨勢中的轉折，決定進行買進或賣出，方向確定、下單篤定！專業人士和一般散戶，很容易在方向的判斷上就分出高下了。**

技術分析的三大精髓要素：均線、K線、成交量。均線其實就是趨勢，K線就代表型態，成交量則代表著資金的流向。這三者在本書內容都有提到，相信能夠給初學者一個粗淺的認識。

很多朋友告訴我，他看完這本書後，終於有一種「找到了！」、「我找到了！」的喜悅，每次聽到這句話，都好像聽到天使的聲音，心中非常高興！

「找到了」這句話透露著幾種訊息，是一種放鬆（呼！終於找到了）、是一種喜悅（呵！讓我找到了）、是一種好家在（嘿！幸虧找到了）、是一種太棒了的感覺（耶！總算找到了）、是一種我就知道（看！明明我記得……）。

不管如何，找到了就是一種幸福，希望你能擁抱那種幸福。

　　觀察趨勢的方法有很多，在本書中我提到兩個關於趨勢判斷的技術，一個是均線——尤其是18日量價均線的組合；另一個是股價的波動，也就是多頭浪、空頭浪的波動。這是看股價多空趨勢的最基本原則，如果你能夠把這兩種方法融會貫通，相信你的方向和操作絕對勝過大多數人的看法。除了書本上的舉例之外，我希望讀者能在電腦上找更多的圖（大盤或個股）來比對，唯有自己下功夫多體會，才能夠成為你操作信心的來源。

→ 幫自己蓋一棟鋼骨大樓吧

　　萬丈高樓平地起，沒有骨架的大樓容易崩跌，你有沒有看過不用鋼筋就可以蓋樓房的呢？你有沒有看過地下室還沒有建好，就開始建摩天大樓的呢？量價均線可說是大樓的骨架，而K線是磚塊，要蓋一座大樓，先要挖地基、立骨架，然後堆疊磚塊，才能一層樓、一層樓的往上蓋——這就是多頭浪。

　　18日量價的多空定位，和波動操作中多頭浪、空頭浪的法則，如果結合起來，就是鋼筋骨架和一層層的樓房。如果你腦筋轉個彎，其實也可以用來描述葛蘭碧的八大均線買賣法則。

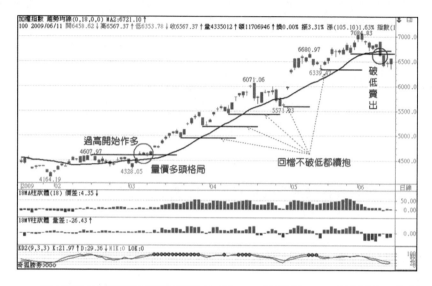

　　股市操作有兩個很重要的技巧，一是趨勢、一是轉折。趨勢
的觀念建立以後，再來研究如何選股，如何找轉折點，就比較簡
單了。

　　大盤走多，是因為大多數股票的方向向上，也許你能用射飛
鏢的方式，亂槍打鳥，隨便打隨便中，買股票隨便買隨便賺；但
是到了大盤走空，大多數的股票方向往下時，就算你很認真的選
股，恐怕獲利的機會也不多，這時作空反而可以大賺，那麼何不
乾脆休息以待時機，或者反手作空呢？

→ 掌握可以順勢賺大錢的機會

也許你覺得用這樣的方法，無法判斷大盤或個股的高低點，而且失去的魚頭和魚身太多，這問題你可以另外找方法來改善，或者有空來台中我們喝杯咖啡，說不定能幫你想到好方法，但是對於波段來說，這種方法是相當穩健的，頭和尾就留給藝高膽大的人去賺吧，我們賺中間最好賺的一段不就好了嗎！

你也會發現，使用這樣的方法，一年裡值得進場的時間並不很多，而且一個波段的幅度都相當驚人。我常常想，如果我在投入股市之初，就有電腦的K線圖，也有人告訴我這樣的趨勢觀念，我最少可以減少摸索奮鬥十年了！

寫這本書最高興的是，能夠粗淺的將我的觀念和簡單的技術和大家分享。散戶之所以會亂做，主要是因為沒有交易系統，沒有系統的操作者只能憑預測，賺也不知道怎麼賺的，虧錢了也不知道是怎麼虧的；但是有系統的操作者，不論賺錢賠錢，只要依照系統操作就是對。

→ 照著紀律做，專家成贏家

你一定聽過股市有一句話：「股市沒有專家只有贏家」，一直以來大家都認為贏家是指賺了很多錢的人，其實不是；錢並不是一切，股市的贏家應該是從最初到最終都依照紀律操作的人。因為這種人贏到的不只是大錢，而且是彩色的人生。

當然，辨別趨勢的方法很多，我並沒有企圖說服你非用這種方法不可，它只是提供你思考趨勢發展的一個方向，你可以完全引用，也可以完全不用，或者加以改良，讓它更合乎你的個性和操作週期，這些都沒有關係，我一點也不會介意。

敬畏趨勢，順勢操作，才能長存久安！**請你牢記：除非你是真的很多錢，多到散盡家財也不會影響正常的生活，否則千萬不要和趨勢作對！**

就機率來說，股市漲跌各有一半的機率，作多、作空都有一半的勝率，如果能夠因為學得這兩個趨勢的判斷方式，而讓你在和大盤PK的時候，判斷方向的勝率多提高一點點，那就是我最高興的事了。

四、實戰篇(一)

多頭之部

引言

我買的第一張股票

　　股市買賣猶如以前武人比武的擂台，你不上擂台，一點事也沒有，你可以在家看書、可以和朋友研究、可以看K線圖，沒事多看圖，多看圖沒事；一旦你心動上了擂台，那可就不一樣了，股市進出必須全力以赴，雖然未必如古時候的擂台賽要先簽下生死狀才能上台，但是股市的漲跌、K線的紅黑、以及帳戶金額的增減總會牽動你的心情吧，畢竟這都是金錢的輸贏啊！

　　大家來股市都是為了投資、為了理財，想在股市賺錢，想要迅速致富。一般初入股市的人，大多是聽旁人講股，聽到某人賺了多少又多少，或是在媒體看到一些股市傳奇，心動之餘，毫無準備的就進入這個殺戮戰場！

　　想當初我也是這樣，因為有幾位同事會在上班休息時間互相討論股票，說那些會影響股市和股價的消息，討論公司的基本面、主力消息……，耳濡目染之下，我也對股市產生了興趣。民國77年7月券商開放設立，我就和太太商量到證券公司開戶，並且動用積蓄買了第一張股票——台玻。

　　老實說，在我買台玻之前，我連股票是什麼東西都還模

模糊糊的，雖然學生時代讀過投資學，老師也帶隊到號子參觀過，但除了從同事口中得知一些買賣的基本規則之外，關於股市的相關知識少得可憐，我真的一點都不懂！

那時候想買些書來看，逛遍重慶南路的書局卻找不到幾本，而且大多是國外的原文書，這對不認得幾根豆芽菜的我來說，要唸這些英文真的是一個頭兩個大。後來就如人家說的「先開槍，再瞄準」，還沒有經過新兵訓練，就直接推上火線，直接到實戰中去學習了。

這篇〈我買的第一張股票〉是於2002/05/28發表在聚財網羅威的專欄。

花了一、兩個小時，看完過去一個月的文章，一面看一面回想15年來學習股市的歷程……，我是在民國77年券商開放設立之時進入股市的，開戶的號子是台北火車站前的大展證券，那時候開戶都要大排長龍，我的戶號還是四位數的。

當時沒有電腦、沒有電視牆，只有數字跳動的行情揭示板，我買進的第一檔股票是台玻。決定買台玻之後，有好幾天因為天天都漲停板，所以沒有買到，直到有一天終於不是跳空漲停開盤，遂從108.5元開始，沿路改價追價，最後用漲停板112元敲進成交，買到漲停板價。（當時好笨！都用內盤價掛

單，強勢的時候當然買不到，所以一直往上用內盤價追，多給人家一檔都會很不願意，追到快漲停，才死心用漲停價買。如果是現在，我會用外盤價敲，甚至用市價敲，先買到再說。）

買到的時候差不多是11點左右，反正已沒錢買且也漲停了，只好回家。

回到家裡，太太高興的問我：「今天買股票了嗎？」

我說：「有阿，買了。」

「買哪一支？」太太又問。

「台灣玻璃，112漲停板追的」我說。

太太又說：「怎麼買漲停板？漲停板你還買！」

我說：「沒辦法呀！少5毛都買不到嘛！」

收盤居然跌停！

這時電視播報新聞，我和太太趕忙跑到電視機前看收盤行情。

「你買112的台玻？怎麼是106塊？咦？跌停耶……！」（當時漲跌停幅度是3%）

怎麼可能？會不會看錯了？我趕快跑到電視機前，真的

跌停！再換到中視看看，也是跌停！不甘心換華視，一樣是跌停！怎麼會這樣？漲停買，收盤跌停！

112,000－106,000＝6,000，媽媽咪阿，虧了6000元，我一個月的薪水才12000元，一個小時不到就去掉了一半！我差點暈倒！

晚上不死心，買晚報來看，當然不會有奇蹟，也是跌停！

第二天，我一大早就跑到號子，等開盤。

盤一開——104，往上拉一下到105，不久就打回來直接到跌停，然後一路鎖死都不開。我垂頭喪氣的回家了，今天又賠了一個禮拜的薪水，太太臉色不太好看。

第三天，開盤就是一價到底的跌停。

第四天，開盤仍然跌停，我心灰意冷了，聽著收音機播報「台玻跌停板」，上班手都軟了。

第五天還是一價跌停到底，這下子差點引起家庭風暴。當晚就下定決心：明天把股票賣了吧，我大概與股票無緣，好好上班吧。

為了一張股票，把家裡搞得烏煙瘴氣，夫妻兩個人都心情低落，實在很不舒服。想起來也真窩囊，找了老半天才挑上台

玻這檔自有資本率最高、配股配息最穩定的績優股，沒想到一進場卻是惡夢的開始。看著桌上那張台玻的股票，真想把它撕碎！

想到一個禮拜就虧掉快兩個月的薪水，心裡難過極了，當晚，我幾乎失眠……。

靠同事壯膽才沒賣掉

隔天，我無精打采的走到號子，在門口碰到我的同事，兩個人就聊了起來，一邊走到看板前面找個位子坐下來。開盤了，還是跌停，我心裡一沉，手裡緊緊握著填寫好的藍單，感覺自己心跳加速、手心出汗，這真是我一生中的重大時刻。屁股離開座位好幾次，還是沒勇氣走向櫃檯，心想：再看一下吧！再看一下吧！

同事看我坐立難安，問我何事，我簡單說出我的鬱卒，他一看價位，打了我的肩膀一把，說：「來，我陪你買一張，你112買的，現在90多塊而已，驚啥？」

就這樣，他也買了一張。有人陪伴之後，我的膽子似乎也壯了起來，當然就沒有賣了。

那張台玻何時賣的呢？

在買進滿一個月後的9/23日，我用121價位賣掉了，我賺了9千塊，同事賺了快3萬，他高興的請我吃了一頓公路局西站阿婆用擔子挑來賣的大碗公飯，一碗20塊，吃得好爽。雖然隔天台玻仍然跳空漲停，但是第三天就開始跌停了。

經過這樣的第一次，雖然驚濤駭浪還差點鬧出家庭風波，但後來還是賺錢出場。因為第一次買股就莫名其妙的賺錢，讓我認為靠股票賺錢太容易了，殊不知這才是惡夢的開始。有人說：「上帝要害一個人，就是讓他第一次買股票就賺錢。」

現在想起來，真是至理名言。

以下的實戰篇，主要是收集我在聚財網從民國94年10月28日開始，到民國95年6月3日所連續貼出的文稿，總共有48篇，我依照大盤的多空格局，大略把它分成四個階段。

大部分文章都與盤勢有關，也有些內容無關盤勢，不過為了使發文紀錄連貫，所以一併收錄進來。網路寫稿比較隨興，就像我的生活，有空就寫、想到就寫，沒有固定的時間，也沒有固定的方式，大部分都是在述說一些觀念，盤勢重點也大多只有在文章末端做提示而已，但是如果你對照18日量價均線分多空和多頭浪空頭浪的思考邏輯，相信是很容易理解的。

　　這些紀錄與其說是實戰分析稿，毋寧說是我想藉著它傳遞一些股市操作的觀念。看實戰篇的時候，也希望您打開電腦K線圖，跟著時間來對照，並用心體會字裡行間的真義。

　　文章中「嘿嘿」的字眼，只是羅威寫稿的慣用語，並無任何意義，本想刪除，但經過考慮後，為了維持個人文章風格，仍然予以保留，希望不會引起您的任何不愉快才好。

　　因為5618上漲和7474下跌這段走勢以日K線來看，幾乎沒有底部和頭部可言，所以關於底部、頭部要怎麼看和怎麼做也沒什麼談到，如果將來有空再專書收錄這兩個型態的文章，這些文章都是隨著盤勢的發展來寫，一切順其自然。讀者如果對其它文稿有興趣，也歡迎到聚財網「活出股市生命力」羅威的專欄和部落格閱讀。

實戰篇(一) 多頭之部

有幾分把握做幾分事

還在睡覺的，該起床囉！

贏家的致勝公式

連漲三天，散戶不請自來

進入壓力區，多單小心應對

K線圖中的語言

精進技術的方法

摩斯密碼

空手的滋味

顛峰之路

多空兩個關鍵點

小六子練功夫

喬治，你在幹什麼？

你擁抱的是天使還是魔鬼？

飆股

談談條件選股與鎖股

迎新送舊，新年好

獵殺熱錢

晨起有茶飲有飯，行看流水坐看雲

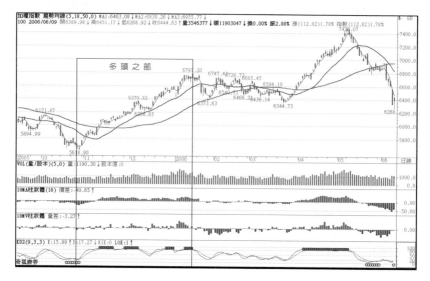

　　股市的前途是光明的，道路是曲折的，但是股市總體上是姓「牛」的。由於股市不可預測，所以投資者必須具有漲跌兩副頭腦，在上漲的時候要準備它跌，在下跌的時候要準備它漲，越是大漲越要準備可能的下跌，越是大跌越要準備可能的上漲。

　　「多頭之部」這一部分收錄了自民國94年10月31日大盤5618落底走回升開始，到民國95年1月14日見高點6797為止的一段走勢中，全部發表的19篇文章。這段期間大盤以極快的速度拉升，營造出來的多頭氣勢幾乎沒什麼底部可言，我們如何面對這樣的盤呢？

01 有幾分把握做幾分事 2005/10/28

　　最近被全民開講鬧得沸沸揚揚的高捷案，因為一張照片、一張公文的曝光，結果是高潮迭起。這使我想起所謂的「證據到哪裡就辦到哪裡」這句口號，也就是說你有多少證據，我就承認到哪裡，你沒有證據我就不承認……。

　　在做工程或建設的時候收受一點紅包回饋，好像是現行社會不成文的規矩，個人倒是覺得無可厚非，因為有利可圖才會使主事者認真規劃、認真建設，對人民來說，何嘗不是好事一樁。可惜有些人就是吃相難看，醜惡到極點大小通通要，逼得標到工程的人只好偷工減料、敷衍了事，最後東窗事發，大家（包括人民）都倒楣，這就有違「貪」的藝術了。

　　股票不也是如此嗎？如果你不「貪」，怎麼會到股市來？如果禿鷹不是貪得無饜、吃相難看，殘殺無辜的股民，怎麼會出現禿鷹案？嘿嘿，貪最後的高價，結果套牢；貪最後的低價，結果有更低，所謂「貪到最後會變貧」不正是最好的寫照嗎？社會如此，股市如此，能不小心嗎？

　　有朋友問到，以技術為主的投資人要看哪些技術指標？

　　我想，一個技術面的操作者，不能也不會單單只看一個指標進出，若K線、均線、短線指標、長線指標四者都能夠考慮，當然是最佳的組合。

　　價走到哪裡，指標跟到哪裡，有幾分證據說幾分話，有幾分把握做幾分事，我想這應該是一個以技術分析為操作依據的朋友應該有的素養吧。

　　摩台結算了，平靜無波，也不見老千出千，好久沒看到老千的影子了，感覺有點失落。但是隱約中從6481下來已經很明顯的走了5個下跌波動，一個下跌趨勢波分三段下跌應該也差不多了，低點應該就在這附近，短底似乎漸漸的有機會了。

下週一如果能收上5660，可能會有一個不錯的反彈，上檔空間大約有300點！這樣的空間雖然不大，但是軋起空來也會嚇死人。今天已經少量買些CALL當看戲的門票，選好位置，等待好戲上演吧！

02 還在睡覺的，該起床囉！　　　　2005/10/31

就股票技術分析這個領域而言，十餘年來，由於書籍的不斷出版，投顧和券商傳授技術分析的教學課程不斷地開班授課，大家的技術理論都有不錯的水準，照理說應該都是贏家才對，可是其實不然，二八法則至今仍沒有改變！

很多人學了一輩子的操作，仍然沒有成為贏家，甚至還學越多輸越多！因為他們沒有把最基本的思考模式建立起來，只會一些招數的表面功夫，沒有建立多空的準則和進出的依據，所以總是進步有限，就算最後終於摸索出來了，也得花很長的時間。

羅威教學這幾年，而我所傳授的方法也是經過自己過濾、有一定高勝率的方法，雖說「桃李滿天下」，造就成功的贏家不少，但是眾多學生中還是有很多人沒有成功。很奇怪，同樣的教

學、同樣的內容,怎麼會有不一樣的結果?更弔詭的是,有些看似資質相當好的學生,操作卻是一團糟,有幾位看來反應不怎麼靈光的學生,反而脫穎而出,真的讓資金走出大多頭,而且還不斷創新高!

→ 建立操作機制 平常心看盤

我發現,學好技術分析之後能否賺錢,最重要的是你必須磨合出一套屬於自己的操作機制,但是做到這一點,還無法成為贏家,因為我也看到很多自認為已經找到方法的學生,過一陣子仍然敗陣下來,原因主要是栽在「性格」這個關卡,也就是「我執」的意識太濃,總是「我認為、我想……」,困在自己的想法裡面,而不去注意盤面所說的話,也沒有依照他的方法操作。

真正的高手,每天都可以用「平常心」面對盤勢,不會因為贏了100點就雀躍萬分,也不會因為輸了100點而心浮氣躁,更不會因為處於下風而自亂陣腳,他們不會因為私人的生活而亂了下單的步調。下單的方式應該是不變的,很多人沒有練好這樣的基本功,結果就是容易見異思遷而亂了操作的章法。

可以這麼說,他們不是被盤勢打敗,而是被自己打敗的。提到「性格」,它真的可以影響你的操作,對於一個有基本技術分

析底子的人，會輸錢一定是「犯了錯誤」（不認錯、不專心、浮躁、嘔氣……），只要你退出市場一看，你就會很容易地發現自己所犯的錯誤是什麼。

盤勢：

今天收月線，早上跳空開高60點，收盤大漲131點，月K線收了一個百點的下影線！羅威拍案大叫：「妙啊！」

不是因為上週收盤羅威說短底浮現，也不是因為今天大漲、賺了錢才這麼說，記得羅威很早就說要盤整到十月底了，因為長紅才有辦法扭轉短均線的方向（見〈均線篇‧均線的力道〉），尤其是量大長紅。技術面的訊號如此，我只是解讀訊號而已。

接下來的11月呢？嘿嘿，留給大家做功課。看看月線，最近10年的11月行情是怎樣的一個情況，相信你心中會有譜的。

還在睡覺的，該起床囉！

03 贏家的致勝公式

如果投資像科學一樣，可以歸納出幾條公式、定理，然後我們再照著做，這樣大家都要成為大富翁了。我曾經問過一位前輩，有沒有可能有這樣的公式或者定理可循？他笑著對我說：「有的。」

我眼睛為之一亮，趕忙把身軀往前挪，希望得到他進一步的解說。

他笑著說：「羅威阿，你可知道影響股市的因素有哪些？」

我說：「很多呢，政治、經濟、政策、景氣、資金、營收、盈餘、技術面……等等，都會影響股市。」

前輩又問了：「我知道你是技術分析高手，請問這些因素中，技術面排在哪裡？」

我比出一個小指頭說：「最後一個」，接著又比出拇指說：「也是第一個」。

前輩笑笑的對我說：「是最後一個，也是最前面一個？這是怎麼說呢？」

我說：「技術分析對於前面那些因素來說，本來就是最不重要的，因為有政治、經濟、政策、景氣、資金、盈餘……等因素的影響，股價才會有波動，並不是技術造成股價波動的，所以在這些因素中，技術分析是最後一名。」

我看前輩高興的聽著，我又繼續說了：「**但是一個散戶投資人無法知道這些因素會產生怎樣的影響，而不管股價受到哪些因素影響，總會在價格上顯現波動，在量上面顯現增減，這樣就會在技術面顯示出買賣訊號，我不知道其它內幕，只好遵循這些訊號進出，所以又必須把技術分析擺在第一位。**」

→ 致勝公式 因人而異

我接著說：「大哥，你還沒有告訴我那個公式！」

他說：「對於一個熟知政策面的人，政策還在制定之際他就先得知，那是他的勝利公式。對於一個熟知公司景氣、接單狀況

和盈餘狀況的人來說，這些消息就是他的勝利公式。對於一個知道有大資金正在收購哪一檔股票，而且知道他要將股價往上做到什麼樣價位的人，這消息也是他的勝利公式。對於一個有大資金的人，有人來請託他共同操作股票，這資金就是他的勝利公式。對於一個研究基本面的人，找到會賺錢的企業加以投資，這是他的勝利公式。至於你，研究技術面學有專精，以技術面做進出，這是你的勝利公式。」

懂了！原來致勝的公式有這麼多！（我點點頭稱是）

我接著好奇的問：「請問大哥，你的致勝公式是什麼？」

他神秘一笑：「以上皆是。」

■ 後記

這篇文章貼出後引來網友廣泛的回應，羅威也回答了個人的看法：

記得《功夫》這部影片，周星馳花了他的所有積蓄買了一本武功祕笈，裡面練的就是「如來神掌」，最後也是用「如來神掌」打敗了勁敵。雖然這是一部搞笑的功夫片，但是中間的過程卻是耐人尋味的。

其實大家都有「如來神掌」，只是你有沒有那股內力可以使

出強勁的「如來神掌」呢？相同的文章，看在不同人的眼裡，會有不同的價值，有人嗤之以鼻，棄若敝屣，也有人視如珍寶，如醍醐灌頂，這兩種人的差別在哪裡呢？

大多數人都有屬於自己的勝利公式，成功，不在於力量有多少，而在於堅持多久！只要能堅持下去，必定能成為贏家。

在股市大跌後的低點投資者應該儘量採取長線投資的辦法，選優質股、成長股並長期持有，而不管其中的曲曲折折，也不要想抓住其中的每一個波段。特別是在牛市裡，更要持股不鬆手，直至價值被高估。這大概就是長線的勝利公式吧！

04 連漲三天，散戶不請自來　　2005/11/02

最近下班回家，剛好都是TVBS李艷秋小姐「新聞夜總會」的播出時段。民國69年我服兵役駐防金門的時候，只能收到華視的訊號，而李艷秋小姐就是當時的華視新聞主播，每天晚上，除了衛兵之外，全連都在教室看她播報新聞，當時李小姐大概就是我們一天當中唯一看得到的女生吧！

　　我個人對政治的事一點興趣也沒有，但是對高捷案的發展倒是很有興趣，有興趣的是整個劇情滿有推理挑戰性的，而且張力十足，後續會如何發展？也許不會有太大的意外，嘿嘿。

　　有幾分證據說幾分話，追弊案如此，股市操作也是如此。

　　連漲三天，大家一片看好，股市有云：「連漲三天，散戶不請自來」，只要漲上去，大家就認為多頭又來了。以圖形看，已經過了前面5803的小高點，有空頭浪扭轉成功的跡象囉。

　　不過羅威以獨門的多頭啟動三條件來檢視，答案是力道不足，而且以各條均線仍然快速向下來看，現在還不是波段起漲，只先看是空頭中修正乖離的反彈波而已。值得注意的是，這兩天的高點已經突破10/25高點5803，出現空頭浪轉為多頭浪的轉浪

情況,這對多頭絕對是好現象,問題是多頭浪過高之後應該會有回檔,因此如有回檔而不破5618低點,應該都是很好的買點。

從低點5618起算,300點的反彈算是相當強了,今天收5870,已經反彈了250點,上面還有50～100點的空間,你還要追嗎?平均50點買的CALL已經漲到100了,賺一倍了還要貪嗎?

明天起羅威將逐漸出脫,也許還會漲,但是把最後的利潤交出去,把風險也交給別人,尤其是在散戶被請進來的時候。

05 進入壓力區,多單小心應對　　2005/11/06

週六,在YWCA和來自全省各地的年輕朋友,暢談一些頭部和底部的觀念。羅威說,底部是大資金長期介入收貨,使得籌碼獲得安定的歸宿所造成的;頭部呢,也是這些低檔收購籌碼的大戶在高檔獲利了結,造成籌碼分散、混亂所造成的。

大底大進貨,大頭大出貨,如神達(2315),以週線觀之,底部打了3年,才會造成這樣大幅度的漲升;如正新(2105),週線頭部做了2年才有這樣的狂跌,這些大漲大跌都是因為籌碼的供需不平衡。

有人說能夠在股市賺錢的有三種人：

第一種是頭殼特別尖、耳朵特別厚、運氣特別好的人，這種人買了就漲、賣了就跌，因此可以賺到錢，請問你是不是這種人？

第二種人是有特別準的內線消息，總是買在低檔、賣在高檔。請問你是不是有這樣的內線，可以得到股票要漲要跌的消息？

如果你不是上述兩種人，那麼你還有機會成為在股市賺錢的人嗎？可以的，你還有機會做第三種人。

第三種人是有特別強的技術操作能力，有很好的技術分析底子，有很強烈的堅持和信念依照這種方式進行買賣，會堅決的實行停損和停利機制。這種人也可以在股市賺錢。

羅威對這種說法倒是滿認同的，在股市中99.99％的人都不是第一和第二種人，也就是說，絕大多數想要成為能夠在股市賺錢的投資人，唯一的一條路就是想辦法成為第三種人。當然這不是因為我是以技術面操作才這樣說的，你也可以提出相反的看法或不同的見解，或者找到第四種可以賺錢的路。

無可否認的，技術分析的內容相當浩瀚，有K線、均線、指標、型態、波浪……等，真的令人眼花撩亂，就算窮一輩子

精力，也無法完全了解其奧妙。羅威在講座中特別介紹了均線和一些KD指標的用法，包括交叉、鈍化、背離、波動及峰谷點位……，比如說：

KD金叉有真的金叉也有假的金叉，要如何分辨？

KD鈍化該如何定義？我圖內的KD上面有綠色的小圈圈就是高檔鈍化，下面有黃色的小圈圈就是低檔鈍化，高檔鈍化是K值在80以上連續三天，低檔鈍化是K值在20以下連續三天。這定義一定要先弄出來，才有依據。

KD鈍化回檔只要不跌破前低，再漲就會創新高。

這些都是很少人願意談或能夠談到如此深入的用法。可惜時間非常有限，雖然講了很多，講到會場工作人員都來趕人了，還是無法完全講透。而這些讓大家驚艷的用法，其實也只不過是KD用法的入門而已（這些內容將在預定於民國100年春節出版的《波動生命力》精裝本中為大家詳細講解）。

→ 找實例比對 進步才快

不過對於有心研究的人來說，若好好找出實例來比對，相信就可以找到符合自己使用的週期和方式，並且只要研究出心得，這樣的一招就已經很夠用了。重要的是要相信它，然後不斷地印

證，再將印證的結果堅持到底的執行，羅威相信只要能夠堅持，必定會有所收穫，祝福你。

股市的學問永遠學不完，但是只要你能定法，有一套自己的進出策略，控管好你的資金，依法執行，想要在股市生存並不難。

盤勢的表現比羅威預估的強，不過已經進入個人認為的頭部頸線壓力帶，多單的風險相對增強，低點5855是有效的支撐區，極短線的支撐可參考5892，只要這點不跌破，短線都還有機會。

羅威的CALL獲利之後，目前空手，等待下一回的進場點，要等到什麼時候？我也不知道，答案就是訊號出現的時候吧。

　　過去，羅威對於能夠抓到高點和低點的人，真是羨慕極了，也曾努力追求，希望自己能達到這樣的境界。但是現在已經不這樣想了，**只把握看得到的、吃得到的，風險太大的就不太想要了，凡事滿意就好，也就是很容易知足，這樣的日子反而過得快樂。**

　　下面這首「四塊玉」和大家分享：

　　南畝耕，東山臥，世態人情經歷多。

　　閒將往事思量過，賢的是他，愚的是我，爭什麼？

06 K線圖中的語言　　　　　　　　　2005/11/09

　　羅威說股價的走勢有其一定的規律，而這些規律其實也是有跡可循的，這些跡象存在於K線、均線、指標之中，它們是會說話的，只是它們的語言不是聲音，而是必須用心去感受的默語。

　　指標是用價算出來的，因此有人戲稱指標都是落後的，但是指標玩家卻認為利用指標的一些慣性，可以讓指標告訴你將來可能發生的事，亦即指標是可以提前的。指標會說話，它會告訴你未來可能發生什麼事，你要去熟悉它，才能夠了解它們跟你說的話。

　　這張小時K線圖是11/05講座的縮影，羅威在講座當時明白
的指出均線使用的方式，也告訴大家關於KD的用法，從這張圖
中，請你自己對照印證，和我當初所講的「出現什麼訊號就會有
怎樣的後果」是否相同！

　　**現象先出現（前因），後面的走勢就會出現（後果），這就
是技術。**現在應該知道11/03賣CALL之後不反空的道理了吧！因
為KD鈍化了，幹嘛跟自己過不去，要去搶空小回檔，然後被軋
空呢？那麼現在有頭部背離的訊號出現了，接著呢？真假如何分
辨？該防守哪裡呢？

每一種技術面都有成功和失敗的案例，我舉的是成功的案例。當然，你也可以找到很多和我說的結果有出入的圖形，找到很多跟我的說法相反的情況，也許你會說：「這次只是運氣好，矇中了而已，下次就未必是這樣了。」

羅威也知道，因為方法不會是100%，八、九成的準度也會有一兩成的失誤，所以千萬不要忘了我給大家的保命仙丹——**資金安全永遠要擺在第一位，對的時候大賺一段，錯的時候少輸一點，總結就是贏**。把握進場點，設好出場點，虧損多少由我們決定，利潤會有多少，讓市場去決定。這仙丹可是走過很多峰和許多谷採集的，要聚積很多仙草才提煉出來的烏雞丸，請務必每天注意使用。

這張圖已經把我要說的都講完了，實在沒什麼好補充的。你了解它的語言了嗎？看出門道來了嗎？試著解讀看看。還不知道羅威說些什麼的朋友，就把這張圖當作熱鬧看一看吧。

07 精進技術的方法　　　　　　2005/11/10

　　自從女兒上大學之後，家裡只剩下我和太太兩個人，照理說應該有所謂「空巢期」的症狀，就是小鳥離巢後，鳥巢空空如也，剩下兩隻老鳥的淒涼情況。

　　剛開始，太太會天天打電話關心孩子，偶爾也會自己坐車到中壢或者台北看孩子，但是漸漸的，我發現她把焦點轉到我身上來了，不再開口閉口：「不知道孩子吃飽了沒有？睡了沒有？有沒有認真讀書？」而是常常會問：「老公今天想吃什麼？」或者在我要下班前打電話過來說：「老爺，我今天煮了一道你很喜歡吃的菜哦！下班趕快回來吃吧！」

　　嘿嘿，當老爺的滋味真好！太太嫁給我的時候大概只會煎荷包蛋，炒菜不是太黃就是太鹹，孩子還在家裡的時候，廚藝雖然有進步，但也只是吃得下而已，現在卻是盤盤色香味俱全的人間美味，實在讓我大開眼界，食指大動。

　　我一直很好奇，她的手藝怎麼會變得那麼厲害？直到最近，我看到太太每次下廚前都會翻一翻她的筆記本，我才知道，原來她都有定時收看如「千喜新娘」、「阿基師」之類的做菜節目，也會看「歐吉尚遊台灣」或「美鳳食譜」，再把菜的作法記起來並學著做，而我就是她的試驗品！

　　每炒一盤菜就會問我：「會不會太鹹？太老？」還要我評分，然後把每一個細節記下來，下回再出這道菜的時候，味道就更美了。這樣記著記著，她的筆記本就成了她的寶貝，隨時可以端出幾盤好吃的料理。

　　突然想到，股票的操作不就和學炒菜一樣嗎？你必須先知道人家怎麼做，要放些什麼材料，然後試著做，一次又一次的修正調味料和火候，直到滿意為止。

　　我上課時，常常提醒學員在課堂上你會聽得很清楚，會有「金光強強滾」的感覺，回到家會忘了一半，明天起床又忘掉一半，還記得的就只剩下1／4了。所以，不管什麼方式我講過之後不要馬上用來操作，最好能夠自己找出20個以上的相同圖形來比對，相信你可以找到缺點，你要想辦法改善這些缺點，有心得之後才可用在實戰上。

　　看人家做過一次還不夠，一定要自己試驗看看，先找到足夠的案例來研究，有了心得並經過幾次小量下單調整之後，火候夠了，才能進出順利、手到擒來，做高勝算的操盤手。

　　精進技術，就是如炒菜一樣要不斷地試驗、試驗、再試驗。

　　用多少心，就可以得到多少結果。

　　和大家共同勉勵。

08 摩斯密碼

　　記得一個老故事,有家輪船公司招考一位發報員,有很多人去應徵,應徵的人都在會客室等待,突然有一陣陣「滴答滴答滴…滴滴滴…」的聲音從擴音器傳出來,然後看到一個年輕人靜靜的走入主任室。

　　過了不久,主任陪著這位年輕人走了出來,說:「謝謝各位來應徵,待會請到會計室領取車馬費,因為我們剛剛已經錄取了一位發報員」。當大家正在納悶的當兒,主任又說:「剛剛大家都有聽到擴音器裡的聲音,但是只有這位先生聽懂了摩斯密碼:『如果你是我們要的發報員,請到主任室來』。」

　　羅威的波動定義和波浪的意思差不多,月線走2,週線2要走3,日線走1,小時線走3,由大而小編成密碼就是2-2-1-3。用這四個數字顯示四度空間的關係。

　　今天收上6006的表現讓日B變成1,同時KD也出現高檔鈍化了!今天是相當關鍵的一天,如果往後回檔不破5836低點,整個日線的指標多頭格局的第1波就成立了。但是整個前波高點是6171,這點還沒有突破之前,仍然在B波反彈的範圍,還是要小心不可太過放心。

　　這三天的量緩慢增加，漂亮極了，如果你沒忘記我們的多空量價組合的四個格局，18日量價齊揚，多頭訊號確認，將來都是回檔找買點。

　　這波低檔買的CALL沒有一路抱上來有點可惜，這是關於格局的思考，日K的定位是B波反彈格局，所以操作上以搶反彈為主，操作的定位在60分的級數。現在因為短線走多成立，使得今天日K線的波動成立，短線帶動了長線的揚升，當然思考的格局就不一樣了，成了「等回檔找買點」的波段操作了。

　　波段啟動的訊號必須經過嚴格的確認，作確認的波段，那才是我安心的操作方式。賣錯了，騎馬去追，總有機會追回來的。

09 空手的滋味

我的生肖不屬豬，但最近老像豬一樣睡到日正當中才起床，今天也是一樣，忘了今天要開盤，又是睡到自然醒，打開電腦一看，和猜測的一樣，仍然是一灘死水，沒有操作的價值，何必坐在電腦前面盯盤呢？

OP已經空手好幾天了，手上期指多單在上週五跳空50點，因為掛得不夠高，6050開盤價就出場了，空手就讓它繼續空手吧。上回貼的圖「K線圖中的語言」滿足區已經到了，剩下的就是看它表演，等待下回的買點了。後天禮拜三就結算了，這回結算會不會又是這一波的高點呢？

盤勢應該是要走多了，就差那麼一點點的確認，如果能夠確認這是第1波，那後面就好操作了，等回檔再大力的介入便是。但如果不能夠確認是第1波呢？那麼這裡是B波的高點，後面也會很好做，空就對了。

我在等待盤面給我足夠的訊息，結算前如果沒有足夠獲利的長線單，通常我會觀望，因為結算前的時間壓力對選擇權操作幾乎是賭博，一翻兩瞪眼的事不符合我的個性。

說真的，我很不喜歡人家問我盤勢會怎樣走，因為盤勢在

動，我告訴你現在的看法，說不定下一分鐘、下一小時或者明天，盤勢又變了！那怎麼辦？我要如何通知你？所以，**最好的方式就是請你再回去看技術篇那兩個方法，如何透視盤面的語言，K線圖上的變化會告訴你最真實的東西，你只要照著做就行了。**

10 顛峰之路 2005/11/15

　　賠小錢，賺大錢，這是股票和期貨交易最基本的原則，投機交易不是一種簡單的技能，一門熟練的手藝，必須通過長期、反覆的練習，才能熟能生巧水到渠成。

　　市場經驗可以累積，交易技巧和知識可以學習，而一個投機者的修養和境界，則是一個長期培養、追求、領悟的過程。

　　　　——《作手：獨自徘迴在天堂與地獄之間》，第18章

　　最近比較少談盤勢，反而都是說一些五四三的老生常談，看起來言不及義，所以也沒什麼感覺。金庸小說有一種說法，當某個人出神入化的時候，能將對手置於灰飛煙滅而不費吹灰之力，也就是飛花落葉皆武器。

　　能夠讓飛花落葉皆武器並不是這些武器的神奇，而是內功的

精湛使然，所以同樣的東西有人看都不想看，卻也有人可以細細咀嚼、回味再三。

現今金融商品多不勝數，在股市買賣裡面不限制年齡，不限制學歷，也不需要你的人際關係，這是一個完全公平的市場，任何人想專攻哪一項目，都可以藉由看書或者網路文章的學習，然後到那個商品市場上一試身手。你可以積極的操作，也可以氣定神閒的等待，測試到最後，你會知道自己的程度屬於哪一個層級、哪一個市場。

我相信，只要你的程度夠好，一定會有所成就，沒有什麼能夠阻擋你。一天24小時都有交易的機會，除了休假日外每天從早到晚到深夜都有市場可以讓你大展身手，你可以到處打游擊，也可以鎖定對象強力攻擊。

如果你的程度不夠，可能一開始就被打回原點，可能衝上去就立刻掉下來，甚至永遠爬不起來！**只要你真的有贏錢的本領，就一定有大把大把的鈔票等你去贏。**

→ 股市沒有職場文化

在職場上，如果你是一家公司的員工，除了把分內的事做好之外，你可能還要忍受那套狗屁倒灶的「辦公室文化」，你必須要和大家玩職場遊戲，並希望掌握適當時機以獲得升遷。

　　但是升遷除了需要個人的天賦和能力之外，可能還會有別的因素阻擋你爬上頂峰，如果你有強硬的後台，即使沒有很好的天賦和能力，也有可能輕鬆的坐上高位。但如果沒有強力的背景，你確定你可以靠著努力，順利的一路往上爬升嗎？

　　股市和金融操作就不同了，這裡是世界上最單純的行業之一，你可以完全憑著個人的實力一路拼到最高峰，如果你不行，一開始或者半路就會被刷下來，但如果你是最強的，終究會坐上第一把交椅。想要達到這樣的目標，你必須要有兩個基本條件：

1. **你是深受吸引，而且打從骨子裡喜歡操作。**

2. **你必須有堅毅不移的意志和完全投入的決心，否則不可能會有成就。**

　　一個以遊戲心情進行操作的人，是很難在金融操作中超越顛峰的。

　　盤勢：早上一開盤就破了該防守的點位，這只是最小層級的走空，但是這個層級在尾盤又得到防守。整個日線格局只要不破前低5836都是安如泰山，長線保護短線，短線影響長線，目前短線已經陷入整理。這中間的變化如同一齣戲，相當精彩，嘿嘿，明天就是台指結算的最後交易日了，羅威依然坐在板凳上靜靜的看著。

11 多空兩個關鍵點

> 休止符並不是停止
>
> 他只是暫時的休息

　　樂譜上表示樂音休止的符號叫做「休止符」，各種音符都有相應的休止符號，它們與相對應音符的音值是一樣長短的。休止符是音樂的剋星，只要看到休止符，音樂都有不同程度的消失，保持靜默的狀態，這就是休止符的作用。

　　但是在音樂進行當中的休止符，通常是有特殊意境的，音樂並沒有中斷，可謂是「此時無聲勝有聲」，切切不可把標有休止符的地方當作完事大吉。休止符也是音樂的一部分，只不過是用休止符來表示一種情緒而已。

　　股市中也有休止符，那就是收盤價。時間一到，最後的成交價就是收盤價，盤收了，盤勢暫時停止波動，但是整個K線的連續並沒有中斷，明天，或者休假之後，又會重新開始。**休止符讓你有時間放鬆繃緊的神經，有時間思考，讓你重新去定位，讓你想想下一步該如何做？**

　　這個盤已經很清楚了，一根K線最高和最低兩個關鍵點，6002和6079，以後的日子看往哪邊突破就走哪邊，向上走攻過

6079收6080以上，盤勢走多，將來有回檔可以放心低接；如果不幸往下跌破6002收在6001以下，那麼6000上方區塊的整理將是反彈高點區，還要測一次低點。

怎麼進場呢？建議你可以用觸價買賣掛單法去操作，也就是用STOP BUY＆STOP SELL的突破或跌破的進場法試看看。突破6080買進作多；跌破6000賣出作空。

人類的極限是自己給的，休止符也是，音樂並沒有中斷，只是暫時停止。股市操作你也隨時可以平倉休息，休息幾天，明天開始打起精神，嘿嘿，休息之後又是另外一個境界。

你準備出發了嗎？

12 小六子練功夫 2005/11/19

朋友寄來這樣一則故事:

有位母親聽說寺裡的老和尚武功高強,便帶著六歲的兒子「小六子」上山求師學藝。滿心期待的媽媽守在寺外,看到老和尚從豬圈裡抱出一頭甫出世的小豬,命「小六子」抱著牠,每天三趟從山上徒步到山下,再從山下爬到山上。

三個月後,也沒有看到老和尚 過小六子什麼武功,偷看愛子「練武」的母親終於忍不住的請教老和尚。

老和尚說:「好功夫從何而來?我為了調教小六子的基本功夫,讓他每天和一隻小豬一起『成長』,當3公斤重的小豬經三個月時間,成為30多公斤的豬時,小六子也同時在『重壓』下成長,不知不覺中鍛鍊出自己的好腳力、好體力、好耐力。如果沒有基本功夫,底盤不穩,將來學起招式就不容易發揮出應有的力道。」

學股票操作技術也是這樣。每回講座之後,總會有不少人來信,說有的地方怎麼配合不上?當我解答之後他終於懂了!羅威的個性一向是──如果不想講,一開始就不會講,一旦開口了,就一定盡量的講清楚。雖然我不保證你聽過一次就能夠搞懂,因為我也是弄很久,並且經過很多次實戰才弄懂的,我相信只要你

能夠每個方式最少都找出20個相同的圖形加以印證，一定可以懂。

→ 多看圖沒事，沒事多看圖

這些找圖比對的功夫就是故事中小六子的基本功，沒有下過功夫，當然問題會很多。多看圖沒事，沒事多看圖，羅威所講的每一個方法，都是比對過上百張圖之後給你的結論，就算到現在，我還是不斷地找資料、做功課呢！

盤勢，今天跳過上篇兩個關鍵點的高點6079，收盤6106，量1184億，這樣的大量在K線圖上顯得有些突兀，但是衝關本來就要用巨量跳空或巨量長紅來表態，從架構看，B波轉1波的條件通通成立了！決定性的一天，後面如果有回檔，應該都是安全的買點。

辛苦了這麼久，多頭終於確認，以後大概不用羅威再囉嗦了，因為多頭中只要你敢買、敢抱，都會有利潤，可以預見將來版面上明牌會滿天飛，也會有很多神準之類的人物出現，這是環境使然，也是很正常的。

也許你會問：「大盤漲了500點你才確認多頭成立？未免太晚了吧？」

如果你是羅威的長期讀者，你應該可以發現羅威從何時開始作多？中間作了幾次？

一個日線的波段，在小時線中它已經走了3波了（以波浪算是5波），這是長、短線的不同。週期有長、中、短，各個層級互相影響，其中互動的關係相當密切，日線波位確認後，短線已經開始面臨回檔的時間了。

6060是低檔的支撐，往後只要收盤沒跌破6060，多單都很安全，續抱即可。

13 喬治，你在幹什麼？　　　　　2005/11/26

在美國的賭場，對於賭博的高手總是敬如鬼神，監視器看到熟面孔，就會用呼叫器呼叫警衛把人請走，如果請不走就用趕的。我原本以為這些高手一定都和「賭王鬥千王」一樣會出老千，所以不受賭場歡迎，直到最近看到一本有關世界級賭王的賭博故事，才知道原來不是這樣，這些賭博高手是靠頭腦記憶出現過的牌，等到最高的勝算才出手。他們靠的是牌技，而不是出老千。

可是當我闔上這本書，我並不嚮往賭王的生活，因為賭王再怎樣厲害，終究還是要親自上賭場才能夠贏到金錢，而且也只能贏和他賭的人的錢，如果老是贏錢，將來和他賭的客人也會漸漸變少。所以那些賭王都必須到處找可以賭、有人願意和他賭的地方賭博，生活雖然多采多姿，但是也很辛苦。

早期的美國賭場對於贏很多錢的客戶，還會特別請到小房間，再用一些理由沒收他的賭金。據說有位叫喬治的人，在21點的賭桌上贏了不少錢，當他開始走霉運的時候，心想見好就收，遂收拾起籌碼準備離場。

到門口看到一個身材魁梧的警衛，喬治趕忙閃到一間廁所裡面，在廁所裡把籌碼都藏在衣服裡面、鞋子下面、內褲中和身上任何可以藏的地方，希望萬一被沒收，多少也可以保留一點沒有被搜到的籌碼。

正在藏的時候，有人敲門了！他驚慌的打開門一看，原來是那個身材魁梧的警衛。

警衛問他：「你在幹什麼？」

喬治說：「沒什麼，我只是在點我的籌碼。」

「那幹嘛躲到女生廁所？」警衛不解的問。

當然，這可能是一個經典的笑話，卻也是讓人莞爾半天的故事。

→ 股市不會下逐客令

在股市，只要你有足夠的技巧，你可以大方的進場，不用怕沒有商品可以賭，也不怕贏多了會被沒收而必須躲到女生廁所，嘿嘿，這不是很幸福嗎？

還好，我們要慶幸自己是生在台灣，而不是非洲的塞內加爾，不然哪有股票可以玩？也還好，股票有電腦K線圖可以看，不用花腦筋去記過去的走勢，要看任何股票、任何週期，只要按一下電腦按鍵就可以了，也還好現在網路下單很盛行，買賣股票不用上號子，只要在電腦或者手機點一點就可以下單了。

盤勢：

在6100這附近是週線的壓力，在這裡上沖下洗的混了兩週，洗你的籌碼，洗你的看法，你是否也躲在廁所裡，數你贏來的籌碼呢？KD高檔鈍化後回檔會再創新高，如果現在要再往上衝，當然可以，不過如果先蹲一下再上，可能比較好吧！

有不少朋友總是希望我能天天寫盤勢看法，最好能夠帶進帶出！也有朋友希望我在文章中提一些股票的看法，《產經日報》的總編也曾來電邀稿，但因為我下午還要上班，天天寫稿和分析股票對我的時間分配來說是一大負擔，所以不敢答應。

羅威喜歡網路，因為比較隨性，我喜歡悠閒的生活，不喜歡

給自己太大的壓力，有空的時候上網打打字，談談看法或者到生活區哈拉哈拉，如此而已。但是在關鍵時刻，再晚、再累我也會上來和大家分享我的觀點。

這點，我們隨性就好，還請各位見諒見諒。

14 你擁抱的是天使還是魔鬼？　　　2005/12/04

選舉的參選人，在我們鄉下叫做「得到大頭病」，記得小時候我舅舅就說過，這是三民主義「均富」哲學的厲害，弄一個選舉，讓那些有錢人拿錢分給大家，哈哈！三合一選舉過了，一切歸於平淡，大家高興就好，其實誰當家都一樣，我們的日子還是要過。

盤勢，羅威原本希望它先蹲後跳，但是它不蹲下來，直接跳上去我也不反對，反正是多頭確立，它愛怎麼漲都有理，我們跟著走就對了。

週五，有位同修十萬火急的告訴我，這根黑K超想空它的，但是沒有賣點！抱著多單真是痛苦！怎麼辦？

我說：涼拌！

對於一個已經有定法的人來說，最重要的是「完全依照方法的買賣點操作」，想太多都是多餘的。不管你擁抱的是天使還是魔鬼，只要依法，往往你擁抱天使的次數會比較多。

嘿嘿，週一，希望出現的是天使，而不是魔鬼。

週一開獎，果然大漲，天使出來囉！

對於這樣的答案，其實18日均價均量走多，多頭浪低點都沒有跌破，照著趨勢的方向走，這樣的長紅出現只是遲早的問題。圖上多頭浪的低點，如果你有看圖，都應該在圖上面做記號，以隨時提醒自己——這是多頭浪，只能作多，千萬不要作空。

15 飆股

千萬不要誤會，羅威不是報明牌，這篇也沒有提供什麼飆股，如果你是以想找飆股的心情點閱，可能會很失望。

由於環境的關係，盤中或盤後經常有人很興奮的告訴我「XX漲停、XX又漲停」之類的訊息，我會替他高興，可是最近兩年，隨著盤勢的推演，大概看過千張OP的線圖，已經習慣於大幅度的漲跌，對於7%的漲停板，突然有一股失落感。

漲停代表的是今天賺了7%，真的是很令人興奮的事，但是7%之後呢？今天就不可能再漲了，有什麼好高興的呢？它能夠連續大漲嗎？買到可以漲2、3倍的股票是一大福氣，但是在漲升的過程中，想抱又想賣也正是人性的煎熬。

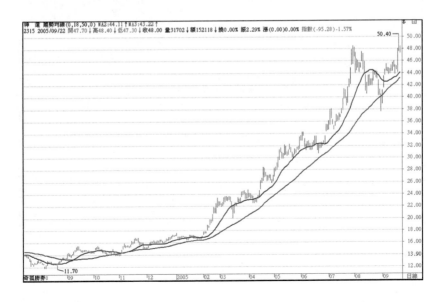

　　神達算是飆股吧！從11.7元漲到52元，漲幅3.5倍，花了13
個月，如果扣掉前面5個月的緩漲期，從17元起算到48元，6個
月才能夠漲2.8倍！如果這樣的股票就可以讓你樂翻天、走路飄
飄然，但在選擇權裡面，可能只要一天或兩天就達到了。

　　看看這個！

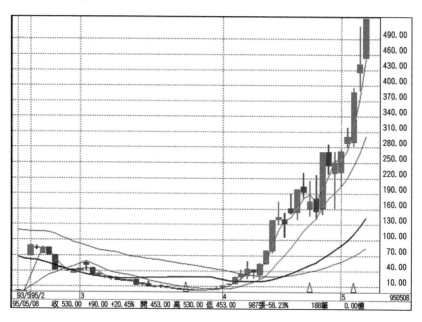

　　OP的K線圖中，隨時可以見到一天漲跌30%以上的機會，一
天漲一倍也屢見不鮮，上圖一個月從9點多點漲到接近500點，
漲了50倍更讓人驚豔。如果你習慣了7%，那OP就是一個沒有漲
跌幅的股票，不禁讓人感嘆：倍數輸贏的時間，速度怎麼會這樣
快？！

　　羅威經過18年的努力，才知道漲跌之道，才熟識轉折的技巧，我在想，如果我剛進入股市的時候，就參與選擇權這樣的商品，我會如何？也許我會很幸運的大賺一筆，但是運氣用完後將會很快的失去所有，也許早就屍骨無存了！

　　選擇權宣傳的是「買方風險有限、獲利無限」，就算你做的是買方，最大的風險就是權利金歸零。實際上，選擇權方向一旦看錯，不但瞬間腰斬再腰斬，當你想要彎腰撿些骨頭，才發現骨頭已經化成灰，連手續費都不夠了！版面上，我看到很多年輕朋友談論選擇權，我都很替他們擔心，暴利大家都很喜歡，可是，暴利的背後就是暴損，這又有幾個人知道？

　　「股票當定存，期貨賺零用錢，選擇權才是暴利所在」，這是現在年輕人的口號！

　　想起老前輩的話：**這個市場，贏家很少，但是贏的人都贏很多。**

　　選擇權這個市場有很多暴發戶的故事，讓很多人躍躍欲試，不過在你要進入這個市場和眾家高手比畫之前，你有否仔細想過：你的技術夠精湛嗎？你的心態夠沉穩嗎？

　　黑馬、飆股人人都想騎，問題是——你有沒有這個功夫？有沒有這個屁股？

16 談談條件選股與鎖股　　　2005/12/21

　　盤勢還是繼續創新高，羅威說「18日量價齊揚帶你上天
堂」，上漲過程中，每一個多頭浪的低點都有守，這樣的上漲都
是很正常的。

　　既然是很正常的事，當然盤勢也就沒什麼好談的了。

　　最近常常會被問到選股公式要怎樣設才好？

　　對於一個剛剛摸電腦選股的朋友，會很喜歡選股公式，因為
只要把條件設好，電腦一按，就會有一堆股票自動跑出來，因此
對於選股公式的編寫總是相當醉心。

選股公式有用嗎？當然有，它可以縮短你選股的時間，能夠在很短的時間內找出符合條件的股票。

民國84年，我第一次使用付費軟體「錢塘潮」，裡面就有可以自己編寫程式的功能，我也和大家一樣，每天醉心於寫公式和編寫條件選股，前前後後大概寫了上千條公式，接近300個選股程式。問題來了？這麼多公式，這麼多選股條件，我到底要用哪一個呢？總不可能每條程式每天都跑一遍吧！**公式太多就等於沒有公式，條件太多就等於沒有條件。**

後來我發現，**會大漲的股票其起漲條件通通一樣，但是具備同樣條件的股票並不一定會大漲**，選完股後，還是要碰運氣。終於，我放棄繼續寫選股程式了。

我放棄條件選股還有一個原因，那就是我沒有那麼多錢可以買。

條件天天跑，好股天天有，你要不要買？要！錢從哪裡來？賣手上有的來買？如果手上的股票還沒有賣點，你賣不賣？新選個股、手上的股，哪個好呢？換股之後一定比較好嗎？嘿嘿，問題一大堆喔。

後來，我改進了，變成先賣出手上的股票，才來選股，因為手上有錢了，買新股也比較不會患得患失。但是問題又來了，用

技術條件選出來的股票，你不一定熟悉它的基本面，有一回我選的5檔股票有3檔地雷股，一檔台鳳、一檔中精機、另一檔名字忘了，就這樣把辛苦好幾年的操作所得化為烏有。

所以後來我又學乖了，先用基本面過濾好的股票列為自選股，大部分都是台灣50或中型100的成分股，再利用條件選股在自選股裡面找，找到了就買，反正已經篩選過基本面了，這樣總是比較有信心。這些過程和心血經驗供各位參考。（PS：用技術面過濾基本面的方法請看《趨勢生命力》這一本書的解說）

→ 換股頻繁未必得利

「新人雖言好，未若故人姝」，賣掉手中看起來弱勢的股票去追逐強勢股，看起來雖然很不錯，但是猛回頭，才發現被你賣掉的股票往上飆出了5成、1倍、2倍……，豈不是更讓人扼腕！**一個大多頭的長線格局中，找幾檔股票鎖定，依照技術面的買賣點好好操作，拉長戰線的利潤，未必會比頻頻換股來的差喔。**

主力有長線主力也有短線主力，長線主力操作一檔股票可長到2、3年，卻也有隔天就出掉的一天主力，有的主力沉穩、有的剽悍，不一而足。如何選擇？在大長線多頭的格局中，只要是基本面不錯、公司老闆形象良好的股票，通常都不會寂寞。

這篇我主要說的是，鎖定幾檔好股票操作就好，其實不要常常換股，換股頻繁未必有利。

最後，給你一個問題思考：主力和大資金的大戶會不會天天選股、常常換股？

想通了，希望你知道該怎樣選股操作了。

17 迎新送舊，新年好

2005/12/31

今天是2005年最後一天了，回顧今年行情，真的是「春花嬌媚，不禁雨打風飄，冬梅幽芳，反耐霜雪傲」。最後兩個月的作帳行情漲了1000點，而這1000點竟然作出今年的最低點和最高點，整年的震盪就在這1000點之間，這幅度真的是羅威參與股市20年來的最小年振幅，想起以往萬馬奔騰，真是無限唏噓。

在〈小六子練功夫〉中，羅威說：從架構看，B波轉1波的條件通通出現了，決定性的一天，後面如果有回檔，應該都是安全的買點。以後大概不用羅威再囉嗦了，因為多頭中只要你敢買、敢抱，都會有利潤。

該篇文章發表的時間是11/19，當時指數在6100點，而今天指數已經看到6600了，這500點，期貨漲了，股票飆了，如果你能把握大多頭的波段，相信多少都有收穫才對。

記得當時有位朋友挑了20檔股票，請我替他勾選10檔，這10檔幾乎天天都有漲停板出現，我不知道他有沒有真的進場，可是還是要替他恭喜。但是回頭看一下另外沒有被我選上的10檔，也是漲了，雖然整體漲幅比較小，還是跑出兩支大飆股。可見在大多頭格局中，選股功力好壞其實差別不大，重點是你要能夠抱得住，這才是功夫。

→ 多頭格局：買進、持有、等待

如果連阿貓、阿狗都會漲，你還能說它不是大多頭嗎？股市操作並不困難，重點是要把握到整個大多頭的氣勢，選擇已經是多頭格局的股票，買進、持有、等待，早漲晚漲總是會輪到它漲的。

長線來看，季線收第一根紅K，多頭不會只有一紅，通常會連三紅，若此，則可漲到2006年5、6月，明年上半年的行情，羅威可是樂觀期待著。目標有了，剩下的就是一步一步跟著行情的變化，做適當的因應而已。

漲了1000點，週K出現十字變盤線，這已經是這波的第三次十字K線了，所謂無三不成禮，第三次我們可要小心些了。元月份可能會有一個短線的回檔，時間大概是兩根週線的小黑K，不過幅度不會很大，6400應該不至於收破。多頭，回檔找買點，如果有回檔，反而是買進的好機會。

資金控管，比的是誰的氣長，我不羨慕股市暴發戶，卻很羨慕年老時還可以做些餘糧的人。

羅威喜歡「正確而能掌握的波動，正確而充分的部位」，可以讓我睡得著、吃得下、笑得出來的部位。

　　值此歲末年初，先和大家說聲：新年好！也祝福大家，在未來的一年裡，送財童子日日到，進寶童郎天天來，個個都發大財。

18 獵殺熱錢　　　　　　　　　　　　　　　　2006/01/07

　　股市經常在複製過去的走勢，只是投資人經常忘掉過去的經驗，沒有在股市裡經過兩次以上的多空大輪迴，你很難真的體會什麼是多頭，什麼是空頭。

　　這兩個月的行情，讓習慣了一年多的盤整時期、習慣高出低進的投資人傻了眼，賣兒子買老爸，以為出到高點沾沾自喜，未料隔天就沒有低點可以補倉，看著火車愈開愈遠，氣得頓腳。更有甚者，看不順眼去放空，然後被軋到哭不出來。這種事層出不窮，軋空秀是多頭的重要戲碼，而且天天上演。

　　羅威這波從底部作上來，直到第1波確認之後，就很少發言了，因為多頭一旦確認，自然會有很多人報明牌，「我的股票天天漲停板」的股神出現，我總是會把舞台讓給這些人發揮。

　　如果你回味最近的波段，民國92年SARS的4044低點，和現

在的情況是否有些類似？因為這種恐慌性的下殺，沒有幾個人敢買，民國94年9月中開始的禽流感也是人人自危，誰會去買？但是當市場信心全無的時候，往往也是醞釀一波大行情的起點。今天看來，不知道經歷過SARS大跌的投資人有沒有記住教訓？

現在股市中賺錢最快的商品依序是選擇權、權證、期貨、股票。股票是電子股當道，所以買了一些現股丟著，已經2、3個月沒有去動它了，主要的操作還是在期貨和選擇權。嘿嘿，平日上課練功累積的技術，在難得的大行情之下，當然要好好把握獲利最快的商品囉。

→ 多頭賺錢靠忍耐

也許你會認為羅威怎麼那樣準，大小轉折都抓得到？其實我沒有比各位高竿多少，我只是順著行情的方向進場。因為我知道行情是不斷在複製，現在複製的是大長多的行情，所以只要不破支撐，都可以悠哉悠哉的。

現在你會發現，大行情已經顛覆你過去短線操作的習慣，但是顛覆不了操作的格言：「**多頭看支撐不看壓力**」。**熱錢不斷湧入之下，真正大多頭的高點是你無法預期的。多頭賺錢靠忍耐，抱得越久，領得越多。**

　　最近有幾位朋友用悄悄話提出了他的持股和我討論，希望我能給他一些意見。通常羅威會說：「我現在給你的意見只是現在的看法，過一段時間之後會有什麼變化羅威無法替你追蹤，所以給你一個簡單的機制，請你自行斟酌：『如果股票在月線之上可以作多，月線之下的應該是弱勢股了。』

　　而強勢股是週線高於月線，月線高於季線，季線高於年線，如果你的股票是週、月、季、年線多頭排列的股票，抱著就好了，它會帶著你到該到的目的地。」

　　現在的股票衍生出來的金融商品很多，操作選擇也相當活絡，風險無時無刻存在，擁抱風險是金融操作無法規避的。所以羅威的作法是：除非是很明顯的大多頭才會融資操作，一般時候股票只作現股，而且投資的標的看起來要滿安全的，沒有下市風險的那種；選擇權只作買方，而且投入的資金比例都經過嚴格的控制，萬一方向不對，也會立刻停損出場，不會傷到整體資金。

　　記得羅威曾以「你認為金融操作中什麼商品風險最大？」為題，在聚財網專欄裡徵文，那篇的最後我提出我的看法：

　　所有的金融操作都有風險，那什麼商品風險最大呢？

　　當風險發生的時候你無法逃脫，會斷頭和斷頭後本金完全喪失且還要補錢的商品，這種商品風險最大，亦即萬一發生風險，會讓你的一生心血化為烏有。

這些高風險的商品有哪些呢？舉例如下：

1. 融資買股票

2. 期貨（遇系統風險跌停，出脫無門）

3. OP的賣方（風險無限）

以上這段話給大家參考。多頭，是在獵殺熱錢，操作股票放輕鬆，實在不必做太多的進出動作。

→ 風險控制原則

知道風險在哪裡就可以控制風險。如何控制呢？就是資金不全部投入。說真的，梭哈式的下注對自己的資金是很不負責任的行為，控制好投入資金的比例，最多就是投入的金額全部喪失，不必再補錢，留下的資金下回還可以重頭再來。

1. 除非是很明顯的大多頭格局，否則買股票都用現股不用融資，都買績優股、經營者誠信良好的股票。

2. 期貨操作4倍保證金才能夠留倉一口，如果多單要留倉，一定要買相對部位的遠價外PUT做避險。

3. OP只作買方。（買方最大的風險就是投入的資金歸零，只要資金不是全部梭哈，風險還是可以控制的。）

　　沒有經過斷頭的痛苦，哪裡會知道資金的寶貴，過去慘痛的失敗經驗，讓我對資金控管更加小心。能投入多少資金，願意負擔多少風險；控制好風險後，再來想利潤有多少、風報比有多高，資金沒了，一切都免談。

19　晨起有茶飢有飯，行看流水坐看雲　　2006/01/14

　　羅威說「長線保護短線，短線影響長線」，金融操作中要預估行情，最重要的是定位現在行情格局的大小，亦即你必須判斷現在的漲升到底是在反應哪一種格局，是月線？是週線？是日線？還是只是短線的分時K線而已？如果無法定位屬於哪一種級數的漲跌，操作自然亂無章法。

這波5618以來的上漲，主要是反應週線級數的多頭浪，週線回檔沒有破前低5565，以多頭浪來說，5618防守成功，是低不破低的多頭浪攻勢再起，所以目標就是要看到週線的前波高6481。但是同樣的多頭浪也出現在月K走勢中！所以這是週線、月線同時在走上升波動，兩個長週期同時往上，才造就了這樣一波45度角的強勢大行情。

→ 短線築底成功，短線帶動長線

以上是就長線保護短線的方向來講，現在看也許你會覺得這些是事後諸葛。但是從短線影響長線的角度來看，其實是有跡可循的。10月底之前，長線的週線和月線有沒有止跌的訊號，必須的前提是——短線開始見底築底，並且開始反彈走強，用短線來帶動長線。

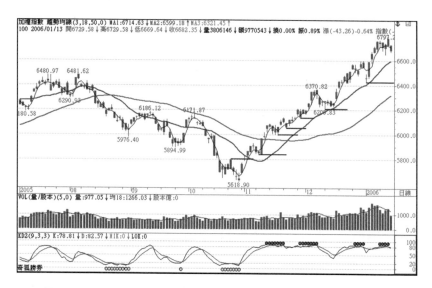

　　從10/31發表〈還在睡覺的，該起床囉〉後，羅威從短線的走勢開始追蹤，當時反應的也只是60分K線級數的底部訊號，所以操作定位在小時K。直到11/18帶量長紅衝過多空關鍵點6080，日K級數的上漲確認，也預估將會讓週K、月K的底部成立，多頭浪回檔不破前低，上漲必然過高，6480必然可以越過，長線大多頭確認矣！

　　要賺大長線的行情，靠的是忍耐的功夫；要賺短線的盤整行情，靠的是快進快出的犀利手法。長線大多頭就要捨短取長，輕鬆操作，再犀利的短線手法總是會讓你很容易失去手中的籌碼，是賺不到大行情的。

　　這種各層級間的相互影響，是否能夠給光看單一層級操作的朋友一些提示呢？整個行情的變化就是「**長線保護短線，短線影**

響長線」這樣的思考邏輯。羅威說過,行情就是不斷複製過去的走勢,端看你有沒有發現而已!

過去的講座中,羅威說第一次動能超越可以抓500點,多頭看支撐不看壓力,如果要簡單的看,就看18日均線,這條線有沒有跌破?有沒有下彎?如果沒有,那何必自己嚇自己呢?

多頭行情仍在持續進行中,但是也漲很久了,一直沒有一個像樣的回檔,面臨6700~6900的大壓力區,如果同步和各國指數回檔整理一下,前波低點6424有強大有力的支撐,先蹲再跳恐怕比較健康吧。

也許你會問:既然都說是「長線保護短線,短線影響長線」,那麼追根究底不還是短線為主、長線為輔嗎?何苦長短兼顧以至於顧此失彼!倒不如專注短線的演變,正所謂每家門口打掃乾淨,整條街也就乾淨了,不是嗎?

我想說的是,我操作的主軸是OP和期貨,每個月都必須結倉,當然要注意短線的變化。但是股票常常買了就一直放著,只要長線不出問題,即使回檔了10%,如果沒有破前波低點,也不會賣出。

所謂的長短兼顧並非顧此失彼,長線沒有問題,才能夠衍生出「回檔找買點」的操作策略,如果大方向沒有確認,「回檔可能是回跌」,那就不是找買點而是接空中下跌的刀子了。

Note

五、實戰篇(二)
盤整之部

引言

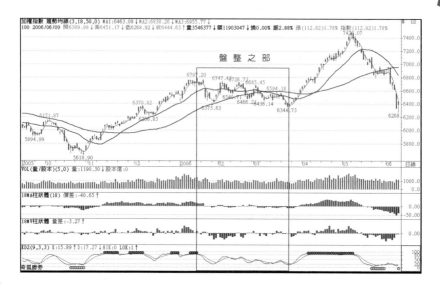

　　這篇「盤整之部」收錄了自民國95年1月12日波段高點 6797至3月23日低點6344這段期間的稿件。從上圖來看這段走 勢，雖然18日量價格局為盤整格局，並沒有趨勢，但事後來看 它是一個箱型，只是在盤勢進行的時候，我還不知道會走出這 樣的箱型，也因為在週線上沒有敗象，而認為會過高，不過事 實上並沒有過高，那麼在技術上要如何修正這樣的看法？這段 3個月的大盤整我都做什麼？6344我又怎麼看它可能落底了？ 以下9篇文章希望你會喜歡。

實戰篇(二) 盤整之部

休息是為了走更長的路

封關的思考

開往春天的股市

站在巨人的肩膀上

巨龍巨龍你張亮眼

春天後母臉

不怕漲不怕跌，就怕沒方向

螃蟹行情

行情的翻譯

盤整篇結語

01 休息是為了走更長的路 2006/01/22

股市是一個看似無所不知，卻又一無所知的世界，你投資股票，然後看著它們上漲、下跌，或是文風不動，或者以上皆是，永遠是幾家歡樂幾家愁。

羅威根據指標的訊號，預期會有一個以週線為單位的回檔，但是沒有想到這個回檔如此快又急，前天開盤破了6550多頭浪低點出場之後，眼看短線已經有築底的現象，昨天出掉的價位今天可以買到雙倍的口數。嘿嘿，繼續持有多單，低點防守6468即可。

週五很不幸的又跌破這個防守點位，羅威毫不考慮的點下滑鼠，出光手中的CALL。雖然又是虧損出場，但是因為依照規劃執行，心裡並沒有不舒服的感覺，反而因為有依法操作，讓自己覺得很有成就感。

長線的規劃、短線的計劃、盤勢的變化。長線保護短線，短線影響長線。週線羅威看回檔，短線出現買點就先進場，但是盤勢的變化不如預期，沒有轉強只好先出場了。

週線的回檔通常2、3根黑K就結束，這回會是如何呢？以短線觀之，這個盤最少還有一個低點；以週線看，這個盤還少一個高點。週五晚盤美股大跌，週一開盤來測試6350也不會意外，因為春節年假封關在即，投資人心理面的影響無法預測，大跌是否是買點？羅威寧願等待短線再度轉強的時候再說。

規劃如果對了，當然很好，你可以順向用力的做。萬一錯了，你要有以盤勢變化為應變計劃的退場機制，這樣才能夠保有資金，才能夠做好操作。

春節將至,連續8天的假期,希望大家都能過個好年。

補充說明: 18日量價已經下彎,這是空頭來臨的確認點,往後只有反彈而已。

02 封關的思考 2006/01/24

又到了封關結算的時刻,春節的長假,你做什麼準備了嗎?希望你的假日是愉快的。

明天封關,要不要留倉?其實我現在是空手,考慮的是要不要建倉,布局多頭部位。台股和美股的連動相當密切,所以先要考慮的是國際局勢。

各國指數都在回檔,春節這一週會不會大漲呢?這是考慮的第一個問題。

第二個問題是,台股已經跌了400點,還要跌嗎?今天的上漲是不是真的開始見底回升了?

去年春節前有一個動能超越,我憑著這個動能超越去買CALL,而且留倉過年,年後開盤漲100點,CALL賺了一倍多。今年會不會再來一次?以這3天的量縮來看,相當有機會。所以重點來了:

1.　明天會不會有超過830億的量？

2.　如果有量，有沒有機會收紅K？

　　如果這兩個條件都成立的話，可以買些CALL放著過年，小試一下過年後的紅盤運氣。如果這兩個條件沒有成立，那麼建議空手的同修就過年後再看吧。

**　　股票交易是要讓自己在毫無負擔的情況下去作買賣，玩股票不要用賭博的心態去玩，心理負擔太重也不好。**

　　睡得著覺、吃得下飯、笑得出來，人生不過如此。

　　在此先跟大家拜個早年：祝各位操作愉快，年年有餘！

03 開往春天的股市　　　　　2006/01/30

春有百花秋有月，夏有涼風冬有雪；

若無閒事掛心頭，便是人間好時節。

　　春節，一個很好的長假，其實不該讓股市的紛擾行情，弄亂這個美好的假期，不過因為今天是年初二，一大早陪老婆帶著孩子回娘家，剛到家門口拜完年，才扒了兩口飯，又匆匆趕回來上班，我這個驛站是屬於學生和上班族利用率較多的小站，一放假總是空空蕩蕩的，閒來無事只好上網練練打字，喝喝咖啡、聊聊是非。

　　封關前一天，羅威在〈封關的思考〉一文中說：

　　各國指數都在回檔，春節這一週會不會大漲呢？這是考慮的第一個問題。

　　第二個問題是，台股已經跌了400點，還要跌嗎？今天的上漲是不是真的開始見底回升了？

　　就線論線，美股是屬於回檔走勢，並沒有走空，終究還是要漲上去的。台股封關後，全世界的股市連續大漲兩天，相信有很多朋友已經看好了紅盤後的行情，這是台股和國際股市的連動，還好沒有看錯。

　　台股呢？雖然跌了400點，也跌破前波低，但羅威並沒有因此看太空，因為破低容易反彈，等反彈再說。短線指標最少還有一個低點，但是長線的週期卻告訴我們最少還有一個高點。

　　24日的盤確定23日低點6378，就是那個短線的低點。低點已經出現了，當台指期貨點數回升越過6468最後停損點後，羅威執行買回多單，買回的數量和當初停損的數量一樣，不過價錢貴了一些。同樣的點位，較高的價格！這又意味著什麼呢？這點就留給各位思考。

　　一個週線級數的回檔，時間和空間的幅度都會讓人誤以為是空頭來臨，因此大肆放空。這400點的下跌空間也不算小，而且兩度觸及個人的停損點，執行停損也是無可奈何的事。

　　停損，不是出場，而是像音樂的休止符一般，只是「暫時停止持有」，當價位回到停損的位置時，就可以「恢復繼續持有」。當然這需要你一直鎖定操作才行，如果你已經不去注意該檔股票，那麼停損就是真正的出場了。

　　另外，因為量能沒有達到羅威規劃的830億（只有796億）所以沒有額外加碼，這是基於資金控管的考量，在可承擔的風險之下，讓自己無憂無慮的過春節。

　　以上是春節前操作的一些紀錄，這些思考過程的紀錄，留著

以後參考即可。重點在節後紅盤會怎樣開呢？因為還有一週，這
一週的變化會是如何尚未知曉，也沒有必要現在就做規劃，只好
靜靜等待，好好休息。

　　基本上，台股週線的回檔已經完成，開往春天的股市列車已
經開動，多頭浪上漲必過高，6797高點的突破是可以期待的。
如果以等幅測量，6797跌到6378是419點，6797＋419＝7216
點，也許真的會來喔。不過這是規劃，這點位只是擺著參考，中
間會有很多變化，羅威會跟著盤面的訊息操作，7216來不來或
者會不會又超過了，其實並不是很重要，只要方向沒有抓錯就好
了。

　　羅威希望過6797的高點，甚至過7135高點，不過也要雞婆
的提醒一下，過高之後反而比較危險。

先說到這裡，祝大家春節愉快，狗年發大財。

■補充說明：

這裡我不得不承認我看錯了，因為這波低點6373已經跌破前波低點6424，空頭浪啟動，加上18日量價往下，這裡要過6797高點的說法可能有問題。但是從週線看，整個多頭浪的格局還沒有破壞，當時只看到週線的格局，忽略了日線已成空頭浪，實在是個失誤！

因為已經破了前波低點，確認6797是這波的高點，台股的慣性是，一個波段大概會進行2～3個月，見高點之後，整理2～3個月也是可以預期的，所以後面已經可以宣布要休息很久了。

04 站在巨人的肩膀上　　　　　2006/02/07

　　河川的源頭大概都會有瀑布，然後在深山裡面會有急流，到了平原卻成了緩慢的水流，流入大海。可能是我從小住在濁水溪畔的關係，我對河川非常的著迷，不管是老邁平緩的平原流水、深山的激流，甚至是高山中的瀑布，不同的河流都給我不同的感受。

　　股市裡面會有大波動的，通常是剛上市不到五年的中小型股，在這些股票上常常可以看到激流或瀑布。一旦上市久了，經過多年配股之後股本變大了，籌碼散出了、亂了，就顯得老態龍鍾，雖然偶爾會激起浪花，但是不久又歸於平靜。

　　以賺價差為主的投機客，比較喜歡的是有激流或瀑布的股票，因為比較刺激；以投資為導向的投資人就比較喜歡有本質的好股，但是這些好股總是緩慢的起伏，你持有它們就會有一定的股利和股息。

　　在台灣的股市中，選擇權和權證好比瀑布，隨時會有壯觀的景色出現，也可以看到飛瀑下的彩虹；指數期貨就有如激流，可以享受泛舟的快感；相對於瀑布和激流，股票應該是屬於平原上的河川吧。你喜歡什麼呢？總之就是各取所需吧！

　　投資是一項無法完全精準的工作，你不可能同時既看準公司，又拿捏好時間和幅度，你能做的就是以你可以找到的方法及有效的技術，貼近它，當這些技術奏效的時候做有效的切入。

　　所以每一種方法都是對的，也可能都是錯的。**技術是建立在過去的基礎上，我們總是在「對」和「錯」之間學習，不斷累積「對」的經驗，記取「錯」的教訓，而和經常做「對」的人學習，就是所謂的「站在巨人的肩膀上」。**

　　今天把2月6700的CALL分批出清了，雖然有2、3倍的利潤，還好有昨日那個暴衝，不然在結算的時間壓力下，不知道它的表現會如何。不過因為先前有兩次停損，所以整個結算下來這波獲利並不多，但總算把資金收回來了。

　　羅威開始操作選擇權的時間並不長，一切還在學習，這次戰役主要是看清楚了週線回檔後的爆發力，但是卻沒想到會用大跳空方式回檔，影響布局資金的安全性。這兩次的停損經驗，給我不少的教訓，我相信對往後行情的規劃和操作絕對會有很大的幫助。

　　昨日大漲，今天小紅小黑都很正常，主要是修正短線的乖離，把分時線上如炸彈開花般的均線稍作整理，整理完後再決定方向，目標仍然瞄準前波高點6800應該可以越過。羅威說過，這是週線的回檔，過高可以期待，問題是這個日K已經破低出現轉浪現象，現在有可能只是B波反彈，就不會過高了。

　　元旦阿扁文告後，引發一個跳低開盤然後急拉，羅威的解讀是，**很多大腳可能會認為押錯行情了，但是大部位的資金不容易一下子出脫，在加權指數的線圖上很少看到尖頭反轉的，所以先來個急拉再下殺，上下大震盪，利用震盪出貨是比較有可能的作法。**

　　而這一波又碰上阿扁在春節說了句「廢國統會」，引來軒然大波，政治不安定容易引發股市的不安定，這波的急拉又為了哪樁？這是就政治面的思考。

→ 過高須留意指標背離

就技術面來看，前一波拉抬到6797點幾乎沒什麼休息，造成指標相當高的位置，這個回檔已經破低，往後的反彈如果過高，很容易形成週線的指標背離，這是過高後反而危險的理由。

但是，一定會過高嗎？過高後真的危險嗎？這也不盡然，沒有人規定一定要過高的。**多頭浪不過高是正常，過了高又要考慮指標背離，指標背離雖然壓回的機會比較大，但是也有指標背離後開始往上飆漲的例子。**

怎麼辦？看著辦！

就「賭」這個遊戲來說，賭輪盤、21點或者百家樂，大多是下好離手，一翻兩瞪眼，不是全部被吃就是贏一倍，但是金融操作可不是這樣，你隨時可以離場或進場，嘿嘿，難怪股市的量會那樣大。

羅威既然OP已經空手了，樂得觀望，等待下次的進場點囉。

05 巨龍巨龍你張亮眼 2006/02/11

　　當我們看到別人在為龍點睛的時候，就要想到：表面看起來那麼簡單，其實人家已經花了好長一段時間，花了好多心血，默默將龍身、龍體辛苦地完成，而替已經畫好的龍點上眼睛只是完成最後那神來一筆，也是最重要的一筆，眼睛點得好，炯炯而有神，點睛點不好，再漂亮的龍也會了無生氣，成為病龍。

　　三國故事中最引人入勝的一篇就是「孔明借東風」，看故事的當時，會認為孔明料事如神，竟然算準那時候會吹東風，真是令人拍案叫絕！但是如果其他的軍事準備沒有弄好，就算天天吹東風也沒有用，萬事俱備了，才有等待東風的條件，否則僅有東風，還是難以成就大事。**成就一件事情的背後，必定有用心的投入及默默的付出，絕非靠僥倖與偶然。**

　　羅威在發表〈站在巨人的肩膀上〉當天出清手中的CALL，這幾天除了做一兩趟期指短沖，就只是冷眼旁觀，看它在搞什麼飛機。盤勢走到這裡，似乎又是多空攤牌的關鍵時刻了。

　　並不是因為這三天的黑K，而是很奇怪近期外資仍然持續買超，及重量級法說會利多效應下怎麼推升不了指數啊？面臨台股的兩大抽金效應（學生開學註冊、報稅），學生的註冊時期會抽

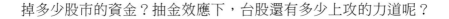

掉多少股市的資金？抽金效應下，台股還有多少上攻的力道呢？

　　在10日均線上方的盤怎麼有氣無力的？這樣的圖形不但有點類似去年8月初的圖，而且還愈看愈像，相似度提高到95％。，同修一定要把去年8月以後的走勢圖找出來看，萬一狀況出現了，也好做因應。若再發生同樣的事，羅威不希望看我文章的你們有人受傷。

　　兩個關鍵點位給大家參考：低點絕不可以收盤跌破6570；高點最好能夠快速攻上6800收上去。

　　不過看這盤勢，18日量價往下，又有跌破前一個低點，這應該是B波反彈，如果又跌破日線的10日線，請您務必出清多單持

股，因為去年8月那張圖複製出來，沒有幾個人受得了的。

對於多空都能操作的人，怕的是沒有明確的大方向，一旦方向確定，都可以聞到錢的味道，勇敢的下去搶錢。老實說，羅威很希望它快點破掉低點的防守，嘿嘿，這樣總比要死不活的整理來得好。那兩個點如同一條已經萬事俱備的龍，剩下的是龍的眼珠，誰來點睛呢？

不是我，不是你，點睛請的總是重量級人物，我們小散戶就在旁邊準備好雙手鼓掌、準備好布袋裝錢就是了。

06 春天後母臉 2006/03/04

台語有句話說：「春天後母臉。」就是說春天的天氣像後母的臉，說變就變，常常你看外頭大太陽，高高興興地出去散步，過一會兒卻突然烏雲密布，下起大雨，於是你急急忙忙地找地方躲雨，你看到機車騎士剛穿好雨衣，結果雨卻停了。天氣忽冷忽熱，衣服穿穿脫脫，一不小心就很容易著涼。

為什麼古時候要用「後母」作為比喻呢？有些後母也很好啊，有些雖不是後母，脾氣也是一樣難以捉摸！大概是因為古代

故事中的後母大多是壞心的緣故吧？！羅威只是引述古語，對後母沒有不敬的意思，還請見諒千萬不要誤會。

然而和股市相比，才知道股市裡的春天，根本就是後母中的後母，邪的很。盤中大震盪也就算了，明明方向已經出來了，還常常演出隔天開盤的反向大跳空，讓人作多也不是，作空也不是，恨得牙癢癢的。

其實這個就是盤整，大盤跑了一大段之後，總要休息一下，喘口氣、喝杯茶，讓籌碼整理整理，要跑的跑、要買的買，換換手，然後再看看要往上攻還是往下殺囉。

這種盤確實很難做，兩個月的高低點只有400點，扣上扣下的可操作空間不到200點，這樣的螃蟹走路行情，能夠保本不受傷已經難能可貴了，若還能在這狹幅空間裡搶幾個便當或麵包屑，應該可以偷笑了。各位可以清點一下戰果，檢查看看戶頭資金是多了？還是少了？

阿扁的「廢統論」出來後，股市投資人的多空心理真是難以捉摸，既然有疑問，應該先退出或者減碼，這是基本的應對。現在「廢統」改為「終統」，股市先長紅隔兩天又長黑，這盤勢的真正方向，這文字遊戲骨子裡的真意真是費疑猜，操作上你該定位在哪個位置？

從長線來看，股市似乎快要脫離「後母」的掌控了，給大家一個提醒：週線，漲了一段之後，3MA跌破10MA，這種訊號的後果會如何？羅威不給答案，大盤的歷史上有超過50個這樣的圖形讓你去比對。**功課要自己做，答案要自己找，多看圖沒事，沒事多看圖。股市功力的累積不光是聽來的，光聽是不可能進步的，想要進步一定要自己努力從歷史的紀錄中找答案才行。**

牛頓第四定律：自動自發定律。要下苦功才會有成果。

07 不怕漲不怕跌，就怕沒方向　　2006/03/12

　　每回下課後總有學生告訴我：「老師，您的講解真棒！我有好幾次都忍不住想拍手……」「那你就拍啊！」我笑笑的對他說。他卻回答：「我不敢！沒有人拍手，我哪敢拍？」

　　是的，人常常「不敢」，因為怕別人笑，也怕別人的異樣眼光。今天最後一堂課結束時，我看到有幾位同修輕輕的拍手，聲音好小。

　　我說：「要拍手就大聲一點」，結果霹靂啪拉的滿堂彩。本來想說：「再大聲一點，再大聲一點。」（好像選舉喊「凍蒜」一樣，哈哈）如果我這樣說，台下應該會拍手拍得更熱烈，但是我沒有這樣做，因為掌聲應該來自各位的內心，而不是刻意「催聲」出來的。

　　這使我想到，各位學了很多技術理論和操作技巧，可是在關鍵時刻，如果沒有人在旁邊「催聲」，您是否會勇敢的下單？或者是「沒人說可以下單，我哪敢下單？」想下單的時候要問你自己，你是否有看到什麼訊號？若有，就勇敢去做！想拍手就用力拍，想改變造型、讓自己的內外都亮麗耀眼，就勇敢去嘗試！

　　盤勢走到這裡，大盤擺出最堅強的守備，上下兩個點位

6450和6500多空都難越雷池一步，雖然有上下影線的出現，但總是無法用收盤價決一勝負。操作就是不怕漲、不怕跌，只怕盤、只怕沒方向，羅威兩隻手舉在胸前手心對手心，準備方向出來的時候給予重重的拍手，甚至起立鼓掌。

技術面18MA＜50MA之後，不是「盤」就是「跌」，最近經典的代表就是民國92年底和民國94年8月這兩波，但是也有93年初大漲的例外，請同修做好準備。

圖中小圓圈是18MA＜50MA的位置，後面的走勢請自己觀摩。

短線什麼時候準備向上突破呢？或者什麼時候準備向下跌破呢？方向是大盤給的，不是我能決定的，長線我只是設定高低箱型的點位6775～6442，往哪邊突破我就做那邊。

我想，表態的時機快要到了。密切注意它的發展，只要有方向，請不要吝嗇給大盤掌聲。

08 螃蟹行情   2006/03/19

羅威最近比較少發表文章了，除了奇摩家族還會做簡單的提示之外，很少講解盤勢，因為這種螃蟹走路的行情實在沒什麼看法好講的，K線紅黑相間，多說多錯，不如不說，多做多錯，不如不做。

春節過後，從動手鋤去車站花圃中的幾棵芒草叢開始，一直忙著和這塊小花園作戰，每天利用空閒時間（差不多只有一小時）灌水、鋤草，直到元宵後才種上蕃薯葉，之後又是澆水又是除草的，也忙了一個月。

我種蕃薯葉並不是為了吃蕃薯，也不是為了將來採葉子吃，而是看那片土地長滿了雜草，心裡很不舒服，等將來番薯葉長大

了，散開了，可以把地面覆蓋住，不會雜草叢生，而藉由鋤草澆水的運動流流汗，精神也會很爽快，也算是意外的收穫吧。

我不知道現在生活在都市叢林的人們，有多少人有機會親自在土地上種些植物？有幾個人可以享受那種拿著小鋤頭、滿身是汗的感覺？如今我蹲在花圃旁邊，看著20坪大的花園裡欣欣向榮的蕃薯葉，臉上涼風吹拂，有著莫名的成就感，忘掉盤勢、放掉寫稿，看著蕃薯葉長大，這種拈花惹草的日子倒也滿愜意的！

今天回頭看看盤勢，台指仍然收在上篇規劃的短線區間6451～6500之間，這已經是第9天收在這裡面了！這兩個月的盤勢也在圖中所畫的區間之內，控盤大戶的控盤能力真是有夠厲害！盤勢的演變中，我看到很多朋友用型態來解盤，一下子M頭、一下子W底，好像有很多型態被提出來了，結果呢？這個盤開了很多人的玩笑，讓大家的看法都跌破眼鏡，有些朋友問「這會是什麼型態？」，希望知道我的看法。

羅威說，整理的型態從N型變成M頭，然後成為W底，接著有可能是旗型或楔型，或者出現多重頂，然後是複合型態……，每一個階段都有人猜出來，但是沒有做往上或往下突破、脫離型態前，沒有人知道盤勢進行中會是什麼型態，能夠說出型態的也都是在猜猜看而已。但不管是什麼型態，它都是箱型整理，這個你不會反對吧！

　　既然是箱型，只要把箱型的高低點定位出來，不就解決了？圖中的箱型位置提供各位參考。箱型區間沒突破前不會有大行情，羅威繼續保持小量進出，或者做做當沖而已。

　　股市漲了1200點，而那根週K關鍵高低點出現之後，也該到休息盤整的時候了。這就有如蕃薯葉很容易種，只要給予充足的水分，就會很快的長大，並且長得亭亭玉立、隨風飄逸、婀娜多姿，但是只要離地面一尺以上，就會因為葉子太茂盛而倒伏下來，趴在地上，然後由旁邊的嫩芽重新長大，長到一定高度再倒伏在地上，如此一再循環。

　　這是自然的定律，你看不到會長到天上的樹，你也不可能看到沒有特別支撐的蕃薯葉會長高到你的膝蓋以上，同樣的，你

也看不到沒有經過休息整理、而能夠噴上2、3千點的盤。為什麼？因為有地心引力嘛！

那麼，這個盤到底要往上還是往下呢？羅威不想費腦筋去猜，也不想預設立場，長線就看圖中那兩個點，什麼時候往上突破或者往下突破？如果一直都在這區間跳動，那就只有短線行情而已。不過有一點要注意：如果要往上攻，必須連續帶量收紅，如果有900～1000億以上的量更好（民國93年初那一段怎麼攻上去的？請自行在日K線上印證。）

如果沒看到這情況，還是保守點比較好。

地瓜葉沒有爬藤類的觸鬚，無法攀附著大樹，即使給它棚架，也很難出頭，爭下一片天空。爬在地上落地生根，才是它們的根本，不然怎會叫做「地瓜」？

該來的總是會來的。

09 行情的翻譯

2006/03/23

大盤長線已經跌破規劃中的6442箱型的底部，羅威很早就一直建議保守對待、減碼經營，突然見到這一個大跌，你是否有「好裡家在」的感覺？

最近有幾位剛剛入門的同修，盤中、盤後都利用即時通和我聊天，我會隨著盤勢告訴他，後面將會怎麼走，而盤勢十之八九也總是和我說的一樣，讓他相當好奇。

我告訴他，我只是翻譯股市巨人講的話而已，當你在股市久了、行情的變化看多了，自然就會具有這樣的能力。股市中的環節有如一部連續劇，就像電視看久了，有些連續劇看了開頭，你就可以猜到結尾，甚至你還可以當編劇，而劇情的演出就剛好和你編的一模一樣。

股市會說話，就看你懂不懂它所說的話。這些話有單字、有片語，有時候可以是整個句子，甚至是一篇文章或是一本書。點位串連K線，成為小波的漲跌，小波的漲跌變成短線的方向，眾多短線方向的集合會成為長線的波動，行情就這樣很有規律的運動，你可以用長線的方向來窺知短線的波動，**你也可以從短線的訊號中，規劃一個中線或長線的方向。**

　　不過要當翻譯，你也必須懂得對方的語言才行，好比碰到講英語的老外，你要和他溝通，先決條件是你也要會說英語才行吧。記得有家航空公司的廣告詞是「台灣話嘛會通」，為了做台灣人的生意，空中小姐就要學會講台語！那為了和股市溝通，我們就要學習股市的語言。

　　有的人從高價股的演出來翻譯這行情，有的人從資券變化和外資的買賣超來翻譯這個行情，也可以從政治面和基本面來翻譯，其實都可以，也都對！因為這些都是股市的語言，萬流歸宗，河流終究會流向大海，最後大部分人的方向都一樣了。

　　羅威直接從技術面的訊號來翻譯行情，這個盤從18MA＜50MA開始看壞，要看好就等到18MA＞50MA吧，這是既定的航

向，不會輕易改變。所以破低並不意外，但是破低之後短線碰到阻礙，反彈是一定會的，而且就在明天，反彈的目標瞄準21～22日間的跳空缺口，回補缺口好像是股市的慣性，不是嗎？如果反彈的力道夠大，說不定會造成反轉，那麼週線還有高點的預期就會成真了。

好啦，短線就先這樣看，明天會不會如期演出呢？要看導演喜不喜歡這劇本囉！

10 盤整篇結語

這段盤整期間，因為碰到春節，基於春耕、夏耘、秋收、冬藏的四季輪迴，征戰一年有了滿意的利潤，冬天應該是孵蛋的好季節。

另外一個讓我急流勇退的原因是，這段回檔的開始讓我兩次操作停損，獲利吐出了不少，1/23的跳空下跌，這一跳空跌破了前波低點，讓我警覺到盤勢已經不是多頭了，有轉空的疑慮！而這時18日量價也轉成量價齊跌的空頭，雖然2/6的長紅讓我幸運的扳回一城，但既然盤勢已經脫離原有的規劃，何必和它硬碰硬呢？

　　這樣做，主要是因為過去我有很多次重大的虧損，往往都是跟隨在成功的交易之後。前面這一大段漲幅有點因為成功而志得意滿，而兩次停損也給了我警告，為了避免自己會得意忘形、粗心大意，所以只留下少量的資金，並且大量減少出手次數，多數時間都當「看官」，猶如麻將桌上的「相公」，只求安全下莊而已。

　　手風不順的時候，最重要的是保持戰力，而保存戰力最好的方法，就是把戶頭大部分的資金都匯出來。這段期間因為戶頭內沒有太多的保證金，無法做大量的進出，反而沒什麼大廝殺。因為盤整只有小量短線進出，保持對盤勢的關注和一點靈敏度，有小輸贏卻無傷大雅。

　　但是盤整過後接下來這段行情可就熱鬧了！

六、實戰篇(三)
噴出之部

引言

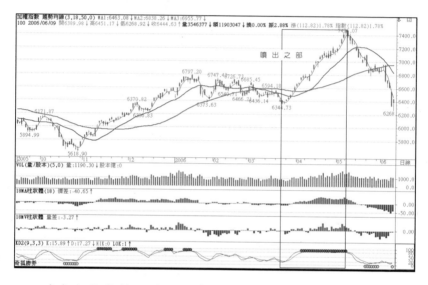

　　噴出之部收錄了民國95年3月29大盤6344落底完成開始回升，到同年5月8日見高點7474為止的噴出走勢中所發表的九篇文章。因為噴出行情實在太快、太急，時間也太短，沒什麼轉折，所以只有九篇文章。這段期間，外資天天強力大買超，大盤以極快的速度向上揚升，所營造出來的多頭氣勢實在是相當罕見，那麼以本書所提到的方法應該如何規劃？又要如何操作呢？這幾篇當時發表在聚財網羅威專欄的文章或許可以給大家一個參考。

實戰篇(三) 噴出之部

缺口語言

如何累積投資金融商品的能力

一條龍

你還在等嗎？

要怎樣才能夠抱得住呢？

台股突破6年來新高點了

阿爸的話——股票八跤

阿嬤的話——大家都想贏，誰來輸？

歷史的借鏡

01 缺口語言

在23日〈行情的翻譯〉中,羅威說反彈的目標瞄準21～22日間的跳空缺口。回補缺口好像是股市的慣性,不是嗎?昨天填補了大盤的缺口,今天填補了台指的缺口,你會意外嗎?股市的慣性都是有跡可循的,K線、均線、指標、波浪……等等,都是股市的慣性理論。大盤會用許多語言告訴我們它想說的話,缺口也是大盤語言的其中之一,它是屬於K線理論中的語言。

羅威翻譯大盤走勢根據的就是這些慣性,你可以檢視大盤,除了最上面和最下面的兩個缺口之外,所有的缺口都毫無例外的被填補了,有的當天就被補掉(如今天跳空下跌),有的隔幾天(如1月2日的缺口只有一天)、有些隔幾週(1月18日的缺口)……,反正都會填補,只是時間的問題而已。股市裡面有的人看到一跳空就驚慌了,但是有的人一看到跳空就微笑以待,因為他知道這裡又有短線的價差可賺。其中差別在哪裡?知識和經驗而已。

缺口也有很多理論,這些理論只要你在網路用關鍵字「缺口」查詢,就會有一大堆資訊可供你閱讀,你盡可如海綿般大力的吸取,例如:「一般而言,可將缺口分為普通缺口、突破缺口、逃逸缺口及竭盡缺口四大類,其中普通缺口及突破缺口與價

格型態有關，逃逸缺口及竭盡……。而就趨勢的走勢過程而言，突破缺口為走勢的起點，逃逸缺口顯示趨勢的持續性，而竭盡缺口則代表了趨勢的停頓或結束。」這些都是很容易就可以得到的資訊和知識，問題是，你要如何把這些知識化為實戰的手法，在實戰中得到利潤。

要了解缺口理論，就要先了解缺口的原因，是什麼原因造成這些缺口的？**基本上，缺口是因為價格的不連續所造成的，而不連續的原因是收盤後到下一個交易日的開盤期間，所發生的利多或者利空，讓投資人對隔天的行情發展產生一面倒的買賣行為。**有利多的時候，買盤強勁就會往上跳空開盤；有利空的時候，接手薄弱賣壓強就會往下跳空開盤。這些就造成了日K線上，兩個交易日之間價格不連續的上跳和下跳的缺口。

台股比較容易形成缺口的因素是收盤後當晚美股的漲跌情況，美股收大漲，隔天跳空開盤；美股收跌，隔天也跳低開出，所以開盤常會出現跳空缺口。

不過據我多年的觀察，美股只會影響我們的開盤（頂多是前半小時），之後台股就會走自己的路。實際印證，很多時候這些缺口都只是誤會一場，跳空開高或開低之後所留下的缺口當天就被填補掉了，尤其是一些20、30點的小缺口，所以這些缺口根

本沒什麼意義。我比較重視的是50點以上的缺口，為什麼呢？因為缺口愈大，所影射的投資人心理情緒反應的情況愈大。

→ 3411島狀缺口

某些沒有重大利空或利多的跳空，總是會讓人嘿嘿一笑，因為很多大波段的高低點，總是因為這些沒有原因的惡意缺口所造成的，而這種缺口總是會隔很久的時間才被回補，甚至是不回補，如3411所留下的島狀缺口，各位可以回味一下，當時有任何利空造成這個下跳缺口嗎？有任何利多促成這個上跳缺口嗎？沒有，都沒有！那是什麼原因造成這兩個缺口的？

　　很多東西都要經由細心觀察、累積經驗而來，缺口這東西也是一樣，你可以對著K線圖慢慢印證，也許就會有其它的心得。親近它、了解它，和它做朋友，或許以後你就不會對缺口那樣討厭了。

盤勢：

　　缺口補了，這一小段已經落袋為安，接著呢？羅威說空頭格局要翻多，必須持續放量收紅，今天是放量收紅了，重點是，明天能否繼續放量收漲呢？這關乎這幾天的上漲是反彈還是要做破底穿頭的波段啟動？在空頭趨勢中，沒有足夠的證據之前，羅威仍然保守，如果證據充分，當然會大力跳進去囉。

「手把青秧插滿田，低頭便見水中天，心地清淨方為道，退步原來是向前。」操作可多、可空、可休息；倉位可輕、可重、可空手。你選擇哪一個？這必須自己好好去拿捏。看得懂、看得準就進場，看不懂、看不準，觀望何妨？

祝大家操作愉快。

02 如何累積投資金融商品的能力　　2006/04/02

這是剛剛回覆一位網友的悄悄話——「如何累積投資金融商品的能力」？我想也許會有不少人有同樣的問題，所以貼在討論區供大家參考。

Q：「羅威大大您好，我目前是財金系大三的學生，對股資股票、期貨、選擇權很有興趣，想向您求教，與了解您當初累積投資實力的過程。未來想繼續進修讀財金所，想進入投信、外資或自營商，從事證券投資分析的工作，想向您求教如何累積投資金融商品的能力，因為我真的覺得我的時間不多了，想要好好努力，有個明確的流程與方向，請大大指導，多謝。」

如何去累積投資實力的過程？這可是很大的問題呢！

我想幾個方面是你可以努力的：

1. 多閱讀

書局有很多與投資相關的書刊可以翻閱，圖書館也有很多這類的書可以借閱。我買過、看過的股市相關書籍，可以從地板堆到天花板，排兩排。一本書的重點可能只有一個章節，可能只有三、五頁，甚至只是一句話。我的股市知識就是從這些書籍雜誌中擷取精華，慢慢累積而成的。

2. 多聽講座

有些券商常常舉辦免費的講座，如果時間許可，可以多去聽聽看。不過這些講座往往帶有宣傳的味道（招生或者開發客戶），既然你想入投顧這一行，聽人家怎麼演講，應該也是重要的功課吧。

3. 找一位好老師學習

上面兩種學習方式，可能只能讓你學到皮毛，無法了解真實操作的精髓，股市的東西很多，技術分析只是其中一小部分而已，既然財金是你的本行，大可從上市公司基本面的財務金融方面鑽研，所謂「一招半式闖江湖」，如果你有透視基本面的能力，將來定可成為這方面的頂尖分析人員。

說來慚愧，羅威雖然學商，但是對於上市公司的財務數字總

是不夠細心，所以只好走旁門左道，由技術面著手囉！哈！我偷偷告訴你，我拜過的技術分析老師不是只有一位，有將近30位喔！每位老師傳授的，我大概只保留合我用的一、兩招而已，有的甚至連半招都沒有；好的招數不斷使用，不好的或不合我用的聽過也就忘了。雖然我滿身的武器，長刀、短劍甚至袖裡針我都有，但我常用的買賣方法不會超過五種，但這樣已經很夠用了。

4. 在實戰中學習

任何方法除了找過去的案例驗證和模擬操作之外，最後都要透過實際操作，才能夠印證是否有效。怎麼算是有效呢？能夠持續獲利就是有效了。實戰這東西，涉及到金錢的輸贏，會讓你的想法和情緒有很大的變化，有的時候虧錢並不是方法無效，而是因為你的心態沒有調整好，只有實戰再實戰，才能夠找到合乎你用的方法，沒有經過兩次的多空大輪迴，很難真正體會股市的險惡與美麗的。

5. 教學

雖然我從事股市技術分析教學已經有5、6年了，但是當時是受到環境所逼，我實在是誤打誤撞走入教學這條路的。然而教學這幾年卻是我進步最快的一段時間，因為要上台，就逼著我把所學到的東西整理消化，上課前要做準備，上課講

一次（還不能講錯喔），回來又整理一次，台北、台中、高雄……輪著講，都講同樣的東西，一次又一次的講，講久了自己也倒背如流了。所以我都鼓勵學生，下課之後如果家人有興趣，不妨講給他們聽，做給他們看（注意！是用講的不是用指的），如果你能夠完整的表達出來，而且舌頭不會打結也不會跳針，你就是真的學到了。

6. 學習絕不可中斷

股市隨時都有新東西，大盤是我們最好的導師，不管何時，絕不可自滿，要不斷的閱讀求知，現在只要時間許可，我都會重覆上面的學習步驟——雖然現在還能夠讓我眼睛為之一亮的已經很少了，但是偶爾也會有外來的刺激，都能激發我的思考，讓腦子轉一下，有時候也會爆出亮麗的火花。

老實說，股市這條路並不好走，你將來想從事的投信投顧業又是必須靠真本事、真功夫的行業，因為你必須替客戶在投資上賺到錢才能夠生存。羅威只是業餘的投資人，並不是金融投信這行業的從業人員，所以也無法給你什麼好的建議，不過以累積投資實力的過程來說，大概就是上面這些，希望對你有所幫助。

祝福你！

03 一條龍

擲銅板正面和反面出現的機率各為二分之一，連續出現十次正面人頭之後，下一次擲出正面的機率是多少？也許您會認為出現反面的機率高些，其實正面和反面的機會仍然是各半。同樣的，這波至今連漲十天，下周一上漲和下跌的機率，仍然是一半一半。過去有人統計最近二十年的日K資料，漲跌的比率也差不多是各佔50%。

當然這純粹是數學機率的問題，但是股市往往不是這樣的，跌勢開始就大跌小漲陸續跌；漲勢開始就大漲小回持續上漲，這回連續上漲10天算是相當的異數了。以比十三張來說，已經拿了十張紅心了，你會不會很期待再來三張紅心湊成一條龍呢？

嚴格來說，到今天技術面還沒有出現賣出的訊號，唯一的賣出訊號只有——漲太多太快了。羅威選擇在昨日尾盤賣出一部分的持股，今天出清手中的call，主要是上漲的氣氛實在太好，今天尾盤，逆價差收斂到只剩下7點，空頭似乎緊張了，掛出去的單很快都被強勁的買盤搶光了。

　　這個盤終於有人認出它的型態來了，叫做下降楔型，但是當初怎麼沒有人猜到呢？所以說型態還沒有完成之前，誰都不知道最後是什麼型態，因此我都以「箱型」稱呼，兩個字就將所有的整理型態完全打包，然後再慢慢觀察它的變化。

　　那麼，為何要藉著拉高逐步出清手中的可樂（call）呢？因為：

1.　目標點快到！

2.　結倉日快到！

3.　指標值太高！

4.　……！

被搶光了就休息吧，利潤留下來了，風險交出去了，交易做完了也就沒什麼好留戀的，尤其是在逆價差快速收斂的時候。

股市永遠是多空對決，這幾天觀看盤面大家的發言，賺到的正在暗爽，被軋的正在飲泣，股市真的是幾家歡樂幾家愁啊！只要你在股市活得夠久，這些都會習以為常的，待一段時間過後，你就會發現大家又是一尾活龍。

老一輩的投資人審查一檔股票要不要賣的一個很重要的原則——**假如你是空手，現在你會不會想買？**如果你還想買，那就還可以持有；如果連你自己都不想買，那就可以賣了，因為當你都不想要買的時候，其他人差不多也會有相同的想法。

那麼賣了以後要不要立刻翻空呢？好像也不必這樣尖銳吧，別忘了現在可是多頭了喔，而且KD高檔鈍化回檔的低點也不多。

全速前進的車子你不先停車就要打倒車檔嗎？這樣做可是會弄壞車子的喔。沒有足夠的訊號，作空總有一定的風險。

羅威很篤定的告訴你，18日均量和18日均價都強力往上，這絕對是大多頭，大漲小回，目標不會只有6844，應該是要挑戰7135或者更高的地方。只是可能用直奔的方式一路攻上去嗎？還是會回檔一下再上呢？沒有回檔補充一下體力，恐怕不容

易一次達陣吧！

在股市裡要活出自己的生命力，就要找出自己可以依循的方式，只要它是可靠的，對錯就交給那個操作方式吧。

下周一開盤後一小時內應該可以看到673×的點位，至於是否為買點？要看各位的操作機制。股市比的是誰氣長，誰活的久；不是比誰賺得多，賺得快，風險的管理永遠要大於對利潤的預期。

04 你還在等嗎？ 2006/04/12

解釋盤面訊號的方式有太多了，政治、經濟、政策、公司基本面、資金移動、消息面……都可以用來解釋盤面的漲跌，也有人拿這些問題來問（考）我，羅威只是笑笑，因為這些我並沒有深入的體會，若勉強解讀，錯的時候要比對的時候多太多，所以我只好留給別人解讀。K線是所有參與股市的投資人的共同結論，不論你用什麼方式做依據其實都沒有關係，羅威看股市都是單單從技術面去看而已。因為K線是所有參與股市的投資人的共同結論，我看大家的結論來分析就好了。

　　羅威說這絕對是大多頭，因為18日量價齊揚會帶你上天堂，技術面就是這麼簡單，沒什麼大學問，那麼操作只要長線抱牢，就可以簡單獲利。有人說，他不相信技術面可以賺到大錢！羅威點頭如搗蒜，但是羅威壓根兒不想賺到很大的錢，任憑弱水三千，我只取一瓢飲，能過好一點的生活就夠了。

　　不求大富大貴，只求多少賺一些錢，讓存款數字能慢慢增加，讓我要用錢的時候有錢可以用，這樣就很高興了。有時候想想，就算你有如王永慶般擁有千億財富，你還不是吃兩碗飯，穿一雙鞋，睡一張床……只不過是用的好一些，吃的好一些，住的好一些罷了，和平常人有什麼差別呢？尤其對於在921大地震中，經過房屋半倒、期貨徹底斷頭的人來說，如今能夠抖掉一身債務，重新爬起來，都要謝天謝地了。

　　我現在的資金控管變得相當嚴格，嚴格到幾乎過於小心，因為很怕一不小心又得重新來過。年紀漸大了，常常想的是，如果再有一次斷頭的萬一，我還有沒有那個時間和力氣重頭開始？恐怕時間和力氣已經都不允許了。

　　也許真的是「江湖愈老膽子愈小」吧！股市長長遠遠，實在不必急於一時，想起剛開始做期貨的時候，動不動就滿倉的日子，手心不自覺得都會冒出汗來，而現在總是選擇「最大風險可

以控制」的情況下才下單操作。

這些「最大風險可以控制」的方式有哪些呢？

1. **除非是大多頭格局，否則股票不融資只用現股買；**

2. **期貨要選擇可以下停損單的地方，有留倉的單就要買相對口數的選擇權做保險；**

3. **OP只做買方；**

4. **平常資金只用三分之一，最高不超過七成。**

羅威在股市二十年深深體會到資金控管的重要，「資金控管」這四個字，永遠是股市中最重要的四個字。以上只是提供大家一點經驗，這些經驗可是花了好幾千萬和兩個十年所得到的，希望你能受用。當然，每個人對於風險的看法不同，對利潤的追求總是希望比較大些，你現在未必聽得進去，可是萬一將來你碰到了，希望你沒有忘記。

盤勢：

　　多頭沒有改變，回檔找買點的策略也沒有改變。4/7出清多
單後就是等回檔的買點，這幾天的短線震盪，可以說是在修正乖
離，回檔不會很深。早上開盤到6700附近先接一筆6704，另一
筆掛6670（等補缺口）的買單沒有買到，接著補掉今日缺口，
出現動能超越（預估量大於前三天），加碼買進6760，同時買
進五月7000call（40～44附近），今天的單就都做完了。

　　買進完成之後，接著就是等待上漲或者停損出場而已。基本
上因為買進的量並不多，所以耐震度比較高，停損點我放得比較
遠，除非跌破18日線，我大概不會停損出場。

嘿嘿，這種盤羅威可以氣定神閒，盤中還有精神打這篇文章，和大家分享今日進場心得，下不為例。

請注意，我買的是五月的商品而非四月。羅威操作都有一定的依據，因為上課是要講解給同修聽的，不可以亂打高空，提早換倉是為了避開結算時被老千耍的危機，另外⋯⋯買進那個7000call的價位肯定會變成價內，7200是指日可待的。

05 要怎樣才能夠抱得住呢？　　　2006/04/19

在羅威的規劃裡面，7000只不過是一個遠目標進行中的休息站而已，這裡會有小回檔，就像6800也有一個小回檔一樣。這些回檔不會妨礙大格局的漲升，有沒有賣其實都不是很重要，因為他還在漲嘛，至於會漲到哪裡？我如果知道一定會告訴大家，可惜我只是人不是神，對於後勢我雖然有規劃，但是為了避免不必要的麻煩，只有貼在家族與同修分享而已。

　　至於有人問我「要如何才能夠抱得住啊？」我想你可以試著回答下面三個問題：

1.　你對行情的規劃？

2.　你投入的資金部位大小？

3.　你對風險承擔的能力？

　　圖中，有一條18日均線，這是趨勢線，這條線上方盡量作多。當然我的操作思考和行情規劃的方法有很多種，但是就機械式的做法來說，這一張圖很夠了。

　　方向確定下單篤定，有時候不一定要看盤，看盤往往會看到手癢掛皮膚科。看盤，要如何保持如如不動，需要很大的定力，要慢慢練習。說真的，我之所以還抱著，主要是因為前幾天老早就換倉了，沒有結算的時間壓力，沒必要為此失去低成本的籌碼。另外呢，買進期指之後，我也為手中的期指多單，買了相當部位6100put的保險，這些保險是準備歸零的，但是因為有買了保險，就算哪天又天搖地動、突然跌停板，大概也不會有事，所以才能比較安心吧。

　　夜深了，以上簡單回覆，希望你滿意；祝你操作愉快。

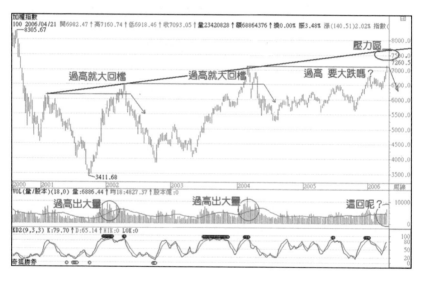

06 台股突破6年來新高點了 　　　2006/04/22

　　加權今日最高來到7160，已經突破7135，成為六年來的新高點，貼一張圖來慶賀一下。

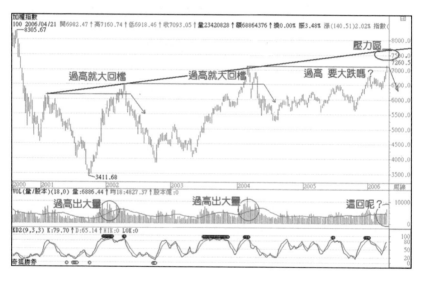

　　台股創了新高，算是跟得上各國創新高的腳步了，總是值得高興，但真的是這樣嗎？

貼一下羅威在奇摩實戰班家族的文章標題：

編號	標題	發表人	時間
2000	出清一趟	railway0140	2006/04/19 12:34:02
1999	要怎樣才能抱得住呢？	railway0140	2006/04/19 00:57:43
1998	Re:7000點快到了	railway0140	2006/04/17 17:00:42
1997	7000點快到了	railway0140	2006/04/16 17:10:09
1996	Re:你們聊，我先走了……再加一些	s	2006/04/12 23:33:27
1995	Re:回檔完畢，不用等了	railway0140	2006/04/12 17:34:02
1994	回檔完畢，不用等了	railway0140	2006/04/12 13:25:11
1993	Re:期待量再縮一天	railway0140	2006/04/12 10:52:17
1992	Re:期待量再縮一天	s	2006/04/12 10:48:02
1991	Re:期待量再縮一天	railway0140	2006/04/12 10:39:53
1990	Re:期待量再縮一天	railway0140	2006/04/12 09:57:09
1989	期待量再縮一天	railway0140	2006/04/11 11:37:44
1988	你們聊，我先走了…	railway0140	2006/04/09 11:11:52
1987	Re:連漲10天之後	s168	2006/04/09 00:20:34

編號	標題	發表人	時間
1986	連漲10天之後	railway0140	2006/04/08 09:39:20
1985	Re:6800…快到了	railway0140	2006/04/07 12:56:09
1984	6800…快到了	railway0140	2006/04/06 14:31:45
1983	靈感	railway0140	2006/04/05 21:11:38
1982	色情網址問題…雅虎終於有回應了	railway0140	2006/04/03 23:34:19
1981	Re:起漲選股法	b	2006/04/02 22:52:38
1980	起漲選股法	railway0140	2006/04/01 13:18:51
1979	Re:量價齊揚…目標6800	railway0140	2006/04/01 11:55:30
1978	Re:量價齊揚…目標6800	w	2006/03/31 17:23:45
1977	量價齊揚…目標6800	railway0140	2006/03/31 12:19:04
1976	Re:量大於前三天…會是波段起漲的訊號嗎	railway0140	2006/03/30 14:00:56
1975	缺口語言	railway0140	2006/03/29 22:30:46
1974	量大於前三天…會是波段起漲的訊號嗎	railway0140	2006/03/29 19:59:35
1973	Re:破低之後…補缺口了	b	2006/03/29 09:57:13
1972	Re:破低之後…補缺口了	railway0140	2006/03/28 23:33:13

編號	標題	發表人	時間
1971	給各位師兄師姊一點小小的建議…	k	2006/03/23 17:30:06
1970	破低之後…	railway0140	2006/03/23 13:47:20

PS：為保護家族同修帳號，僅用開頭英文字母代表

這是羅威自3/23以來，在家族的分析稿件，從〈破低之後〉、〈6800快到了〉到〈7000快到了〉，最後是〈出清一趟〉。一路走來羅威一步一腳印，雖然有些只是簡短的談話和重點提示，不過還好都沒有漏接到目前為止的一大段急漲行情，這應該就是最舒服的事了。

標　　題：出清一趟

發表人：羅威（railway0140）

發表時間：2006/04/19

　今天出清一趟，等回檔再接

1. 預期的7050～7150有較大的壓力，壓力區已到。

2. 今日拉高結算，長紅之後會有整理。

3. 拉高結算之後，往往會有壓回，看摩台能否接棒演出。

4. 短線指標數值實在太高了，總要休息一下啦。

　今天過7150，原本還留著一點點的種子，但是今天也被買走了。空手之後反而沒有壓力，神清氣爽。

回到這張圖，這是羅威一直放在頭殼內的一張圖，裡面有兩個重點：

1. 過高之後會是如何呢？

2. 這波量跑到哪裡去了？

羅威沒有答案，我想這些留著給各位思考。

另外，上升趨勢線、壓力線，和預估目標區，這些區域還沒有到，我希望它會到，但是會不會這樣走呢？我也不知道，圖是畫著、等著。規劃、計畫、變化……走一步看一步，看一步走一步。

既然已經空手，當然就是乖乖的等回檔再接囉！趨勢仍然沒有改變，回檔有兩個多方很不錯的防守位置：一是7030，一是6950。最好不要有任何一根日線收盤跌破6910，否則不妙。

■ 補充說明：

這張圖是多頭浪、空頭浪諸多論述中的最後一個重要觀念，不過我沒有放在技術篇中，我把它放在本書尾端，這是要給認真看本書讀者的真功夫。

請記住這個口訣：

多頭浪：回檔低點不破前波低，上漲高過前波高，過高後會有回檔。

空頭浪：反彈高點不過前波高，下跌低破前波低，破低後會有反彈。

這和前面的口訣有些不同，但卻是我努力了好幾年的體會。用這口訣，如果你有時間再看一次本書的論述，再認真的對照這一路下來的分析稿，相信你會會心一笑的。想了解股市的生命力，盡在這兩句口訣之中了。

07 阿爸的話──股票八跤　　2006/04/26

買賣股票的人都知道，大股東對股市的影響力可以用「呼風喚雨」來形容，其他「散戶」則被稱為散財之戶，跟著大戶殺進殺出，運氣佳者賺錢，運氣差者流血出場，或者住進「套房」。

一位開貿易公司的頭家，除了認真經營公司外，也愛玩股票，瘋狂於股市，股票買賣進出數額頗大，賺了一大筆錢，水漲船高，迅速累積了不少財富，也羨煞不少親朋好友。然而有一陣子股票大跌，他一日間就賠掉一部賓士車的價差，往後的股市也

沒有起色，一路下滑，他大嘆時不我與，幾乎傾家蕩產也把身體弄垮，差點賠掉生命走上不歸路。

有了這次經驗，他想開了，他體悟到台灣古諺：「賺小錢靠打拼，賺大錢靠運命」、「錢能載舟，也能覆舟」、「賺錢有數，生命要顧」的道理，感慨「人兩跤、錢四跤、股票八跤」，警惕自己不可再迷戀股票市場，決心不再從事短線交易，只做長期投資，從此腳踏實地的經營本業，過寧靜平凡的生活。

事實上，不少玩股票的人喜歡聽好消息追高，聽壞消息殺低，不但白忙一場，還賠了不少冤枉錢。**其實，想要投資成功，除了要下工夫了解上市公司的實際價值和獲利能力外，也必須要有眾人皆賣我獨買，他人狂買我獨賣的逆勢操作手法和膽識，只有與眾不同，千山我獨行，才能享受成功的滋味。**

買賣股票是一個很專業的事業，買與賣之間學問很大，風險也大，如果盲目栽進股票市場，就如進了賭場，十賭九輸。「沒有三兩三，不敢上梁山」，凡事三思，量力而為，賺錢也得顧風險。

世間事都有本末順序，只要穩紮穩打，循序漸進，必然能達到成功的彼岸，若是想一步登天便會「逍貪　（ㄋㄥˋ）雞籠」（台語）。

■ 後記：

　　這一篇是家父所作《活出生命力》裡面的一篇文章，家父六十二歲公職退休後，從事鄉土文學的工作已經超過十個年頭，出版過不少鄉土記錄的書籍，這篇是父親唯一寫到有關股市的一篇文章，每每看到這篇文章，心中就有特殊的感慨，特抄錄下來和大家分享。

　　跤（台語發音ㄎㄚ）是腳的意思，股票八跤就是說股票有八隻腳。現在的股市何止八跤？有了期貨和選擇權之後，股市簡直像是蜈蚣有百跤，因此投資股市能不慎乎？

盤勢：

規劃中的7030多方防守點經過兩天的測試，也顯現了應有的支撐力道，短線分時K上已經初步顯現短底訊息，今日狹幅橫盤似乎在等待一個風雲再起的發動時機，明日的摩台指結算應該是重頭戲吧。

如此強勢的多頭，回檔都是買點，這位置的風險有限，是個很不錯的買點，停損就擺在6910。這樣的空間您願不願意冒險，就看你對風報比的評估和進場的意願了。

08 阿嬤的話──大家都想贏，誰來輸？　　2006/04/28

雖然阿嬤去天國旅行已經二十幾年了，但是我小時候是跟阿嬤生活的，我的記憶幾乎都是阿嬤的影子。

小時候住在鄉下，田庄小孩總是喜歡打賭，除了賭錢之外（其實那時候也沒有零用錢可以賭），其他的田野釣青蛙也可以賭，賭誰釣得多、賭誰釣得最大隻。賭注是什麼呢？橡皮筋、圓牌、玻璃珠、陀螺……就算沒有東西可以賭，輸的人給對方彈兩下耳朵也可以。

每次上街，看到路上有人聚賭，阿嬤就會矇住我的眼睛，不准我看，然後帶著我快速通過。阿嬤說：「賭博的人抽菸、嚼檳榔、不務正業，看了就討厭」、「賭博的人你想贏、他想贏、大家都想贏，那誰來輸？」印象中，祖母沒有賭博過，也很反對家人賭博，除了有一次和我打賭一支冰棒……

那次打賭很無俚頭。有一回和祖母到鄰鎮的廟裡燒香，燒完香後，祖孫倆等公車，等了很久都等不到，因為天氣很熱，我問阿嬤說：「車子會不會來？」阿嬤說：「會，再等五分鐘就來了」我說：「如果過了五分鐘車子沒有來呢？」阿嬤笑著說：「那我請你一支冰棒好了。」結果那次我贏了，阿嬤請我一支冰棒，我捨不得咬只用舔的，雖然冰棒融化後沾滿了衣服，但是祖孫倆還是笑呵呵！

那是多久以前的記憶呢？大概是國小五年級的時候吧。

二八法則存在於很多現象之中，股市據統計也有20%贏家和80%輸家，但是更精確的資料是，投資股市五年能夠有獲利的人不到百分之五！但是不管比例多少，每個人總會認為自己是那少數的贏家之一，所以不管有多少人垂頭喪氣的出場，股市仍然不斷的吸引各色各樣的人馬進入，這個超級吸金市場每天交易的金額總是有數以百億、千億的數字，你有想過這樣多的錢可以堆滿幾間屋子嗎？

　　進入股市，無非是想要投資理財或是投機生財，但是幾年下來，有幾個人真的理到了財？生到了財？投資人往往賺了錢到處宣揚，虧了錢就搖搖頭默默不語，所以你聽到的總是「今天漲了多少，賺了多少」、「這波賺了多少又多少」，有了選擇權之後你更可以聽到「這次賺了幾倍又幾倍……」到處都是樂觀的訊息，讓新手不免心癢難耐，躍躍欲試，每次行情一熱絡，券商的「自來客」（自己來開戶的客人）總是特別多。

　　當從來沒有玩過股票的朋友，突然跟你說，「我今天去開戶了喔！」你的感覺會是如何？該恭喜他還是警告他？**當你到處都聽到朋友、同事，在股市賺到錢的消息的時候，當你也忍不住想去券商開戶的時候，當你看到一堆從來沒有玩過股票的朋友也開戶的時候……想想阿嬤的話：「你想贏、他想贏、大家都想贏，那誰來輸？」**

→ 誰來輸？

　　當然不會是那些早就在市場上身經百戰的大贏家，大部分都是新手和剛進入市場不久的投資人。雖然有些新手剛入股市就大賺一筆，但是時間拖久，就會又輸了回去，只要一個中級回檔，保證是逃的逃、套的套。股市的贏家很少，但能贏的都贏很多。只有那些經過好幾回多空輪迴歷練的人，才能夠真正賺到很多銀子。

　　股市三多：錢多、消息多、輸家多。當你也抱著你的積蓄來股市碰運氣的時候，請你想一下，大家都想贏，那誰來輸？

　　當你從職場進入陌生的股市大賭場，股市躲在角落的的長年

贏家，總是張開雙手，笑臉盈盈的想擁抱你們，你可有看到這些和善臉孔下的邪惡嘴臉？

想起79年初股市流行的一句順口溜：

早開戶，晚開戶，早晚要開戶

多買點，少買點，多少買一點

那時，股市在11000點，日成交量和現在差不多，都是1500億～1900億！過不久股市創下12682高點，自此高點不再，一去不回頭，最低到2524點！八個月跌掉一萬點，只剩下零頭。

盤勢：

人多的地方不要去，已經出現兩次大量黑K都沒事，如果再來一次量大黑K，可能就出事了。山頂上玩，誰能贏？高檔地方，誰來輸？

09 歷史的借鏡　　　　　　　2006/05/10

　　這張圖很早就貼在羅威實戰家族寫真集了，沒有太多的解說，但充滿想像空間。也許它會發生，也或許不會，但是萬一真的發生了，希望你有所防備。

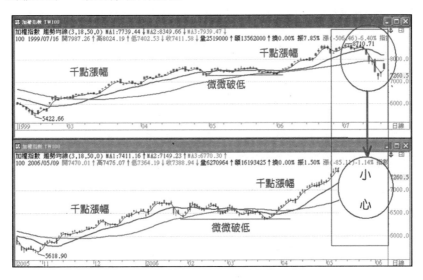

　　羅威說，股市的走勢一直都在複製過去的圖形，複製哪些東西呢？**股市永遠是不斷地複製上漲、修正、下跌、修正……只不過是幅度的大小不同而已。歷史的走勢不斷地重複發生，只是你有沒有觀察到而已。開車當然要看著前方，但是偶爾看看後照鏡，回顧走過的路，也許歷史的痕跡可以告訴你一些什麼吧！**

給各位兩項功課：

1. 五月是繳稅的月份，過去繳稅的月份走勢通常如何？（91年以前是三月繳稅）

2. 五月有一個很重要的節日——母親節，這天之前的交易日，股市會如何？

這兩樣功課，你要認真去找答案：

一個會讓你憂心！

一個會讓你驚喜！

以此獻給天下偉大的母親，母親節快樂！

七、實戰篇(四)
大跌之部

引言

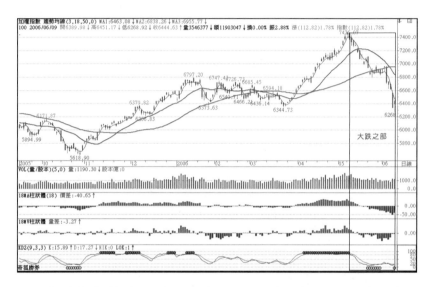

　　大跌之部收錄了民國95年5月9日到同年6月8日這一個月
的時間，指數從7476跌到6331的這段下跌波段，總共只有4篇
文章。

　　羅威在衝過6年來新高後，成功的在快到高點前停車，出
清所有持股，並開始用OP摸頭和放空期指。這段走勢下跌之
快，有點出乎意料，原本以為會有一些時間的震盪做頭再下
來，沒想到出現了難得一見的尖頭反轉，急跌走勢來不及建立
更多的空單；不過雖然部位不大，但是幅度夠大，速度也夠
快，進帳卻也很夠貼補家用一段時間了。

　　6月8日長黑之後，週線跌破前波低點6344，已經出現空頭浪的破底走勢；破底之後會有反彈，反彈之後……？說真的，雖然我多空都能操作，但還是比較喜歡作多，**週線空頭浪的出現，讓我想要短線搶個反彈都會膽顫心驚，保住資金可能是比較重要的工作，**等到週線反彈時間和幅度到了一定的程度後再出手。

　　所以這段大跌出現之後，幾乎已經處於休眠狀態，加上本書的收集資料和編輯也在這段期間正緊鑼密鼓的進行，因此就很少發文了。聚財網執行長陳志維兄說，書賣得好不好跟有沒有行情有很大的關係，問我準備何時出版？

　　我說，等出版的時候，行情就會好了！

　　哈哈，但願如此。

實戰篇(四) / 大跌之部

你想做的是什麼樣的盤？

如果只是為了賺錢，學技術做什麼？

跌了快700點

抽刀斷水水更流，舉杯消愁愁更愁

歷史會重演！

本篇結語

01 你想做的是什麼樣的盤？　　　2006/05/16

有沒有無缺點的操作法呢？各類理論都有缺陷，但天下事無奇不有，羅威這一路下來，對盤勢看法和操作都滿順利的，昨天已經清空了手中5月的OP，面臨結算，連盤也懶得看，今天閒閒無事，就來談談這個問題好了。

到底有沒有無缺點的操作法呢？有的！這方法確實存在，它可以提出明確的點位、波位，可以和很多技術理論結合！在當時，我確實經過3個月徹夜的研究，找很多歷史資料印證，希望能夠找出它的盲點，但那時候真的找不出來，反而打破了我不少盲點，將過去所學的技術，一塊一塊完全貫穿了起來；而且經過實戰後，確實有不錯的獲利（當然也包括不少網友提到的——教學收入）。

這套方式真有這樣神奇嗎？不是的，它是很平凡而且也是大家慣用的指標，脫離不了K線、均線、RSI、KD、MACD……這些流傳久遠的傳統指標，當然也包括簡單的波浪理論，差別在於它的用法比較獨特而已。如果說它是一種指標，不如說是技術理論的綜合體較為貼切。**其實只要是學過技術分析的朋友，都已經擁有了這樣的技術能力，只是東一塊、西一塊，有沒有把它們串聯起來罷了。**

　　長線保護短線，短線影響長線；盤勢的變動，其實是長線、短線之間的環環相扣，這和各位（包括我的過去）大多用單一層級看盤有很大的差別。**技術理論的盲點，主要都是出現在使用者無法將大小週期互相搭配，而不是技術本身，只要你能夠突破這個思考上的盲點，相信你的技術能力會突飛猛進的。**

　　上一張圖（詳見〈歷史的借鏡〉一文）提出的時候，其實有一個前提，就是在〈阿嬤的話：大家都想贏，誰來輸？〉該篇的末段：羅威說，盤勢仍然往上看，但是已經面臨中期的高壓帶了，以週線為單位的回檔正在醞釀，請大家務必小心——尤其是當很多新人也紛紛進入股市的時候。

　　有「週線為單位的回檔在醞釀」，才有那張圖的產生，不過當時股價仍然繼續上漲了200點，但在操作上，羅威已經出清多單，而逐漸布局空單，而今天看來，只不過再度印證這方法的可靠性而已。

　　股市沒有不能操作的盤，只有值不值得操作的盤，如同大資金的大戶操作的週期都是以週、月為單位，所以對於用5分線看盤的人只有搖頭的份；而小資金的散戶操作的都是小週期的漲跌，當你聽到有人以週線來看盤，也覺得不可思議。

　　請你打開這一個思考上的盲點，常常看看週線月線和小時

線，不要再侷限於單一個日線週期。指標在單一週期都是時而準時而不準的，也就是時對時錯，這是這些指標使用人本身的盲點，不是技術本身的問題！就像開車上路出了車禍，你怪罪於生產汽車的公司，也不太合理了！

或許你用的技術真的存在缺點，那麼你能不能找出這一缺陷失敗的原因？你能不能避開這個缺點？避開缺點，不就是沒有缺點了嗎？其實只要打從心裡接受不同時間架構之間可以互相配合的觀念，很多操作上的盲點都可以一一克服。這樣就很容易了解何謂「無缺點的操作法」了。

現在，請你回頭想想，你想做的是什麼樣的盤？

希望這一篇對你有所幫助。

盤勢：

　　回頭一看，又跌了90點，週線級數的回檔仍在進行。這種跌法有如洋蔥剝皮——洋蔥的皮有千層，每剝一層都會讓手上有多單的人掉淚。

　　上漲、修正、下跌、修正……不斷的複製，長線規劃、中線計劃、短線變化……不斷的循環；如果你看過很多歷史的K線圖，你會發現股市操作無非就是不斷重覆這樣的事而已。

　　最快的止跌時間也要在下週，時間還沒到之前，盤中都只是不同分時K級數的反彈而已，手上有多單的，請把握股票換現金的時機。

02 如果不是為了賺錢，學技術做什麼？　　2006/05/21

　　打開電腦的K線圖，我就會想起以前老師說的話：「如果不是為了賺錢，你辛辛苦苦的來學技術分析做什麼？」說到錢，會讓人覺得滿身銅臭味，但「錢非萬能，沒錢卻萬萬不能」的確沒錯。K線圖沾醬油也不能吃，如果不是為了找出可靠的買賣點，不是為了想在股票上賺點錢，辛辛苦苦學這些幹什麼？

　　雖然沒有精確的統計，但是我從民國77年進入股市到今天，有繳學費並且花時間去上過課的老師，至少有30位，從最短半天、一天的講座，到三至八堂課的短期教學，有的一期要花兩、三個月，最長三年；最密集的學習時間在民國84年到民國87年，這三年中幾乎是天天在趕場，如海綿般的吸收。

　　學過的東西有多少呢？可以這樣說，如果每天發一篇文，天天都講不一樣的東西，我可以講一年，而且不會重複。但是股學浩瀚，儘管我是全力學習，懂的不過十七、八，不懂的還有七、八十。雖然滿身都是武器，但我經常使用且真正用在操作上的也只有幾招而已。也許你會問，只有幾招拿來用？那學那麼多幹什麼？就學這幾招不就好了！

　　我如果沒有過去學習那樣多的知識，就無法了解股市學識的廣度和深度，也就無法分辨好壞，無法知道何者是適合我用的，

更無法粹煉出屬於自己的操作手法。就好比大學學測的考題不過幾張考卷，每一科的題目也只有幾題而已，那麼準備這幾題不就好了嗎？辛苦的讀三年高中幹什麼？這是一樣的道理。

不過學測的考題必須每題作答（不會的也要把可能的答案寫上去），答對才能夠得分，沒寫答案或者答錯，就是沒有分數甚至被倒扣。而股票呢，我只有準備三個考古題而已，不會作答的可以選擇不答，我可以等到我有準備（帶小抄的也行）的題目出現了，我就可以得到高分。

我準備的是哪三題考古題呢？

1. 多頭

2. 盤整

3. 空頭

關於這三題，操作上多頭作多、空頭作空，都可長線操作；盤整就來短線操作或者休息。這三種走勢隨時會出現在任何一個時間層級之中，只要我想做，隨時都可以進場操作。

台股不到50年，比較活躍的時間是最近這20年，你只要用功的將過去的走勢慢慢整理、發現，一理通萬理通，就你所學研究出這三題的經常性走法，並且找出它的正解，只要會一題就夠

了，會了一題你已經可以立足於股市，三題都會，那麼你就是隨時可以得到高分的投資人了！

學習技術分析就是為了賺錢，要賺錢，就要選擇你會的題目作答。這三個題目你有做準備嗎？都做好了嗎？有你最專精的回答問題方案了嗎？如果沒有，那你要憑什麼賺錢？

盤勢：

就統計來看，台股的波段上漲1200點，大概是一個大波動幅度的滿足點，2～3個月是時間幅度的滿足點，配合5月的報稅抽金效應，所以7350～7500是很容易猜到的高點區域。幅度滿足之後會有回檔，開始走整理盤，而週線回檔兩到三週是經常出

現的整理的時間，兩週之後應該有反彈，反彈後再看會不會跑出另外一個波段？或者反彈後下殺再創新低？

　　羅威個人的看法：這盤已經跌破多頭浪的前波低點7052，似乎意味著盤勢反轉走空了，長線要整理很久，可能到6、7月呢！理由是什麼呢？因為：

1. 如果是整理，時間總會比較長，你可以參考今年1～4月的盤整走勢。
2. 月K線已經出現黑K的訊號，如果本月收黑，下個月有可能續黑，恐怕對台股很不妙喔！

03 跌了快700點

算一算從高點7476，直直落下來到今天低點6833，已經600
多點了，這樣的跌幅、這樣的速度，真的讓人怵目驚心，您躲過
了嗎？KD也跟著低檔鈍化，呈現最弱勢的走法，以這個低檔鈍化
反彈不過前高再跌會創新低來看，這個盤還有得跌。

羅威常說，**我不羨慕那些在多頭時候賺很多錢的人，反而比
較欣賞在空頭時能夠保有大部分資金的人！**羅威在這波下跌第一
次嘗試做賣CALL（5月7300賣在210左右），沒想到結算前跌到
見骨頭，剩下個位數的時候回補了。習慣於double再double買
方操作的人，做起最多能賺的就是全部權利金的賣方，突然覺得

做選擇權賣方真不好玩！

5月結算之後，因為感覺6月的商品滿貴的，所以只買幾口CALL觀察而已，雖然是故意去買來觀察的，也只有少數幾口，但這兩天卻被腰斬了一次多，看著、看著，今天的盤勢似乎有那點要反彈的味道了，於是又買進7000和7200的CALL，佔了這回準備搶反彈的選擇權資金的1／3，買的時候心中只有一個概念——跌了快700點了，這個月都不反彈一下嗎？就賭賭看這個反彈的訊號正不正確吧！

用OP摸底有一個好處，就是以小博大，「頂多就是投入的少數資金全部歸零」，最大的虧損已經控制了，其實沒什麼好怕的。

答應聚財網要寫一本書，不過羅威一向隨性慣了，寫文章都是寫完就往網站一丟，現在要整理還真是不容易呢！剛剛整理了一小篇，本想休息，不過在跌了快700點的時間點，發表一下看法。

今天的單，也許是對的，也許是錯的！管它呢，已經控制好最大可能的風險，安心睡覺去囉！

以下引用羅威在2006/05/24所發表的內容：

給已經購文的朋友：

有人問到，這筆單停損點該設在哪裡？

玩OP買方，歸零是最大的風險，羅威用的是投入資金的控管。做法：將資金分成三等分，單月最多只投入一等分，而這一等分還分三次進場（目前只進其中的一等分）。

6月才剛開始，文中投入的資金是在可承受的範圍之內，所以基本上我是採取「射後不理」的態度——除非真的發生了無可控制的風險，但是萬一如此，大概也跌到已經沒有出場價值了。如果一個月都沒有回到這個價位之上，也就認了，因為最大的風險已經控制了，這是我為何要用CALL摸底的原因。不過每個人的做法不同，我建議各位還是要以自己能承受的範圍設停損比較好。

04 抽刀斷水水更流，舉杯消愁愁更愁　　2006/06/03

5/24買進7000和7200的CALL，佔了這回準備搶反彈的選擇權資金的1／3，買的時候心中只有一個概念——跌了快700點了，這個月都不反彈一下嗎？就賭賭看這個反彈的訊號正不正確吧！

6月才剛開始，文中投入的資金是在可承受的範圍之內，所以基本上我是採取「射後不理」的態度——除非真的發生了無可控制的風險，但是萬一如此，大概也沒有出場價值了。如果一個月都沒有回到這個價位之上，也就認了，因為最大的風險已經控制了，這是我為何要用CALL摸底的原因。不過每個人的做法不同，我建議各位還是要以自己能承受的範圍設停損比較好。

原本這些CALL是採取「射後不理」的態度，但是週五趁著美股大漲，一個跳空，先砍掉手中一半的CALL，尾盤上拉再度砍掉剩下的CALL，手上還有什麼？又是兩手空空如也。

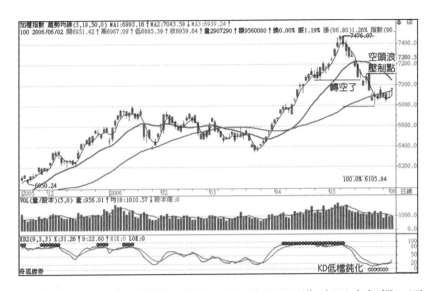

為何不再堅持「射後不理」呢？並不是因為有了小虧損，而是因為政治的不安定讓我不安心。從台開案爆發，到趙駙馬一群相關人員被收押，接著泛藍在總統府前嗆聲……，羅威是中間選民，不偏藍不偏綠，但看到這樣的社會動亂，心中實在很煩也很不安。依照過去的經驗，每當有政爭的時候，股市總是下跌的局面居多，那何必賭多呢，因此把手上的CALL清掉了。

「抽刀斷水水更流，舉杯消愁愁更愁。」抽刀斷水，舉杯消愁是一般人的尋常之舉，可是水更流、愁更愁卻是不爭的事實。

也許是「棄我去者，昨日之日不可留，亂我心者，今日之日多煩憂。」的心境吧！昨日的確是不可留，留則煩己。而今日的煩憂又是另一種執著，但一刀砍下，停損出場，輕鬆愉快。自己

絕對沒有詩中描寫的人生那樣不如意，卻也想學學野人，無拘無束，乘一葉扁舟，浪遊山水。

盤勢無可置評，但是這樣的線型絕對不是要大漲的樣子，反而只是醞釀反彈的模樣。怎麼說呢？看看18日量價的搭配，量價齊往下，扣抵又那樣高，想要扭轉這樣的空頭格局——難！難！難！

羅威　寫於五十歲生日

05 歷史會重演！

過去的歷史會重演，這是技術分析的前提，於是有人根據幾根K線的組合，統計過去出現這樣的型態後的走勢加以分析，認為以後只要出現這樣的組合就會如何如何，而成為K線戰法；也有人根據量的大小來看未來走勢，用均線、指標的黃金交叉來判定漲跌方向；更有以波浪理論來推演後勢走法，用黃金切割、江恩、矩陣來估計將來的價位。

羅威屬於技術分析派的，我相信上漲、盤整、下跌、盤整、上漲……，這種歷史的規律會不斷重演，誰對誰錯都不是很重要。華山論劍，以股會友，大家把功夫拿出來——猜猜猜！大家

互相觀摩、互相學習、互相漏氣求進步。股市操作，不就是如此
而已嗎？

多頭時有多少人意氣風發，但一個大跌，盤勢轉空，你是否
還對你的看法、做法固執的繼續堅持？這種堅持是對是錯，不用
外人評論，你帳戶內的數字會給你評分。

歷史會重演，週五的走勢又是歷史重演的例子。

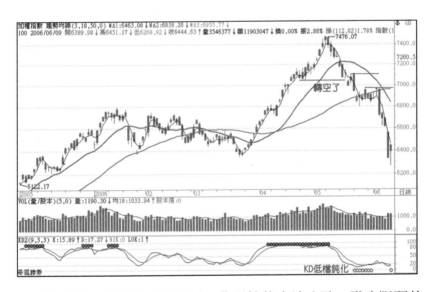

羅威說，非理性的下殺要用非理性的方法止跌，融資斷頭就
是非理性的止跌法。這是過去融資斷頭的盤勢經驗，明天將有
一個做長下影線的機會，預料會以紅K收盤，但是否開始見底反
彈，則要以後續的力道來決定。

　　6/15一根289點的長黑，破了這個整理平台低點6767，以空頭浪來看會走C波下跌。股市有很多規律，C波不應該小於A波，以較大的型態來看，7474－6791＝683，以此估算，破低後目標可抓還有683點的跌幅，下一個低點應該是6967－683＝6284，所以見到6268低點一點也不意外，因為這是可以預期的。

　　這700點跌幅的目的就是要殺融資，讓融資斷頭，讓期貨多單斷頭，以主力操作手法來說，融資斷頭雖然殘忍，卻是清洗浮額最有效的辦法。

　　融資斷頭會引起恐慌，以前也曾經上過很多次當；以前看到這種新聞，雖然自己還沒有到斷頭的程度，但也會被嚇得開盤就自行了斷，而且賣了以後真的大跌！嘿嘿，還好有賣掉！可是一會兒——哇靠！怎麼漲上去了？而且還大漲！股票沒把你氣死就不叫股票了。

　　經驗多了以後，就不會因為這種消息亂砍了。歷史的刻痕很難磨滅，現在還會利用殺盤後的低點去搶反彈做當沖。

　　上回融資斷頭發生在2004/05/11，當天也是留著長長下影線收大漲，接著第二天量縮，然後破底、整理。這回大概也跑不出這種宿命，只會反彈而已啦，空頭浪反彈不過高，回跌必破低。現在的均線沒有一條是往上揚的，這樣的盤只有反彈，不會

有回升。6/8留著一個缺口：6562～6612，如果能夠彈到這裡，補掉缺口已經算是超強了，以指標來看最少還有一個低點，低點還沒出現之前，反彈還是要找空點放空。

殺融資之後，不只散戶受傷，很多主力大戶也會受重傷，所以殺融資後往往會開始一大段整理；如果以2004/5/11殺融資後的走勢來看，後勢並不看好，三到五個月左右的整理應該是跑不掉的。

整理是短線的天堂，有功夫的人還是照賺不誤，如果你不是短線高手，羅威建議你看看就好，不要勉強，保留手上的資金，靜待下回行情發動的時機吧。

06 本篇結語

魏文王問名醫扁鵲說：「你們家兄弟三人都精於醫術，到底哪一位最好呢？」

扁鵲答：「長兄最好，中兄次之，我最差。」

文王再問：「那麼為什麼你最出名呢？」

扁鵲答：「長兄治病，是治病於病情發作之前。由於一般人不知道他已經事先幫他剷除病因，所以他的名氣無法傳出去；中兄治病，是治病於病情初起時。一般人以為他只能治輕微的小病，所以他的名氣只及本鄉里。而我是治病於病情嚴重之時。一般人都看到我在經脈上穿針管放血、在皮膚上敷藥等大手術，所以以為我的醫術高明，名氣因此響遍全國。」

股市操作，哪一種人最厲害？還沒上漲前就開始買進布局，買完後開始上漲；還沒跌就賣出，賣了以後不久就開始跌的人最厲害，這種人就像扁鵲的長兄，是治病於病情發作之前。第二種厲害的人就是能發現波段起漲點和波段起跌點的人，這種人是扁鵲的中兄。而喜歡在一個波段中表演高出低進特技的人，大概就是想學扁鵲的人了。

羅威說，贏家是不斷複製自己成功的操作經驗，讓賺錢成為

一種習慣。其實最好的方法是先坐下來，觀賞慢動作重播，一遍又一遍的看看自己哪些動作需要改進，是動作太快還是動作太慢？姿勢正確嗎？心態沉穩嗎？記錄這些動作，仔細思考是否恰到好處？要如何改進？回到K線圖的進場點看看，仔細看看慢動作，你會發現許多盲點都是過去所沒有發現的，當然你也會發現有美好的打擊點讓你抓到了，那種愉快的感覺請你也記下來。

股市的漲跌有一定的節奏，抓到節奏才會舞姿曼妙，悟透節奏才能與盤共舞。「唯有高檔賣出，才是獲利，唯有低檔時，你有錢可以買入，才是贏家」。賣出後就好整以暇的等待低接的買點吧！「休息」也是一種操作喔！「股市最後的贏家，是那些會休息的人」；看好後買進，買進後就休息，等待賣點，賣出後又休息，等待買點。

說真的，我很不喜歡這個盤，因為週線已經出現了破前低的多轉空的型態，以後如果想要過7476高點，沒有經過相當長的時間整理是不可能的，而整理盤的操作是相當困難的，所以寧願休息。

老投資人常告誡我們要「**順勢而為**」，「**看得準時進場，看不準時觀望，看不懂時休息**」，有的人卻深怕營業員太閒、沒業績，每天都參與交易。當沖不是不能做，而是沒有功夫怎麼做？

功夫不夠卻要短進短出的結果，只是瘦了荷包裡的銀子，增加自己受傷的機會——尤其是在空頭的浪中，一日做三回，做到口袋空空的比比皆是。

多頭時作多，空頭時作空，箱型整理時，可以少量高出低進，短線應對。這是股市的節奏，抓到節奏才會舞姿曼妙，悟透節奏才能與盤共舞。但在大盤無量無價的情況下，波動必定很小，所謂「水淺無大魚」，沒有成交量的盤必定非常沉悶，所以我的建議是「休息」。其實休息是一種很棒的操作，與其在此時費神進出，不如去旅遊走走。

→ 休息是為走更遠的路

每年年底或暑假，大戶人家會結伴去國外旅遊，慰勞一年的辛苦；你何不也暫時離開，忘掉行情，逍遙一番？休息是為了走更長遠的路，何妨放鬆一下自己，讀幾本好書，拜訪朋友，陪陪家人，看看風景，說不定你可以在休息中發現一種新的觀念，對自己的操作會有一番新的看法。

「活出股市生命力」，你要先能夠在股市存活，才能夠體會出股市的活力。股市是賭場，也是不見血的殺戮戰場，但是如果你退三步，站在遠處來看電腦K線圖，你會發現股市的峰谷間其

實真的很美，只要你用心欣賞，股市是充滿活力的。

羅威這一路走來，大風大雨，回首來時路，布滿荊棘，經過幾番顛簸，才體會出這一點點的心得；看透漲跌轉折，學會資金管理。

在股市誰沒有哭過？沒哭過的人不會明白「笑」的可愛。在股市，能笑得出來的人是很難得的，因為他們都是經過相當的煎熬，期間的心路歷程絕非三言兩語可以道盡，箇中滋味也只有走過的人才可以明瞭。

這本《活出股市生命力》花三個月利用公餘時間收集資料、整理、校對，總算能夠順利出版，羅威不敢以此自滿，只希望這些篇章能夠給股學後進指引出一條正確的學習道路，縮短學習時間。文中如有疏漏之處，還望股市先進能夠大力指正，這是我最大的心願。

Note

八、校後記

苦口婆心 千叮嚀萬交待

操盤秘笈班學生　陸兆佑

　　由於機緣關係，近乎戲劇性的，生平第一次上技術分析的課，就是在羅威老師的門下，並有幸協助他做這本《活出股市生命力》的校對工作，一方面感謝他不藏私的傳授技術分析，另一方面也想先睹為快。畢竟一個在金融操作市場20多年，曾歷經921大斷頭之痛，還能東山再起，到如今仍可談笑用兵讓存摺數字呈現多頭走勢的人，擷取其經驗所得的著作，定有其過人之處。

　　羅威老師曾自嘲的說過，由於曾跟過30多位老師，看過好幾百本技術分析的書，造就**他全身都是股市武器、密術、絕招和撇步，但常用就只有那簡單的幾招罷了**。在這本《活出股市生命力》技術篇中的〈多頭浪、空頭浪〉及〈關於均線〉，若能融會貫通，徹底執行，應就足以保身並立於不敗之地了。

　　其實本書最寶貴的，我個人倒不覺得是技術分析的部分，而是觀念篇及實戰篇中，三不五時就苦口婆心提醒我們，務必定心、定法、依法，且經常殷切的叮嚀我們，一定要設停損買保險，這可是他經過斷頭椎心之痛的體悟和告誡。讀者們若能從中得到啟示並效法，就堪稱值回票價了。

　　「股市中最大的敵人就是自己」，你或許會同意這樣的說

法。此話背後推演的涵義，就是在金融市場操作中，可能時常會有看對行情，卻遲遲不敢放手一搏，終而不能有所斬獲，或是做錯行情，卻常礙於自尊或不甘認輸，未能及時斷尾求生保命，導致更大失敗。本書中，羅威老師不斷提醒依法操作和停損觀念，若能謹記腦中，相信以後就能打敗這個敵人了。

傳奇投機客李佛摩最有名的一句話：**「股市只有一個方向，不是多方，也不是空方，而是對的那一方。」**希望讀過這本《活出股市生命力》之後，你我都能站在對的那一方。以此共勉，並祝操作順利！

渾厚內力 飛花落葉皆武器

DVD 班學生　于孝筠

　　讀者實在是非常幸運能見到羅威老師將精闢的解析集結成冊！想當年，我可是千里迢迢、長途跋山涉水，途經華爾街，把全世界翻遍了，才終於皇天不負苦心人，在聚財網找到羅威師父，並且在見了本尊後投入師門！真是欣喜若狂啊！

　　有幸參與《活出股市生命力》的校對工作，逐字細讀後，感觸良多，深刻體會「學如逆水行舟，不進則退」、「優勝劣敗，適者生存」！此書的出版，實為讀者一大福音！羅威老師妙語如珠，善用譬喻令人會心一笑，卻寓意深遠！若能用心細細體會書中的一字一句，相信會有「聽君一席話、勝讀十年書」的讚嘆！

　　功夫下得深，鐵杵磨成繡花針！經過二十年的透徹研究，如今能充分掌握盤勢脈動的羅威師父，仍以最謙恭的態度面對大盤，日日精進不懈，造就了飛花落葉皆武器的渾厚內力，實為後輩之典範！

　　股市裡我們要做的只有一個：正確的方向。看到老師對教學的熱情、無私的奉獻，及本書的字字珠璣，實為感動！若能時時謹遵書本中的教誨，並徹底依法執行，就可立於不敗之地！

　　生活的意義是什麼？無數的人探求了一生，最後得來的只是簡單的兩個字：幸福。

股市的操作目的是什麼？股市漲跌的所有道理，探求到最後得到的不過是：做正確的交易。

好書值得一讀再讀，每讀一次都會有不同的亮光！

金融操作有科學的成分、藝術的成分、視野的成分，還有修養的成分。股市是有生命的，你要用心去體會它所散發出來的活力。

富足的人生，心境更是重要，吃得下飯、睡得著覺、笑得出來——以此共勉！

喜樂的心乃是良藥！

祝福大家操作愉快！

增修讓內容更豐富、更清楚

感謝您已經翻到了最後這篇編後語，羅威要向你致予最大的謝意，感謝你購買本書，也感謝你看完了它，希望本書能夠帶給你些許好觀念，那是我最高興的事了。

小時候父親常這樣對我說：「一個人如果要想學一樣東西，必須付出更多的辛勞和時間。」寫一本書也是如此，嘗試一切，則經驗豐富，不去嘗試怎會有成功？不去付出又怎麼會有收穫？

雖然我有過三本書的出版經驗，但是這本增訂版卻是一個全新的體驗，我把過去讀者對本書提出的相關的問題收集起來並編輯出來，相信一定會更出色，讓讀者更明白。當編輯小姐告訴我這本書總共五百多頁時，我嚇了一跳，沒想到我還真是一個嘮叨的傢伙，雖然如此，我真誠的希望您會喜歡本書所增加的內容。

當然，我還是會繼續在聚財網發表文章，只要你用本書附贈的點數就可以到聚財網註冊登入，並參予討論和發文。

聚財網是一個相當質優的網站，每天都有很多高手來這裡發表文章，又有嚴格的管理、平和的環境、溫馨的社群，大家可以在此暢所欲言。只要你多來逛幾天，相信你一定會很喜歡這個會讓你聚財的網站。聚財資訊所出版的叢書也是部部精選，多買來

看，多吸取別人的經驗，相信對各位的觀念和操作技巧都會有很大的啟發。

另外，我把民國94年8月12日到民國94年10月28日這段時間，指數從6481跌到5618的這段下跌波段，及原本收集成「空頭之部」總共22篇的文章，收錄在我的第二本書《趨勢生命力》，附於該書後方，讓「空頭之部」有機會和大家見面，和有緣的朋友分享。想知道空頭該如何操作的朋友，歡迎買《趨勢生命力》來參考。

羅威很愛惜緣分，手捧同一本書的你我就是有緣，「聚財網」是我提供後續討論和延伸學習服務的地方，這本書若在內容上有看不懂的地方，歡迎寫E-mail給我，或來聚財網「活出股市生命力」專欄，把您的問題提出來，我們可以共同研究。（換行）

如果你有空，也歡迎來台中，我們泡泡咖啡、聊聊是非，或許你對書中的問題可以在聊天中獲得解決也說不定（若要前來，請先用E-mail聯絡即可）。

Note

羅威新書

波動生命力
股價波動的基本架構

民國99年12月開始預購
預定民國100年春節出版
聚財網聚財商城獨家銷售

為自己的學習歸結出一個操作架構

　　今天這本《波動生命力》我想和大家探討「兩條均線、一個指標」的操作架構。這本書是我前四本著作的初步總結，我將過去寫過、分享過的技術方法，在本書做一個綜合的整理和運用，架構出一個完整的圖案，而不再是東一塊、西一塊的拼圖。

　　股票市場裡的東西太多了，就算你窮畢生精力都不可能學完，但是當你學了很多之後，你會發現它們之間總是互相牽扯；如果你每一招都想用，你會發現根本動都無法動；因此你會開始捨去一些複雜的、很難用的、不好用的……，然後重新整備出一套實用的規則。

　　整理出自己的好用功夫，是一個相當繁複的過程，而前幾本書的出版就是我整理操作工具的過程。很高興我書中一些簡單的口訣，如18日量價多空格局；多頭浪、空頭浪；長線保護短線、短線影響長線；KD鈍化回檔會過高；金角銀邊……等等，很多讀者都能夠朗朗上口，至於這些簡單的口訣中藏有多少操作精華，就要你自己去體會了。

　　這本書我想要表達的主要是如何整理出自己的操作架構，提供想要整理自己作戰方式的讀者一個範本——廣泛的收集資訊，然後一一印證，再加上不斷的實戰經驗。任何工具都好，或許你也可以循著我的步伐找到自己想要的操盤方式，但這個操作架構必須是親自花費精神和時間訂定出來的，那對你的操作才會有足夠的信心和助益。

聚財網叢書

編號	書　名	作　者	聚財網帳號	定價
A001	八敗人生	吳德洋	鬼股子	380
A002	股市致勝策略	聚財網編	八位版主	280
A003	股市乾坤15戰法	劉建忠	司令操盤手	260
A004	主力控盤手法大曝光	吳德洋	鬼股子	280
A005	期股投機賺錢寶典	肖杰	小期	320
A006	台股多空避險操作聖經	黃博政	黃博政	250
A007	操盤手的指南針	董鍾祥	降魔	270
A008	小錢致富	劉建忠	司令操盤手	350
A009	投資路上酸甜苦辣	聚財網編	八位版主	290
A010	頭部與底部的秘密	邱一平	邱一平	250
A011	指標會說話	王陽生	龜爺	320
A012	窺視證券營業檯	小小掌櫃	小小掌櫃	280
A013	活出股市生命力	賴宣名	羅威	380
A014	股市戰神	劉建忠	司令操盤手	280
A015	股林秘笈線經	董鍾祥	降魔	260
A016	龍騰中國	鬼股子	鬼股子	380
A017	股市贏家策略	聚財網編	七位作家	320
A018	決戰中環	鬼股子	鬼股子	380
A019	楓的股市哲學	謝秀豐	楓	450
A020	期貨操作不靠內線	曾永政	有點笨的阿政	260
A021	致富懶人包	黃書楷	楚狂人	260
A022	飆股九步	劉建忠	司令操盤手	280
A023	投資唯心論	黃定國	黃定國	260
A024	漲跌停幕後的真相	鬼股子	鬼股子	280
A025	專業操盤人的致富密碼	華仔	華仔	360
A026	小散戶的股市生存之道	吳銘哲	多空無極	300
A027	投資致富50訣	陳嘉進	沉靜	330
A028	選擇權3招36式	劉建忠	司令操盤手	300
A029	談指神功	nincys	nincys	300
A030	一個散戶的成長	蔡燿光	evacarry	300
A031	世紀大作手	鬼股子	鬼股子	250
A032	股票基金雙聖杯	劉建忠	司令操盤手	260
A033	用心致富	張凱文	小巴菲特	260
A034	趨勢生命力	賴宣名	羅威	380
A035	變臉	王陽生	龜爺	350
A036	股市提款機	陳信宏	當沖贏家	320
A037	決戰狙擊手之當沖密技	呂佳霖	nincys	520
A038	基金，騙局？一場夢！	王仲麟	基金殺手賤芭樂	320
A039	台指當沖交易秘訣	李堯勳	自由人freeman	320
A040	技術分析不設防	cola	cola	380
A041	漫步台股	維我獨尊	維我獨尊	320
A042	股市提款卡	陳信宏	當沖贏家	320

聚財網叢書

編號	書　名	作　者	聚財網帳號	定價
A043	買進飆股不求人	劉富生	帆船手	380
A044	驫犇猋股有饗	呂佳霖	nincys	500
A045	2012台北・北京・上海黃金三角	萬瑞君	萬瑞君	300
A046	不好意思，我贏了！	王仲麟	賤芭樂	380
A047	買進飆股不求人2	劉富生	帆船手	580
A048	能知明日富可敵國	李南憲	頭浩人物	380
A049	向獲利Say High！	吳銘哲	多空無極	380
A050	基金野人實戰交易傳奇	陳峻暘	基金野人	380
A051	與選擇權有約	林冠志	james4468	500
A052	致富錦囊	劉建忠	司令操盤手	380
A053	股市心經	小白	小白	260
A054	征服金融大海嘯	華仔	華仔	520
A055	致富生命K棒	呂佳霖	nincys	390
A056	菜籃族跟我走	陳仲偉	師奶少尉	360
A057	關鍵價位	徐華康	華康	390
A058	三分法操作策略	cola	cola	520
A059	活出股市生命力全彩增訂版	賴宣名	羅威	680

名家系列

編號	書　名	作　者	定價
B001	交易員的靈魂	黃國華	600
B002	股市易經峰谷循環	黃恆堉(2)	260
B003	獵豹財務長投資魔法書	郭恭克	560
B004	坐擁金礦	王俊超	380
B005	台北金融物語	黃國華	350
B006	台北金融物語二部曲	黃國華	370
B007	哇靠！這就是中國	萬瑞君	300
B008	翻身	萬瑞君	300
B009	投資心法豹語錄首部曲	郭恭克	350
B010	獵豹財務長投資羅盤	郭恭克(2)	580
B011	大勢所趨	萬瑞君	300

圖表操作系列

編號	書　名	作　者	聚財網帳號	定價
C001	固定操作模式	劉富生	帆船手	320
C002	獵豹財務長投資藏寶圖	郭恭克(3)	郭恭克	560
C003	股票指數的型態趨勢研判	劉富生	帆船手	320
C004	看盤贏家	禹帆	禹帆	690

國家圖書館出版品預行編目資料

活出股市生命力 ： 高勝算股票期貨趨勢操作法 /
賴宣名著. -- 初版. -- 臺北縣中和市： 聚財
資訊, 2010.12
　面 ； 公分. --（聚財網叢書 ； A059）
全彩增訂版
ISBN 978-986-6366-24-6（平裝）
1.股票投資 2.期貨交易 3.投資技術

563.53 99021092

聚財網叢書 A059

活出股市生命力（全彩增訂版）：高勝算股票期貨趨勢操作法

作　　者　賴宣名
總 編 輯　莊鳳玉
編　　校　高怡卿・周虹安
設　　計　陳媚鈴

出 版 者　聚財資訊股份有限公司
地　　址　23557 台北縣中和市板南路671號9樓
電　　話　(02) 8228-7755
傳　　真　(02) 8228-7711

軟體提供　奇狐勝券分析系統

法律顧問　萬業法律事務所　湯明亮 律師

總 經 銷　聯合發行股份有限公司
地　　址　231 台北縣新店市寶橋路235巷6弄6號2樓
電　　話　(02) 2917-8022
傳　　真　(02) 2915-6275
訂書專線　(02) 2917-8022

ISBN-13　978-986-6366-24-6
版　　次　2010年12月 初版一刷
定　　價　680 元